2판

# 자폐아동을 위한
# 표현예술치료

| 김양순 저 |

학지사

# 추천사

이 책의 저자인 김양순 교수와 나는 1970년대에 숙명여대 대학원에서 사제지간으로 만났으니 김 교수와 교분이 어언 30년 넘게 이어져 왔다. 대학원을 거쳐 간 제자라고 해서 모두 이렇게 긴 교분이 이어지는 것은 아닌데 그는 나의 다섯 손가락 안에 드는 애제자로 남아 있다. 그 이유는 김 교수가 졸업 후에도 나에게 꾸준히 자신의 근황을 알려 왔고, 학문에 대한 지속적인 열정을 유지하며 다가왔기 때문이다. 그는 나의 추천으로 나의 모교인 조지아 대학교에서 유학하였고, 그 후로는 제주대학교에 재직하면서 스스로 길을 개척해서 여러 차례 연구차 조지아 대학교에 다녀오기도 하였으니, 그의 학문이 일취월장하여 마침내 스승을 능가하는 경지에까지 이른 지 오래되었다. 그러나 항상 겸양하여 매사를 의논하고 따르고 협동하는 미덕을 보였기 때문에 내가 유난히 아끼는 제자가 되었다.

김 교수가 동국대학교에서 박사과정을 밟으며 자폐아의 놀이치료에 관하여 논문을 쓰기 위해 한 어린이를 2년 6개월이나 지속적으로 보고 있을 때, 나는 놀이치료 선배로서 다소의 조언을 줄 수 있어서 기뻤고 그의 끈기에 대해 다시 한 번 놀란 바 있다. 그의 논문 심사위원의 한 사람으로 참여할 수 있었던 것도 나의 작은 기쁨 중의 하나였다.

최근 우리나라는 급격한 사회 변동과 가족구조의 변화를 겪으면서 자폐증세를 보이는 어린이가 부지기수로 늘어나고 있어 부모와 관련자들의 안타까움을 자아내고 있다. 또한 그 증세의 발생원인과 치료방법에 대해서는 아직까지 의학적으로 밝혀진 바가 없어서 그 안타까움은 가중되고 있다. 자폐증은 걸리기는 쉬워도 고치는 데는 기나긴 세월을 요하므로 치료자의 인내와 끈기가 필수적으로 요구되는데, 김 교수가 바쁜 중에도 한 어린이를 2년 6개월이나 지속적으로 만나며 공을 들인 점은 높이 평가할 수 있겠다. 또한 어린이의 어머니도 치료자를 믿고 그 기간 동안 꾸준히 치료에 응한 점 역시 가상하다 아니할 수 없다.

김양순 교수가 동국대학교 대학원에서 김진숙 박사를 스승으로 만난 일은 행운이었다. 김 박사는 뉴욕에서 10여 년의 긴 세월 동안 표현예술치료를 전공하고 돌아와서 매우 의욕적으로 신학문을 전파하고 있는 중이었다. 자폐아동을 치료함에 있어서 놀이치료가 유효한 것은 사실이지만 그것만으로는 부족할 수도 있는데, 김 박사의 영향으로 미술치료와 음악치료를 병행하여 치료효과를 극대화할 수 있었던 것은 지극히 다행한 일이다. 일반적으로 치료에는 예술적 소지가 많이 가미되는 법이지만, 이 책에서는 각 치료법의 이론적 배경에 대해서도 상세히 설명하고 있어서 읽는 이의 궁금증을 그때그때 시원하게 풀어 주어서 더욱 좋다. 따라서 앞으로 표현예술치료를 공부하고자 하는 사람이나 자폐아동을 상대로 일하고자 하는 후학들에게는 귀중한 길잡이가 될 것임을 의심치 않는다. 세상에 박사학위 논문은 수없이 많지만 그것이 한 권의 책으로 출판되기는 쉽지 않은데, 이 책이 그 귀한 영광을 얻게 된 것은 실용적 가치 때문이라 믿으며 축하해 마지않는다.

2003년 5월

주정일(전 숙명여대 교수)

# 2판 머리말

놀이치료라는 용어를 처음 접한 것은 숙명여자대학교 대학원 시절이었다. Virginia Axline의 『자아를 찾은 아이(*Dibs in Search of Self*)』라는 책을 읽으면서 느꼈던 신선한 충격과 감동이 놀이치료자가 되고 싶다는 꿈을 품게 만들었다. 그 꿈은 30년 만에 이루어져 이제는 미국 공인 놀이치료 전문 슈퍼바이저(RPT-S: Registered Play Therapist-Supervisor)로서 Axline이 실시하였던 아동중심 놀이치료를 하는 놀이치료 전문가이며 슈퍼바이저가 되었다.

표현예술치료를 이용한 자폐성 장애 아동의 치료는 필자가 지난 30여 년 동안 놀이치료자가 되기 위하여 준비해 온 이론과정을 종합적으로 실천하는 시간이 되었다. 동국대학교 박사과정에 입학하면서 표현예술치료에 관한 이론과 실습을 통하여 필자 스스로 내면적인 치유를 체험할 수 있는 기회를 가졌다. 이 경험이 표현예술치료를 학위논문을 쓰기 위하여 적용할 이론으로 선택하게 하였으며, 연구 대상을 찾는 과정에서 자폐성 장애 아동을 만났다. 오래전 "Rain Man"이라는 영화를 통하여 주인공의 특성을 보면서 자폐증이 어떤 증상인지를 알고 있었으나 직접 자폐성 장애 아동을 만나 놀이치료를 하게 되리라고는 전혀 예상하지 못했었다.

자폐성 장애 아동의 행동변화를 위하여 표현예술치료 매개체 중 놀이, 미술, 음악 세 가지를 선택하여 놀이치료, 미술치료, 음악치료를 하였다. 일주일에 한 번씩 아동을 만나고 때로는 가족을 만나면서 2년 6개월이라는 긴 시간 동안 표현예술치료를 실시하였으며 그 결과를 박사학위 논문으로 발표하였고, 이 논문을 보충하여 책으로 출판하게 되었다.

1부는 자폐성 장애 이론에 대한 이해로서, 가장 최근 정보에 의한 자폐증의 특성과 원인, 치료와 교육 방법에 관한 이론적 설명을 하였다. 2부에서는 자폐성 장애 아동의 행동변화를 위하여 적용한 대상관계 및 표현예술치료 이론과 치료자의 역할에 대하여, 3부에서는 표현예술치료 기법과 치료대상 아동의 사례에 대한 결과 및 현상학적 해석에 대한 내용을 담았다.

첫 번째 내담 아동을 만난 이후 지난 10년 동안 많은 자폐성 장애, ADHD, 아스퍼거 장애 아동들에게 놀이치료와 함께 동물보조 놀이치료를 실시하고 있다. 2판에서는 자폐성 장애 아동 한 명에게 동물보조 놀이치료를 실시한 결과를 보충하여 수록하였다.

부족한 부분이 많지만, 이 책이 자폐성 장애 아동과 함께 생활하는 가족들과 교육 및 치료 전문가들, 정신건강 전문가들과 이 분야를 공부하는 학생들에게 도움이 되었으면 하는 바람이다.

놀이치료자가 되고 싶어 했던 저자의 꿈을 이룰 수 있게 이끌어 주시고 슈퍼비전을 해 주신 놀이치료 전문가 주정일 선생님, 논문을 완성할 수 있도록 도움을 주신 이정덕 선생님, 표현예술치료를 접할 수 있게 해 주시고 임상지도감독을 해 주신 김진숙 선생님, 미술치료 분석을 도와주신 김재은 선생님, 현상학적 심리학과 상담이론을 지도해 주신 김병옥 선생님께 이 자리를 빌려 깊은 감사를 드린다. 지금은 고등학생이 되어 있을 이 책의 주인공 철수와 가족들에게도 감사를 드린다.

이 책의 2판이 출판될 수 있도록 도와주신 학지사 김진환 사장님 그리고 편집부 이지혜 님과 직원 여러분들에게도 다시 한 번 깊은 감사를 드린다.

2008년 9월<br>지은이 씀

# 차 례

## 제3부 임상사례

## 제1부

# 자폐성 장애 이론의 이해

제1장 자폐증의 특성

제2장 자폐증의 원인

제3장 자폐성 장애 아동의 치료와 교육

## 일러두기

카너(Kanner, 1943)에 의하여 자폐증이 처음 보고된 이후 60여 년이 지난 지금, 이를 전반적인 발달장애(Pervasive Developmental Disorders)의 범주 안에서 자폐성 장애(Autistic Disorder)로 설명하고 있다. 우리는 해마다 증가하고 있는 자폐성 장애를 가진 아동들을 어떻게 치료하고 교육할 수 있는지 알고 싶어하지만 실제 적용에는 많은 어려움이 있다. 이 책에서는 자폐성 장애의 특성에 대한 이해와 치료 · 교육 방법들 중 가장 많은 효과를 보이고 있는 방법을 소개하고자 한다. 이 책에서 사용되는 주요 개념들을 설명하면 다음과 같다.

### ◎ 주요 개념

❶ **자폐장애**(Autistic Disorder: AD)_ 전반적인 발달장애의 하나로 애정적 행동과 인지적 요인에 장애를 보이는 하나의 증후군.

❷ **자폐 스펙트럼 장애**(Autism Spectrum Disorder: ASD)_ 전반적 발달장애로 자폐장애와 유사하지만 증상이 약한 자폐장애.

❸ **놀이성**(playing)_ 아이들이 장난감을 가지고 또는 다른 사람과 놀이(play)를 하는 경향으로서 이 책에서 놀이는 놀이성을 의미한다.

❹ **동물보조치료**(Animal Assisted Therapy)_ 동물보조치료는 공식적인 치료과정에서 인간-동물이 전략적으로 협동하여 치료활동을 하는 것이다. 인간을 위한 정신건강 치료 전문가들이 이미 자신이 실시하고 있는 심리치료 — 예: 놀이치료 — 과정에 특수 훈련을 거치고 자격증을 취득한 동물을 치료의 동반자로서 참여시키는 것이다.

❺ **이행기**(transition)_ 하나의 상태, 단계, 장소에서 다른 곳으로 이동하거나 또는 하나의 발달, 진화, 형태에서 다른 것으로 이동하는 것을 말한다. 정신분석학이론에서는 아동이 다른 사람에 대한 자기애(Narcissism)적 감정상태에서 성숙한 단계로 넘어가는 심리적인 다리 역할을 하는 것이라고 설명한다. 이 책에서는 이행기라는 표현을 쓰고 있다.

❻ **이행기적 대상**(transitional objects)_ 놀이과정에서 사용되는 모든 장난감들과 예술심리치료에서 만들어지는 모든 창작품들이다. 이 연구에서는 장난감과 그림 그리기, 노래 부르기, 악기 등이 포함된다. 위니캇(Winnicott)이 설명하는 이행기적 대상이란 아동이 심리적으로 안정감을 얻을 수 있는 대상을 말한다.

❼ **이행기적 공간**(transitional space)_ 놀이 또는 창작이 이루어지는 심리적·물리적인 공간을 의미한다.

❽ **이행기적 현상**(transitional phenomena)_ 놀이 또는 창작이 이루어지고 있는 현상으로 제3의 공간이라고도 하며 이곳에서 치료가 이루어진다.

❾ **촉진적인 환경**(facilitating environment)_ 놀이 또는 창작이 이루어지는 공간과 현상에서 성숙이 이루어질 수 있도록 치료자가 지지하여 주는 환경을 말한다.

❿ **공생**(Symbiosis)_ 심리학적 의미로 자기가 대상과 분리할 수 없게 엉겨 있음을 경험하는 상태로 가장 미분화된 자기-대상을 의미한다.

⓫ **부모-자녀 놀이치료**(filial therapy)_ Filial은 라틴어의 의미로 '혈연에서 부모-자녀 관계'를 뜻한다. 부모-자녀 놀이치료란 부모들에게 아동중심 놀이치료 기술을 10주 동안 훈련하여 가정에서 자녀에게 특별놀이시간을 만들어 부모와 자녀 사이 연대감을 증진시키는 프로그램이다.

⓬ **아동중심 놀이치료**(Child-Centered Play Therapy)_ 액슬라인(Virginia Axline)이 1947년 처음으로 Dibs라는 놀이치료 사례 결과를 발표하면서 알려진 용어로, 놀이실에서 아동이 놀이를 주도하도록 하는 놀이치료 방법이다.

⓭ **표현예술치료**(Expressive Arts Therapy)_ 예술을 매개체로 하여 창작활동을 통한 심리치료로서 예술의 장르에는 미술, 음악, 연극, 조소, 시, 소설, 무용, 놀이, 레크리에이션, 작업 등을 포함한다. 이 책에서는 연구를 위하여 놀이, 미술, 음악을 선택하였다.

제1장

# 자폐증의 특성

자폐증(Autism)은 그리스어의 'Autos' 에서 유래된 말로서 '자기(self)' 란 의미를 가지고 있으나, 역설적으로 자폐성 장애를 가지고 있는 사람은 자기 자신에 대하여 거의 의식하지 못하고 있는 것처럼 보인다. "자폐증(Autism)" 이라는 용어를 사용한 것은 1900년 초 스위스의 정신과 의사인 유진 블루어(Eugen Bluler)다. 그 후 오스트리아 태생인 소아정신과 그리고 소아과 의사인 카너(Leo Kanner)와 아스퍼거(Hans Asperger) 두 사람에 의하여 정신장애(MR)와 다른 심리적 장애(psychiatric disorder)를 구분하여 블루어가 "자폐증" 이라고 개념화한 것에 기초를 둔 진단을 내리게 되었다(Dyches et al., 2004). 카너(Kanner, 1943)에 의하여 자폐증이 처음 보고된 이후 60여 년이 지난 지금은 이를 전반적인 발달장애(Pervasive Developmental Disorders: PDD)의 범주 안에서 자폐성 장애(Autistic Disorder: AD)로 설명하고 있다.

최근에는 의사들이 자폐성 장애라는 용어보다는 자폐 스펙트럼 장애(Autism Spectrum Disorder: ASD)를 동일한 개념으로 사용하고 있으며 늦어도 2세경에는 나타나는 것으로 설명하고 있다. 때로는 생후 1년이 되었을 때 얼굴 표정이 없고, 지나치게 반응을 보이거나 혹은 새로운 장난감이나 활동에 강하게 반항하는 모습을 보이는 경우도 있다.

미국에서는 1970년대에는 AD 발생 비율이 출생 유아 2,500명 중 1명으로 추정하였지만, 2006년에는 AD/ASD 발생 비율이 출생 유아 166명 중 1명으로 나타나고 있으며, 이는 지난 10년 전에 비하여 두 배가 증가한 수치로, 일 세대 전과 비교하면 발병률이 거의 10배나 증가한 것으로 나타났다. 그러나 아직까지 정확한 이유를 밝혀내지 못하고 있는 실정이다. 미국 내, 특히 캘리포니아, 펜실베이니아, 워싱턴 주에서는 지난 1970~1980년 대 사이에 자폐장애가 약 17%나 증가하였는데, 코넬 대학원 미카엘 왈드만(Michael Waldman)이라는 경제학자는 이 기간은 케이블 TV가 급증하였던 시기로서 특히 비가 오는 날 TV 시청(Teletubbies)을 많이 하게 되면서 자폐 성향이 높아진 것이 아닐까 하는 의구심을 불러일으키기도 하였다.

국가별로는 미국, 일본, 영국, 덴마크, 프랑스에서 자폐장애가 급격히 증가하고 있어 점차 자폐장애에 대한 인식이 높아지고 있으며, 조기 진단을 강조하며 격려하는 공중보건의 역할과 환경적 요인을 무시할 수 없는 것으로 보고 있다. 일란성 쌍생아 자폐장애 비율은 60~90%, 자폐장애를 가진 형제자매가 있을 경우 ASD가 나타날 수 있는 가능성을 10%로 보고 있다(*Newsweek*, 2005, 2/28; *Time*, 2006, 10/30; *Time*, 2007, 5/15).

다문화 집단에서의 자폐장애는 라틴계인 페루, 아르헨티나, 브라질, 베네수엘라 그리고 개발도상 국가인 케냐, 인디아, 헝가리에서도 자폐장애에 대한 보고를 하고 있는 것으로 알려졌다. 사누아(Sanua)는 높은 기계문명을 지니고 있으며 확대가족보다는 핵가족이 보편화된 국가들인 서구사회에서 자폐장애가 더 많다는 가설을 내세웠다. 그리고 이민자 가족들이 비이민자 가족들에 비하여 더 많은 자폐장애를 보이는 것으로 나타났다(Dyches et al., 2004; Powell et al., 2000; Sanua, 1981a, 1982b, 1984). 미국의 IDEA '97(Individuals with Disabilities Education Act, 1997; 미국 교육부, 2001, 2002) 보고에 의하면 미국령 사모아, 괌, U.S. 버진 아일랜드에서는 자폐장애 비율이 낮은 것으로 나타났다. 1999~2000년 보고에서 흑인(0.13%), 아시안/남태평양(0.13%)이 평균에 비하여 높은 비율을 보였으며 백인(0.1%), 미국 원주민(0.05%), 히스패닉(0.06%)은 가장 낮은 장애 비율을 보이고 있다(Dyches et al., 2004). 레트장애(Rett's Disorder), 소아기 붕괴성 장애(Childhood Disintegrative Disorder), 아스퍼거장애(Asperger's Disorder) 등이 광범위성 발달장애에 속하며 각각 다른 장애의 특성을 나타낸다.

자폐성 장애 아동이란 심리적으로 자신을 둘러싸고 있는 환경과 상호작용을 할 수 없는 부적절한 상태에 있는 아동이다. 현대사회에서 자폐성 장애 아동이 점점 증가하고 있음에도 불구하고 그들을 치료하고 교육할 수 있는 시설이 절대적으로 부족하며 치료방법 또한 한정되어 있다.

홍강의 · 정보인 · 이상복(1997)의 역학조사에 따르면 우리나라의 자폐 아동 발생 비율은 인구 1만 명당 9명 정도로 나타났다. 이 조사의 결과는 *DSM-IV*(1994)에서 설명하고 있는 세계적 비율인 인구 1만 명당 2~5명보다 거의 배에 가까운 수치이다. 역학조사 결과에 따라 추정하면 우리나라에서 자폐성 장애를 가지고 있는 사람은 약 4만여 명으로, 제주도 지역의 경우 약 480여 명이며, 그중 제주시에는 약

250여 명이 있는 것으로 추정할 수 있다.

1997년 *DSM-IV*의 분류에 따르면 자폐증은 전반적인 발달장애(Pervasive Developmental Disorders)의 범주 안에 속한다. 이것은 자폐증을 정신병적인 것으로 보지 않고 인간의 발달과정에서 나타날 수 있는 심각한 장애의 하나로 보고 있음을 알 수 있다. 자폐성 장애의 특징적 증상은 다섯 가지 분야에서 나타날 수 있는데, 사회적 상호작용의 결여 또는 부적절성, 언어와 의사소통에서의 부적절함, 상징적이며 상상적인 놀이의 결여, 지적 능력의 지체 또는 이상한 형태, 반복적이며 상동적인 행동에서 비정상적이며 발달적인 장애 현상을 보인다.

활동과 관심의 종류가 매우 제한되어 있으며, 개인의 발달수준과 생활연령에 따라 증상이 다르게 나타나기도 하는데, 이를 초기 유아 자폐증, 소아 자폐증, 카너 자폐증이라고도 한다. 자폐성 장애를 보이는 아동에 대하여 부모는 생후 1년 동안은 아이가 정상적인 발달을 하지 못하고 있다는 사실을 거의 알아채지 못한다. 아이는 자라는 동안 말을 배우는 것이 늦어지고 초연하며 거리감 있는 모습을 보이고 때로는 위축된 것 같은 느낌을 주기 시작한다. 부모와 따뜻한 관계를 맺지 못하고 몸 흔들기 또는 머리 부딪치기 등 혼자 즐기는 행동이 나타나기도 한다. 부모는 아이가 2~3세가 되어서야 분명히 무엇인가 잘못되어 있음을 알게 되고, 시간이 지날수록 언어발달과 대인관계 및 의사소통에서 장애가 있음을 알게 된다. 대부분의 부모들은 이때 병원을 찾아가게 된다.

자폐장애의 특징은 3세 이전에 관찰되는 발달적 증후군으로서 때로는 생후 몇 개월 동안에도 사회적 관심에서 비정상적인 모습이 관찰되는 경우도 있다. 신경해부학적 또는 신경화학적 문제로서 중추

신경계의 발달 초기에 이 장애를 갖는 아동들의 75%는 정신지체를 동반하는 광범위한 인지적 결핍 현상을 보이기도 한다. 또한 50% 이상이 향후 뇌의 역기능을 보여 주는 비정상적인 뇌파를 보이기도 한다. 많은 신경발달학적 장애에서와 같이 남아가 여아보다 4~5배 더 많이 나타나며 여아가 더 심한 정신지체를 나타낸다(천근아, 정철호, 2005). 가계 양상을 보면 이 장애가 있는 개인의 형제들은 자폐성 장애의 위험률이 증가한다고 하였다. 자폐성 장애를 가지고 있는 아동들 중 일부는 학령기와 청소년기에 사회적 기능에 대한 관심과 언어 기능의 일부 영역에서 발달이 이루어지는 경우도 있다. 소수만이 성인이 되어 독립적으로 일을 하면서 생활할 수 있으며, 3분의 1 정도는 부분적으로 독립이 가능하다. 그러나 대부분은 제한된 관심과 활동, 사회적 상호작용과 의사소통에서 지속적인 문제가 나타난다(*DSM-IV*, 1994).

미첼(Mitchell, 1997)은 자폐증을 AIDS처럼 현대적인 질병의 하나로 볼 필요는 없다고 말하였다. 자폐증은 보통 4세 혹은 그 이후에 알 수 있게 되는데, 이것은 애정적인 행동이나 능력이 이 나이에 더 잘 나타나기 때문이다. 아동이 자폐성 장애라는 진단이 내려지는 것도 보통 4세 또는 그 이후이며, 경미한 자폐증은 심각한 자폐증으로 발달하지는 않는다. 아직 자폐증을 치료하는 분명한 방법이 알려지지 않았으나 특수교육 프로그램에서 발달에 진보적이라는 극적인 성공 사례들을 볼 수 있으며, 많은 인내심과 노력이 필요하다. 미첼은 자폐증을 애정적인 행동과 인지적 요인에 관계가 있는 하나의 증후군(syndrome)으로 보고 있다. 자폐성 장애 아동은 신체적으로는 정상 아동과 다름없이 성장하고 있음에도 불구하고 그의 정신세계는 성장하지 못하고 누구하고도 상호교류를 할 수 없는 어느 한 지점에 머물러 있는 것처럼 보인다. 그가 성장하여 청년기에 이르면 신체적 · 생리적 변화와 함께 또 다른 고통을 겪게 된다. 이러한 변화에 적응하고 갈등을 해결할 수 있는 능력이 개발되지 않은 상태에서 성인기에 도달하게 되면 자신은 물론 가족들과 사회구성원들과의 관계에서 다시 새로운 문제에 직면하게 된다.

자폐성 장애의 특징을 살펴보면 다음과 같다.

## 1. 사회적 상호작용의 결여

자폐성 장애의 특징 중 사회적 상호작용의 결여는 광범위하고 지속적으로 나타나는데, 가장 두드러진 현상은 다른 사람과 눈 마주치기를 하지 않는 것이다. 얼굴 표정이 없고, 생후 2~3개월에 나타나는 사회적 미소도 없으며, 몸 자세나 몸짓으로 비언어적인 행동을 나타내지도 못한다. 유아기에 어머니와 다른 성인과의 관계에서도 꼭 안기지를 못하고, 애정과 신체적 접촉에 대한 무관심과 혐오를 나타내기도 하며, 부모의 목소리에 대한 반응결여 등이 나타난다. 유아기에 흔히 나타나는 정상적인 격리불안과 낯가림의 현상도 나타나지 않는다. 부모들은 아이를 안아 올릴 때 마치 물건을 들어 올리는 느낌이 들기도 하고 때로는 플라스틱 인형을 안고 있는 것 같다고도 표현하였다.

영국의 교육자인 루터(Rutter, 1978)는 자폐성 장애 아동과 다른 장애를 가지고 있는 아동을 구분하는 범주를 네 가지로 설명하였다.

첫째, 부모와 가족구성원, 다른 사람들과 관계를 맺는 데 아주 심각한 어려움이 있다.

둘째, 언어발달의 지연 혹은 결핍, 반향어 등의 부적절한 언어를 사용한다.

셋째, 신체적 반복동작, 상동적 행동, 손 또는 손가락 뒤틀기, 제의적인 행동, 장난감이나 가구 줄지어 늘어놓기 등의 행동을 보인다.

넷째, 이와 같은 행동들은 대부분 3세 이전에 나타난다(Kirk & Gallagher, 1986).

베틀하임(Bettelheim, 1967)은 유아 자폐증이 불행한 것은 부모들이 그 아이가 존재하지 않았어야 한다고 생각할 만큼 큰 고통을 느끼고 있기 때문이라고 하였다. 그들은 또래들과의 관계에서도 친구에게 관심이 없으며, 자발적으로 다른 사람들과 기쁨, 슬픔, 관심, 성공 등을 나누지 못하고 사회적 · 감정적 상호교류가 결여되어 있다고 설명하였다.

홉슨과 리(Hobson & Lee, 1989)는 자폐증을 근본적인 정서적 장애로 설명하고 있다. 정서는 신념이나 욕망처럼 숨겨져 있지 않고 자연스럽게 표현되는 것이며, 다른 사람들이 감지할 수 있는 것으로서 인간은 태어나면서 바로 다른 사람의 정서를 감지할 수 있는 능력을 가지고 있다. 그런데 자폐성 장애 아동은 이러한 능력이 결여되어 있으며, 이 어려움은 출생 초기에서부터 시작되는 것이다. 영아기에는 자신을 돌보아 주는 사람들과 심리적 연결을 해 주는 신체적 표현 뒤에 숨어 있는 감정을 볼 수 없고, 정서적 의사소통을 할 수도 없다. 여기서부터 아이들의 정신이 발견되는 것인데 자폐성 장애 아동들은 바로 이 출발점을 놓친 것이다. 이와 같은 초석이 없이는 자신과 다른 사람들의 정신세계에 대한 통찰력을 가질 수가 없다.

카너(Kanner)는 “자폐성 장애를 가지고 있는 아동들은 태어날 때부터 생리적으로 다른 사람들과 애정적인 접촉을 할 수 있는 능력이 결여된 채로 이 세상에 태어난다."라고 말하였다. 1940~1950년에 그에게 찾아왔던 자폐성 장애 아동들의 부모는 거의 모두가 '냉정하고, 유머가 없는 완벽주의자들'이었다. 물론 부모의 냉정함이 직접적인 자폐증의 원인은 아니지만 그 부모들은 '성공적인 자폐성 성인들'이라고 설명하였다(Featherstone, 1980).

자폐성 장애 아동을 가족구성원으로 가진 가정에서는 부모와 가족 모두가 물리적으로나 정신적으로 큰 부담을 겪게 된다. 어떠한 형태이건 장애를 가진 아동의 부모들은 대부분 죄책감과 불편함을 느낄 수밖에 없을 것이다.

## 2. 언어와 의사소통의 결여

의사소통 장애에서는 구두언어 발달이 지연되거나 완전히 결여되어 있으며 말을 하는 경우에도 대화를 지속하는 능력이 현저하게 결여되어 있다. 특히 인칭대명사 '나' '너'의 구분이 잘 이루어지지 않고 반복적이며 괴상한 언어나 반향어 또는 소리를 사용하기도 한다. 아동기가 되어 언어발달이 이루어져도 대인관계에서 언어 사용이 부적절한 경우가 많고 이미 기억하고 있는 문장을 반복하거나 상동적인 언어를 사용하기 때문에 발음이 부정확하고 억양과 어투가 단조롭고 특이한 양상을 띠는 경우도 있다(홍강의, 1993).

김명순(1999)은 언어학 이론에서 인간이 언어능력을 위해 뇌가 성숙하고 어린아이가 말을 배우는 과정을 랑가주(langage) 시기라고 설명하였다. 이 랑가주 시기는 인간적인 단계와 동물적인 단계 사이의 이행이 이루어지는 시기로서 2세에서 3세 사이라고 하였다.

영아는 처음 몇 개월 동안 주변과는 상관없는 소리를 내는데 이는 언어 이전의 시기로서 이러한 자연적인 지껄임은 음성을 실현할 수 있는 가능성을 나타내는 것이다. 6개월경에는 이미 주변 사람들의 언어에 고유한 문장 억양과 강세에 짙게 물든 지껄임을 들을 수 있다. 영아는 자기가 들은 것을, 특히 리듬과 멜로디를 재현하면서 모방하려고 하는데, 이때가 언어시기의 시작이다. 10개월에서 20개월 사이에는 어른의 랑가주를 더 잘 이해하게 되고 점차 자신을 더 잘 이해시키게 된다. 그리고 20개월에서 2세 반 사이의 어린아이는 초보적인 진정한 랑가주를 가지게 되며 자신을 표현하는 데 불완전한 문장과 주어를 3인칭으로 사용하기도 한다. 그러나 2세 반 정도 되면 진정한 랑가주를 알리는 일인칭 대명사 '나' 가 나타나며, 어린아이가 자신을 '나' 라고 지칭하기 시작할 때부터 심리적인 자신의 자아를 완전히 의식하게 된다. 이때 비로소 어린아이는 동물의 정신적인 수준을 넘어서게 된다.

어린아이는 언어능력을 실현함으로써 자신을 표현하고 자신을 이해시키는 것뿐만 아니라 사고의 가능성을 실현한다. 이는 언어발달에서의 결정적인 시기를 2세에서 3세 사이로 보고 있음을 알 수 있다. 어린아이가 일인칭 대명사인 '나' 를 사용할 수 없다는 것은 아이가 심리적인 자신의 자아를 의식하지 못하고 있으며 세상과 자신을 구분하지 못하고 있는 것이라고 할 수 있다.

대부분의 자폐성 장애 아동들은 언어와 의사소통에 어려움이 있으므로 타인과 상호작용을 할 수 없다. 그들은 자기 자신과 타인의 정신세계에 대하여 관심이 없으며 언어발달이 이루어져도 대화에서 유머와 익살, 완곡한 표현과 은유, 예의 등을 이해하지 못한다.

## 3. 상징적 놀이성의 결여

일반 아동들에게서 상징놀이 혹은 가상놀이(pretend play)에 대한 관심은 아동의 발달 단계에서 자연스럽게 나타날 수 있는 놀이 모습 중 하나다. 예를 들면 소꿉놀이, 병원놀이, 학교놀이, 상점놀이 등의 가상놀이는 아동의 표상능력(representation)을 반영해 주는 것이며 아동의 건강한 인지발달을 위한 정보를 제공해 준다.

상황을 창조해 낼 수 있는 능력, 자신을 포함해서 대상과 가상적 환경, 사람의 정체성을 다룰 수 있는 능력은 인간이 지니고 있는 고유한 인지능력 특성이라고 할 수 있다. 이것은 아동들이 사고를 위해서 상징(symbol)을 이용할 수 있는 능력이 성장하고 있음을 보여 주는 것이고(Piaget, 1962), 외부 현실을 넘어서 사고의 수위를 달성하는 것(Vygotsky, 2000)이며, 사람들 사이의 상호작용을 하는 것과 함께 아동들이 그들의 정서적 상태를 시험해 보는 것(Erikson, 1951)일 수도 있다. 가상놀이는 언어적인 설명을 필요로 하며 놀이를 계획하고, 장면을 연출하고, 순서를 정하고 조직하기 위하여 반드시 언어적 기술이 포함되어야 한다.

지적, 정서적, 언어적, 사회적 요소를 모두 포함한 인지발달이 이루어져야만 가상놀이가 가능하며 가상놀이를 많이 할수록 인지발달을 촉진시켜 줄 수 있다. 가상놀이는 대부분 9개월에서 12개월 사이에 나타나면서 점차 그 횟수와 내용이 증가하는 것으로 알려져 있다. 이때부터 유아의 놀이는 현실적인 것에서 단순한 가상적인 것으로 바뀌기 시작하고 가상놀이와 계획된 가상놀이 형태로 발전하게 된다. 가상놀이는 인간의 인지능력을 보여 주는 독특한 실례로서 생물학적이

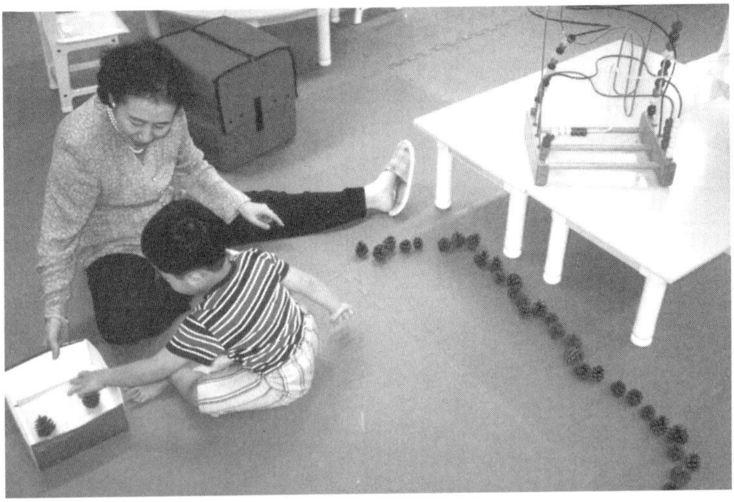

며 환경적 요인의 영향을 받는다(Nicolich, 1977; Rutherford & Rogers, 2003). 그러나 자폐장애를 가진 아동들에게서는 이 가상놀이를 할 수 있는 능력이 심하게 결여되어 있다. 이는 자폐장애를 가진 아동들의 인지능력의 결핍과 연관이 있음을 보여 주는 것이다.

정신이론(Theory of Mind: ToM)은 사람은 감정과 생각과 신념을 가진 존재라는 사실을 이해하며 다른 사람의 정신적 상태와 행동을 예견할 수 있는 능력으로서 정신상태를 판단하는 데 기초를 둔 것이다. 이런 정신상태는 원하는 것이 일어나기를 기대하는 의지적 정신상태, 무엇인가 듣거나 혹은 볼 수 있는 지각적 정신상태, 생각하고 알아차리고 믿을 수 있는 인식론적 정신상태를 포함한다. 많은 연구 결과에서 4세가 되면서 아동의 ToM에 기본적 변화가 일어난다고 하였다. 이는 아동의 언어발달이 활발해지면서 인지능력도 더욱 발달해 가는 것을 보여 주는 것이다. 정신이론 기제는 인지적 기능의 핵심으로서 자폐장애를 가진 아동들은 초표상능력을 필요로 하는 바로 이 부분이 결여되어 있다. 정신이론 검사에서 높은 점수를 보이는 아동들이 좀 더 적극적인 상상력을 발휘하고, 상상의 친구(imaginary friend)를 많이 가지며 가상놀이를 더 하게 된다고 하였다(Colle et al., 2007; Rutherford & Rogers, 2003).

자폐성 장애 아동은 발달수준에 맞는 상징적이며 상상적 놀이와 사회적 모방놀이가 결여되어 있으며, 같은 놀잇감을 똑같은 방법으로 사용하고 또래들과 함께 놀이를 하지 못하고 혼자서 놀이를 한다. 예를 들어, 자동차를 가지고 놀 때에도 손가락으로 문을 열고 닫기, 바퀴 돌리기를 하면서도 자동차를 바닥에서 밀어 보면서 소리를 내거나 사람이 타고 어딘가를 가는 모방행동이나 상상놀이를 하지 못한다. 장난감을 가지고 놀 때에도 그것을 손으로 만지거나 들었다가 놓는 것, 또는 줄지어 늘어놓는 것 정도는 하지만 놀이를 만들지는 못한다. 인형을 만지기는 하지만 인형을 가지고 병원놀이, 학교놀이를 하거나 엄마, 아빠와 아이 관계를 나타내는 등의 상상이나 모방놀이는 하지 못한다.

## 4. 인지적 능력의 결여

자폐성 장애 아동의 약 2/3는 IQ 70 이하로서 학습장애를 가지고 있으며, 40%의 아동은 IQ 50 이하이고, 5~30%의 아동들이 정상 또는 그 이상의 지능을 가지고 있다. 지능이 낮을수록 자폐증상이 심하다고 할 수 있으며, 사회성 발달이 늦어지고 감각적 행동들, 예를 들면 만지는 것, 냄새 맡는 것, 자해행위와 상동행위가 훨씬 많은 것으로 보고되었다(Mitchell, 1997).

이춘재(1995)는 자폐성 장애 아동들 4명 중 3명은 지능지수 70 이하로 발달지체를 보이고, 1/5~1/4의 아동들은 경계선급에 있다고 하였다. 기계나 수학 혹은 음악과 같은 분야에 뛰어난 능력을 나타내는 아동도 있으나 상징과 표상능력이 부족하여 상징놀이나 모방놀이는 하지 못한다. 단순한 변별 학습이나 3차원의 자극에는 반응을 보이나 상징적인 자극을 처리하는 데 어려움을 겪는다. 가끔 기계적인 기억에 놀랄 만한 능력을 보이는 아동도 있으나 생산적인 출력은 하지 못한다고 하였다(구본권, 1996).

레슬리(Leslie, 1987)는 이를 기본적인 인지결함에서 오는 것이며 이차적인 정서적 결과에 기인하는 것으로 초표상(meta-representation)의 결핍이라고 설명하였다. 본능적으로 두뇌 기능은 초표상에 대한 인지적 능력을 기초로 하고 있다. 정상적인 두뇌발달이 이루어지고 있는 아동은 일차적인 표상(primary representation)을 나타내는데 이는 세상에 대한 믿음이며, 이차적인 표상 또는 초표상은 세상으로부터 일시 정지하는 것과 세상과의 관계를 깊이 새겨 두는 일을 하게 된다.

예를 들면, 생각하는 것과 '~인 것처럼' 하는 것인데 "영이는 자기 장난감이 공깃돌이 바구니 안에 있다고 생각한다." 그리고 "바나나를 전화기인 것처럼 행동한다."에서 보면 알 수 있다. 이러한 초표상의 과정이 자폐성 장애 아동들에게는 결여되어 있으며 이것이 바로 그들이 모방과 상상적이며 상징적인 놀이를 하지 못하는 이유이다. 또한 일차적인 표상이 요구하는 사회적인 과제 역시 적절하게 수행할 수 없다. 웃음은 세상을 묘사하는 일차적 표상으로 이해할 수 있으나 은유와 같은 것은 표현하는 사람의 의도를 이해할 수 있어야만 알 수 있는데 이것이 바로 초표상 능력이다(Astington, 1994).

종단적인 연구에서도 자폐성 장애의 사회적인 어려움이 영아기에 시작되는 것으로 나타났는데 어떠한 대상에 관심을 가지고 주의를 기울이는 것은 의도적인 것이며, 표상적인 정신상태로서 주의를 기울인다는 것은 초표상에 의한 것이다.

바론 코헨(Baron-Cohen, 1991)에 의하면 정상적인 아이들은 엄마의 눈빛을 응시하고 엄마의 관심의 초점이 무엇인지를 감지할 수 있다고 하였다. 그러나 자폐성 장애 아동은 자기가 원하는 것이 있을 때에는 지적할 수 있으나 그 이외에는 다른 사람의 주의를 직접 지적하지 못한다. 그들은 엄마가 사물에 대하여 보고 듣는 것에 주의를 환기시키지도 않는다. 주의를 이해할 수 있는 초표상의 능력은 눈을 이용하여 사람의 목표 방향을 감지하는 것으로서 정상적인 아이들은 성인이 손에 장난감을 들고 눈앞에서 보여 주며 장난감을 뒤로 숨기면 즉시 성인의 눈을 쳐다본다. 그러나 자폐성 장애를 가지고 있는 아동은 성인의 손을 쳐다본다. 이처럼 주의를 이해하는 것이 부족한 이유는 아마 초표상에 대한 능력이 결여되어 있기 때문일 것이라고 설명하였다.

프리스(Frith, 1989)는 자폐성 장애의 근본적인 문제를 인지적인 것으로 보고 있는데 중심 정보처리 과정에서 서로 분리된 정보를 통합하여 의미 있는 전체를 만드는 능력의 결핍이라고 설명하였다. 우리의 두뇌는 중심을 향하여 응집하려는 충동성향을 가지고 있다. 보통 사람들은 숨은그림찾기를 어려워하지만 자폐성 장애 아동들은 이것을 아주 잘하는데 그 이유는 이들이 중심을 향하여 응집하려는 충동이 약하기 때문이다. 이들이 사회적 의사소통의 문제를 갖는 것도 바로 이러한 이유이다. 우리는 사람들하고 이야기할 때 그들의 동작에 초점을 두지 않고 그 사람과 사건 및 행동 등에 대하여 이미 알고 있는 정보를 우리의 기대와 예측에 맞추어 반응을 하게 된다. 그러나 자폐성 장애를 가지고 있는 사람들은 이러한 일을 할 수가 없는데 그 이유는 바로 중심을 향하여 응집하려는 충동이 약하기 때문이다. 이들이 사회적 상호작용에서 거리감이 있고 참여하지 못하는 것처럼 보이는 것도 같은 이유이다. 프리스가 발표한 '아비뇽(Aveyron)의 야생소년 빅토르(Viktor)' 는 원형적(archetypically)인 자폐성 장애 아동이었다. 그는 발견 당시 12세이었는데 거의 10여 년을 야생에 버려진 채로 인간 사회와 격리된 곳에서 생활하였으며 유명한 의사인 이타드(Itard)의 헌신적인 노력과 교육에도 불구하고 그는 끝내 인간 사회에 적응하지 못하였다(Astington, 1994; Baron-Cohen, 1991; Hobson, 1989).

Victor

미첼(Mitchell, 1997)도 자폐증을 근본적인 인지적 결함으로 보고 있으며 이차적인 결과로서 애정적인 면과 의사소통 그리고 사회적 상호작용에서의 결함이 나타나는 것으로 보았다. 이러한 장애를 치료하기 위해서는 그 증상들이 나타나는 이차적인 증상에서의 결함보다는 인지적 결함에 대하여 접근하여야 한다고 하였다. 이를 위한 방법으로 아동이 믿음(belief)과 현실 사이의 차이점에 대하여 이해할 수 있는지를 시험해 볼 수 있다. 현실에 대한 정신적인 모델에 따르면 믿음은 사실 잘못될 수 있다. 만일 아동이 정신이론에서 결핍이 있을 때에는 아마 잘못된 믿음에 대하여 실수할 수 있을 것이다. 결과적으로 잘못된 믿음에 대한 실수는 아동이 정신이론에 대한 결핍의 증상이라고 할 수 있을 것이다. 정신이론에 관한 가설에서 허구 신념검사(false belief test) 결과 자폐성 장애 아동과 성인들은 이것을 인식하는 능력이 결핍되어 있음을 알 수 있다고 설명하였다.

민스키(Minsky, 1985)의 이론에 의하면 성인에게는 사회적 목표를 획득하는 것이 어렵지만 영아는 신체적 목표보다 사회적 목표를 더 쉽게 획득한다. 영아의 사회적 세계도 성인 못지않게 복잡할 것이다. 그러나 영아에게 도움을 주는 사람이 있는 사회적 세계는 영아의 정신을 더욱 강하게 할 수 있으며 사실 단순한 행동이 어려운 문제를 쉽게 해결할 수도 있다. 영아의 두뇌는 사회적인 신호들을 배울 수 있도록 유전적으로 기계처럼 잘 조립되어 있는데 만일 이 기계가 우연히 잘못되었거나 혹은 사고로 고장이 났다면 정신세계의 각 영역들이 결코 형성되지 못할 것이다. 여러 가지 다른 생각들을 하나로 융합시키고 모든 영역에서 일하는 데 필요한 규칙들을 만드는 것 또한 불가능해질 것이다. 자폐성 장애 아동들은 불행하게도 이와 같은 정신영역을 만드는 일에 실패한 것이라고 설명하였다.

아동기에 자폐장애로 진단을 받은 120명을 13~22년 동안 후속 연구를 한 결과에서는 아동기에 IQ 점수 수준이 청년기 혹은 성인이 되었을 때 심리사회적 적응을 하는 데 긍정적인 상관관계가 있는 것으로 나타났다. 특히 아동기 6세에 언어로 표현하며 의사소통을 할 수 있는 경우 더욱 긍정적이었으며, 1960년, 1970년, 1980년대에 자폐장애 진단을 받은 아동들이 심리사회적으로 가장 부정적인 결과를 보여주었다(Billstedt, Gillberg, & Gillberg, 2005).

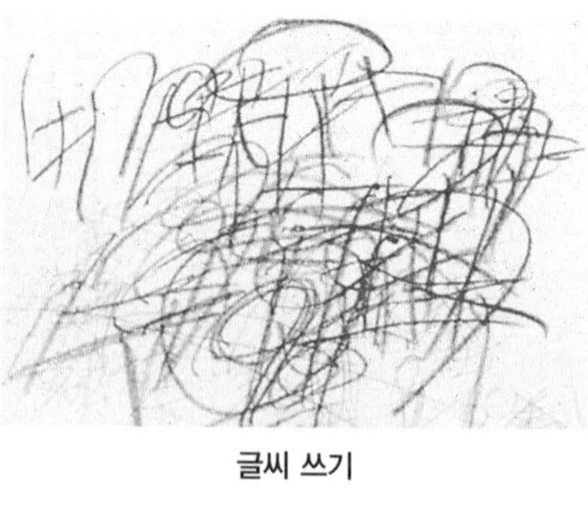

글씨 쓰기

자폐장애로 진단 받은 초기에 아동의 인지발달에 도

움을 줄 수 있는 치료적, 교육적 개입을 빨리 시작하는 것이 아동이 보다 건강하게 성장할 수 있다는 희망적인 가능성을 보여 주는 연구 결과다.

## 5. 반복적 · 상동적 행동

자폐성 장애를 가지고 있는 아동들은 반복적이거나 제의적인 행동을 하게 되는데, 예를 들면 손가락으로 톡톡거리기, 손가락을 뒤틀거나 돌리기, 신체를 돌리거나 빙빙 도는 일, 의자나 창문가 등 높은 곳에 올라가기, 머리 부딪치기, 머리 흔들기, 물건을 턱에 부딪치기 등의 행동들을 자주 나타낸다.

동그란 형태의 물건 —장난감 자동차의 바퀴, 동그란 뚜껑, 동그란 접시 등 —을 손가락으로 돌리기, 손가락으로 휴지 말기 등의 행동을 정지시킬 때까지 반복적으로 한다. 또한 아무런 이유 없이 낄낄거리고 웃거나 소리를 지르고, 같은 소리 · 노래 · 단어 등을 반복하기도 한다. 자신의 요구를 들어주지 않을 때에는 계속해서 손으로 책상을 두드리거나 자기 머리를 치면서 우는 자해행동을 보이기도 한다.

특정한 장난감이나 물건에 대하여 강한 애착을 가지고 있으며 계속 그것만을 가지고 노는 경향이 있고 어떤 한 가지에 집착하거나 고집스럽게 매달리고 변화를 수용하지 못한다. 그러므로 새로운 것을 배우고 행동의 변화를 가져오는 것이 지극히 어렵다.

## 6. 미시사회학적 이론

듀릭(Durig, 1993)은 미시사회학을 인간 행동에 관한 과학으로서 자폐성 장애를 가지고 있는 사람들과 깊은 관련이 있다고 설명하였다. 미시사회학에서의 의제 중 하나는 대화의 상호작용에 관한 것으로서 의미(meaning), 정신(mind), 언어(language), 자기(self), 정서(emotion)는 대화에서 서로 연결되어 있으며 의식적인 표현에서 떠오르는 것이다.

자폐성 장애를 가지고 있는 사람들은 세상에 대하여 고정된 이해 속에 갇혀 있는 것처럼 보이고 기본적인 대화에서의 상호작용인 주고받는 것을 조절하는 일이 불가능하다. 그들은 눈맞춤과 신체 접촉에 어려움이 있고 따라서 얼굴을 맞대는 관계를 두려워하여 침입을 받는 것처럼 여기는 것 같다.

언어를 사용하는 과정도 특이하여 모든 사람들에게 마치 자동인형처럼 말을 한다. 문장은 구문(syntax)에 맞게 말하는 것이 쉬운 것 같은데 상황에 알맞은 일상적인 말과 의사소통, 대화에서의 상호작용을 하는 데는 어려움을 겪는다.

대인관계의 몸짓은 조정할 수 있는데 표현적인 몸짓은 하지 못하고 별명을 만들거나 새로운 것을 배울 수는 있지만 방금 배운 것이 무엇인지를 알지 못한다. 또한 인칭 대명사를 적절히 사용하지 못하여 자신을 마치 제삼자처럼 말한다.

모든 정신현상에서 정서적인 것과 인지적인 것은 서로 긴밀하게 연결되어 있으므로 의미 있는 지각을 이해하는 것이 자폐증을 이해할 수 있는 열쇠라고 말할 수 있다. 대화에서의 상호작용 현상은 다음과 같은 순서를 따르는데, 즉 '몸짓→의미 있는 상징→언어→사고→정신→자기'로 나타나고 대화에서 몸짓은 의미 있는 상징이 되고 상징은 언어로 변화한다. 언어가 내면화되어 사고가 이루어지며 사고와 사회적 과정에 대한 인식이 정신이고 이 정신이 사회적인 과정 안에 자리할 때 거기에 자기가 존재하는 것이다(Durig의 논문에서 재인용한 것임. Durig, 1993; Frith, 1989).

논리적 추리이론은 다섯 가지의 의사소통 상호작용의 요소를 필요로 하는데 이것은 다음 세 가지의 추리방식인 연역적(deductive), 귀납적(inductive), 가설 유도적(abductive)인 것을 의미한다.

연역법은 일반적 원리를 바탕으로 하여 특수한 원리를 이끌어 내는 것이며, 추리의 틀을 규정하는 것으로서, 사실 혹은 거짓이라고 알려진 전제를 기초로 한다. 연역법은 경험에 의하지 않고 논리상 필연적인 결론을 내리게 하는 것으로서, 추리의 틀은 독특한 전제로부터 독특한 결론을 내리게 된다. 귀납법은 구체적인 사실로부터 일반적인 명제나 법칙을 이끌어 내는 것으로서, 특수한 사실을 전제로 일반적인 진리나 원리를 알아내는 방법이다. 미드(Mead, 1934)에 의하면 귀납법은 다른 사람에 대한 역할 또는 역할 맡기(role playing)의 개념으로서 개인이 다른 사람에 대한 정상적인 반응을 의미한다. 미시사회학적으로 말하면 연역적 전제는 가설적으로 설정된 상황에서 기대되는 행동으로서 상황적 정체성과 역할 맡기, 설명을 하기 위한 절차이다.

Abduction은 가설 유도적이라고 하는데 이는 퍼스(Peirce, 1940)가 설명한 개념으로서 이미 알려진 사실을 바탕으로 하여 가설을 설정하는 인지적인 과정이다. 가설 유도적인 추리는 창의적 사고의 기본적인 요소가 되며 무의미한 것 또는 일관성이 없는 상황에 대하여 지시를 하도록 시도하는 것이다. 가장 최신의 지식으로도 사건을 설명하기에 충분치 못하면 가설 유도적인 추리는 이미 알고 있는 경험을 재조정하고 회상하여 사건에 대한 우리의 지각을 재구성하는 것이다. 따라서 가설 유도적인 추리는 연역적이거나 또는 귀납적인 수준에서 언제든지 새로운 의미가 인정될 때 그리고 모호성과 상호작용에서의 불일치가 해결되거나 또는 창의적이며 혁신적인 행동이 가능할 때 연관될 수 있다.

예를 들면, 배우들은 귀납적으로 그들이 주관적으로 정의한 사회적 상황의 틀 안에서 연기를 한다. 그들은 또 연역적으로 자신이 자기에게 기대하는 행동 또는 이 상황에서 다른 사람들이 기대하는 행동의 틀 안에서 연기를 한다. 또한 그들은 가설 유도적으로 주관적 지각의 틀 안에서 무의미한 것 또는 일관성 없는 상황에서 기대하는 행동을 연기할 수도 있다. 귀납적이거나 연역적인 상황에서 연기를 할 때 배우는 정신적으로 주제의 영역 안에 있으나 논리적이거나 이성적일 필요는 없다.

연역적, 귀납적, 가설 유도적 과정은 사회적으로 구성된 의미, 정신, 언어, 자기, 정서의 현상 안에 놓여 있는 것이다. 이 이론은 자폐증의 원인을 두뇌 조절의 결핍에 의한 것으로 보는 시각으로서 자폐성 장애가 있는 사람들에게서는 귀납적인 능력이 전혀 개발되지 않는다고 본다. 그러나 소수이지만 어느 정도 귀납적인 능력이 발달한 사람도 있다. 이들은 세 가지 양식의 추론을 보조할 수 있는 규준적인 두뇌능력을 가지고 있을 수도 있다. 그러나 조절체계는 오직 개인이 귀납적인 것을 제외한 연역적이고 가설 유도적인 것에서 자극된 것과 일련의 것들만이 가능할지도 모른다.

자폐성 장애의 다섯 가지 특성을 미시사회학적으로 설명하면 다음과 같다.

첫째, 사회적 상호작용의 결여: 사회적인 상호작용이란 개인이 주어진 상황에서 연기자로서 참여하고 내용을 규정하고 일반적인 대화에서 설명을 하는 것으로 귀납적인 과정이다. 자폐성 장애가 있는 사람은 주관적으로 범상황적 조정을 할 수 없으며, 따라서 보통 사람들이 하듯이 정신, 의미, 언어, 정서, 자기를 체험할 수 없다.

오히려 그들에게는 이와 같은 상황이 개인 내적인 수준에서 연역적으로 존재한다. 그들을 이해하려면 귀납적인 능력과 연역적인 능력의 차이를 구별할 수 있어야 한다. 왜냐하면 그들은 오직 연역적이며 가설 유도적 정신만이 나타나고 귀납적인 정신은 없기 때문이다.

둘째, 의사소통에서의 부적절 : 반향언어는 역할을 맡는 귀납적 과정에서 수행할 수 있는 능력의 결핍으로 나타난다. 문법적인 언어와 연역적인 것 그리고 대화에서 차례를 지키는 것 등은 어느 정도 할 수 있으나 의미 있는 의사소통에 대한 반응은 할 수 없다. 대명사를 적절히 사용하지 못하는 것도 역할 맡기와 귀납적인 추리 과정에 대한 능력이 없는 데서 오는 것이다. 대명사의 사용은 특히 귀납적인 추리 과정에 의한 것으로 자폐성 장애를 가지고 있는 사람은 역할 정체감을 인식할 능력이 없으므로 결코 누구하고도 동일시할 수가 없다. 이상한 목소리와 멀리 보는 눈동자 또는 발끝으로 걷는 행동과 같은 현실적인 어려움은 모두 귀납적으로 해석하는 인지능력을 표현하는 것이 부족한 데서 기인하는 것이다.

셋째, 상상놀이의 결핍: 놀이나 게임에 참여하는 것도 역시 귀납적인 능력이며 이것은 역할 맡기에서 나타나는데, 한팀의 구성원으로서 이기고 지는 것에 대한 개념이 있어야 가능한 것이다. 미시사회학에서는 아동의 놀이를 사회생활의 재조정이며 아동기의 사회화 과정의 중요한 부분으로 보고 있다.

넷째, 지적 능력의 이상한 형태: 자폐성 장애를 가지고 있는 아동의 정신은 연역적 수준에서 작용하고 이 수준 위에서 가설 유도적 추리와 함께 작용하는데, 여기에서도 귀납적 추리의 자극이 이루어지지 않는다. 거의 모든 자폐성 장애를 가진 사람들의 지적능력은 연역적이고 가설 유도적인 현상에서 분류할 수 있다. 연역적인 정신 활동은 정해진 규칙과 순서대로 하는 일련의 것들에서 가능하므로 기계적이고 판에 박힌 일을 할 수 있다. 음악을 듣고 그것을 연주하고 건물을 쳐다보며 그것을 그림으로 그리는 일을 할 수 있다. 가설 유도적 추리 활동은 창의적인 것과 연관이 있으며 음악을 작곡하고 시를 쓰는 것 등의 혁신적인 일도 가능하다.

다섯째, 반복적이며 상동적인 행동: 자폐성 장애를 가지고 있는 사람들은 의미에 대하여 가설 유도적인 추리 능력으로 자신의 정신을 성취하는 것을 경험한다. 그들은 정신과 의미를 자기 —의사소통을 위한 상호작용에서 다른 사람에게 보일 수 있는 자기 —라는 개념 없이 경험하게 된다.

자폐증이라는 이름 자체가 공허하고 고독한 자기에 대해서는 부적절하지만 자동적이고 기계적인 순서에 의한 생산적인 일을 하는 것에서는 적절하다고 할 수 있다. 이러한 기계적인 순서에 의한 일은 다른 사람들에게는 생산적인 것으로 보이지 않을 수도 있다.

자폐성 장애를 가지고 있는 사람들은 연역적인 수준에서 가설 유도적인 사고를 하기 때문에 귀납적인 과정이 없는 의미 있는 지각을 하기 위해서는, 즉 정신이 연역적 수준에 있는 것을 체험하기 위해서는 반복적인 과정을 거쳐야만 하는 것이다. 반복적인 동작은 사실 건강함을 체험하기 위한 것이고 그들이 기계적인 동작을 하는 것도 정신

건강을 위한 것이며 이 반복적인 동작에서 친밀감과 위안을 체험하고 있는지도 모른다.

자폐성 장애를 가지고 있는 사람들과 일을 하거나 그들을 이해하기 위해서는 귀납적인 사고를 줄이고 연역적인 사고를 할 필요가 있을 것이다. 이들이 때로는 높은 수준의 기계적인 일을 할 수 있는데, 예를 들면 컴퓨터 사용과 컴퓨터 프로그래밍 등이다. 컴퓨터는 완전히 연역적인 추리에 기초를 둔 작업이기 때문에 자폐성 장애를 가지고 있는 아동들에게 컴퓨터 사용기술을 가르쳐 주는 것은 아주 유익한 일이다.

미시사회학에서는 거울에 비친 자기에 대하여 설명할 때, 우리는 서로에게 거울의 역할을 하는 것이라고 할 수 있다. 그러나 자폐성 장애를 가지고 있는 사람들은 거울에 비친 자신의 모습을 설명하는 데 어려움이 있으므로 다른 사람에게 비치는 자신의 모습에 대하여 관심을 갖지 않는다. 그들은 자기가 없는 의미와 정신을 체험하는 가장 순수한 정신의 실존을 체험하고 있을지도 모른다. 이것은 초월적인 존재의 체험일 수 있으며 인간의 체험으로는 신비스럽고 영성적인 체험일 수도 있다(Durig, 1993; Hanson, 1961; Mead, 1934; Peirce, 1940).

자폐성 장애 아동들의 정서적 반응과 행동에서의 문제는 이들의 모든 연령대에서 지속적으로 나타나게 되는데, 정서, 주의집중, 활동, 사고에서 장애를 가져옴으로써 이와 연관된 행동문제를 야기하게 되는 것이다(Lainhart, 1999; Ovsanna et al., 2006).

자폐아동의 정서적 표현에 대한 종단적 연구는 매우 한정적이지만, 그중에서 한 단기/장기 연구에서는 2~5세까지의 자폐아동들을 대상으로 한 17개월간의 단기 검사와 이 아동들이 초등학교에 입학하거나 혹은 초기 검사 후 5년이 지난 뒤에 재검사를 실시한 사례가 있다. 그 결과 다른 사람들의 감정에 대한 반응에서 취학 전 연령의 아동들은 학령기가 되어서도 좋은 반응을 보이는 것으로 나타났다. 또한 자폐 아동들이 다른 사람의 감정에 대한 반응이 부족한 것은 그들이 그 사람들에 대하여 무관심하거나 싫어하는 것이 아니라 이런 사건을 이해하는 사회인지 기술이 부족하기 때문이라는 것을 알게 되었다(Andrea & Sam, 2004). 자폐증은 여러 가지 능력의 결핍을 가지고 있으나 다른 한편으로 한 가지 능력에서는 천재적인 소질을 보일 수도 있다. 또한 음악적인 재능이 뛰어나 소리와 음정에 민감하고 멜로디와 리듬에 대한 기억력이 뛰어날 수도 있으며, 영화 "레인 맨(Rain Man)"의 주인공처럼 수학적인 계산에 재능을 보일 수도 있다(Mitchell, 1997).

이상의 연구에서 보듯이 자폐성 장애 아동은 자기를 둘러싸고 있는 외부의 모든 환경을 차단하고 자신만의 세계 속에서 생활하고 있음을 알 수 있다. 자폐성 장애 아동들이 스스로 자폐적인 껍질을 깨고 나올 수 있도록 도움을 주려는 것이 모든 치료와 교육의 최종 목표일 것이다.

이 책에서는 이러한 목표를 달성하기 위한 시도로서 자폐성 장애 아동의 행동변화를 위하여 표현예술치료라는 통합적인 방법과 동물보조 놀이치료를 이용한 결과에 대하여 설명하였다.

제2장

# 자폐증의 원인

자폐증의 원인은 아직까지 분명하게 밝혀지지 않았으나, 한 가지 원인이기보다는 복합적인 원인들에 의하여 나타나는 증상이라고 할 수 있다. 홍강의(1993)는 자폐증의 원인 중 가족 및 환경적 요소로서 부모의 정신병리나 가정의 환경적인 요소들은 자폐증의 원인으로서의 가능성이 매우 낮은 것으로 보고 있다.

천근아와 정철호(2005)는 자폐장애(AD), 자폐 스펙트럼 장애(ASD)와 전반적 발달장애(PDD)는 90% 이상이 유전성을 지닌 다양한 신경생물학적 원인에 의한 신경발달학적 장애(neurodevelopmental disorder)라고 하였다. PDD에 포함되는 장애는 사회적 상호작용의 질적 장애, 언어적/비언어적 의사소통에서의 장애, 한정된 행동, 관심 및 활동과 상동적 반복적 행동을 증상으로 하는 뇌 신경계의 발달장애라고 할 수 있다.

스코플러와 브리스톨(Schopler & Bristol, 1980)은 자폐증의 원인을 다음과 같이 설명하였다.

첫째, 어린이들 개개인에게서 특별한 원인이 알려지지 않았다.

둘째, 한 가지 원인이기보다 복합적인 원인이다.

셋째, 두뇌 이상 또는 생화학적 불균형 때문에 지각능력과 이해력에 손상이 온 것으로 보고 있다(Kirk & Gallagher, 1986).

## 1. 생화학적 요소

자폐장애에서 세로토닌의 전구물질인 혈중 트립토판이 감소되었을 때 세로토닌 신경전달 활동의 저하로 인하여 자폐증상이 악화되는 것으로 보고된 것은 이 장애가 세로토닌계의 활성과 관련이 있음을 뒷받침하는 것이다. 유전자 수준에서는 세로토닌 운반체(serotonin transporter, 5-HTT) 유전자, 5-HT2A, 5-HT2B, 5-HT7 수용체 유전자, 트립토판(tryptophan) 2, 3 dioxygenase(TDO2) 유전자가 자폐장애의 주요 관심 유전자로 여겨지고 있다. 세로토닌 대사과정에서의 이상이나 혈중 세로토닌 혹은 트립토판의 이상 농도가 다양한 정신 질환에서 보고되고 있다. TDO2의 활성을 변화시키는 유전적 돌연변이는 효소의 작용을 변화시켜 세로토닌이나 트립토판의 양을 증가 또는 감소시키는 요소로서 기능적 관련성을 가지고 있는 것으로 설명하고 있다. 그러나 한국인의 ASD와 TDO2 유전자의 다형성 관련 연구에서는 상관관계를 발견하지 못한 것으로 나타났는데, 부분적으로는 인종적 차이에 기인한 것으로 보고 있다(김순애 · 박미라 · 조인희 · 유희정, 2007).

## 2. 신경 생리학적 요소

오니츠(Ornitz, 1974)는 신경 생리학적 연구를 통해서 유용한 정보를 제공해 주었는데, 자폐성 장애 아동의 수면 시 눈동자의 움직임(rapid eye movement: REM)은 영아기에 속한 아동의 REM과 같이 느린 속도를 보이는 것을 알게 되었다. 구체적으로 6~13세의 자폐성 장애 아동은 1~5세의 정상 아동과 같은 REM 속도를 보였으며 이것은 내이(內耳, Vestibular)의 기능 이상 때문에 생긴다고 보았다. 자폐성 장애 아동이 자발적으로 빙빙 돌고 물건을 퉁기거나 팔을 펄럭거리며 몸을 앞뒤로 흔드는 동작을 보이는 것은 자신의 몸과 주위에서 생기는 감각(sensation)을 근육운동(kinesthetic)의 반향(feedback)을 통해서 이해하려는 노력에서 생기는 것이라고 추리하기도 하였다.

과거 30여 년 동안의 임상관찰에 의하면 자폐성 장애 아동이 가진 내이의 기능 이상은 중력의 중심을 잡아 주는 물체에 의존하려는 경향, 기차나 엘리베이터 안에서 경험하는 빠른 움직임에 대한 공포반응, 몸을 빙빙 돌려도 어지럼증을 느끼지 않는 점, 물건을 빙빙 돌리거나 발가락 끝으로만 걷는 증상들은 모두 내이 기능의 결함에서 온다고 보았다(김현순, 1985).

프랑스의 이비인후과 전문의인 토마티스(Tomatis)도 자폐증을 청각기관의 이상에서 오는 것이라고 보았다. 인간의 귀에 있는 내이는 균형 조절과 근육운동의 조절 및 조화의 기능을 유지하는 것으로서 자폐성 장애 아동들은 바로 이 내이에 문제를 가지고 있으며 그들의 자폐적인 상태는 스스로를 보호하기 위하여 나타나는 현상으로 이해할 수 있다고 하였다(Sollier, 1996).

## 3. 유전적 요소

현재 유전적 요인에서 가장 직접적인 관련이 있다고 할 수 있는 것은 페닐케토뉴리아(Phenylketonuria: PKU)로서 이는 학습장애를 가져올 수도 있다. PKU의 유전자 결함은 세포 내에 일정 효소를 만드는 힘이 없어서 페닐알라닌(Phenylalanine)이라는 아미노산을 티로신(tyrosine)으로 산화시키지 못하여 두뇌조직을 파괴하는 뉴로톡신(nurotoxin)을 만든다. PKU는 티로신을 분해하는 효소가 선천적으로 결핍되어 있으므로 그 결과 페닐피부르산이 소변으로 그대로 배출된다.

PKU를 가지고 태어난 아이들이 진단을 받지 않은 채 부모에게서 다이어트를 받게 되면 학습장애로 아주 심하게 고통을 받게 되는 경우도 있으며, 자폐증으로 진단받을 위험도 내포하고 있다. 자폐증의 한 가지 유전적 요인은 다이어트라는 환경적인 요인에 의해 중재될 수 있다. PKU는 양친이 모두 발병자이거나 보균자일 때 나타나므로 태어난 아이에게 가능성이 있을 때 혈액검사를 통해 조기발견하면 뇌의 성장이 가장 빠른 생후 4년 동안 식이요법으로 어느 정도 억제할 수 있다(주정일, 1979; Piven & Folstein, 1994).

유전학자들은 특히 염색체 2, 5, 7, 11, 15, 16, 17번에서 의심스러운 부분들이 있으며, 많은 유전자들이 서로 연관되었을 것으로 보고 있다. U. C. Davis 대학의 데이비드 아마랄(David Amaral)박사는 다양한 형태의 자폐증 형태가 있을 것이며 각기 서로 다른 원인과 유전자가 개입되어 있을 것이라고 하였다. HOXAI 유전자도 자폐장애를 일으키는 요인 중 하나로 알려져 있다(Dyches et al., 2004; Rutter, 2005;

*Time*, 2006).

자폐장애(AD/ASD)의 5%에서 이미 알려진 염색체 이상 질환이 동반되고, 10%에서는 취약 X염색체 증후군(Fragile X Syndrome: FXS)이나 결절성 경화증과 같은 멘델의 유전법칙을 따르는 질환을 가지는 점 등이 자폐장애의 원인 중 하나로서 유전자 및 염색체 이상일 수 있다는 이론을 뒷받침하고 있음을 알 수 있다(김순애 외, 2007; Sally et al., 2007).

피번과 폴스타인(Piven & Folstein, 1994)은 형제자매와 쌍둥이 연구에서 3% 이내의 연관성이 있으나 유전적이기보다는 가족환경 요인을 들었으며, 다이어트, 독소에 노출된 것, 출산 시 충격, 바이러스에 의한 감염과 사고 또는 출산 과정에서의 복합적인 요인, 그 외의 다른 요인들이 자폐증적인 유전적 위험을 유발시킬 수 있다고 하였다.

자폐증이 어떠한 한 가지 요인이라는 것은 아직 밝혀지지 않았으나 두뇌에 이상이 있다는 것은 분명하다. 유전적인 요인에 관한 연구가 계속되어야 하는데, 자폐증이 있는 사람이 부모가 되었을 때 그 아이들을 연구할 수 있어야 하지만, 사실 사회적 상호작용 능력이 결여되어 있는 상태에서 결혼 상대자를 만나기가 불가능하다는 데 연구의 어려움이 있다.

유전적 요소는 역학 조사와 쌍둥이 연구에서 자폐증 자체가 아니라 언어와 인지적 이상을 일으키는 소인이 유전되는 것으로 설명하였다. 허약 X 염색체 또는 염색체 이상이 원인이 되는 것으로 나타난 바도 있으나 조수철과 문신용(1986)은 15명의 자폐성 장애 아동을 조사한 결과 모두 염색체에는 이상이 없는 것으로 나타났다(홍강의, 1993).

## 4. 신경 해부학적 · 신경 병리학적 요소

신경 해부학적 · 신경 병리학적 요인에서 학자들은 자폐증이 뇌의 기질적인 역기능과 결손에 의하여 일어나는 현상으로 보고 있으나 아직도 광범위하고 지속적인 연구가 필요하다. 대뇌와 간뇌의 정신활동에 가장 중요하게 생각되는 변연계 및 망상체 형성에서 유기적인 실패로 그 결과 집중과정과 정보처리 과정에 이상을 초래하여 인지적인 장애가 생기고 이로 인하여 언어와 의사소통 및 사회적 상호작용의 문제를 일으키는 것으로 설명하고 있다.

두뇌 연구에 의하면 두 개의 뇌반구 중 왼쪽 뇌반구의 언어 기능에 관한 것으로서 전기실험 결과 자폐증의 경우 더 대칭적인 것으로 나타났다. 자폐성 장애 아동들이 언어소통에서 어려움을 겪는 것은 이들의 왼쪽 뇌반구가 정상인처럼 활동하지 않기 때문이다. 또한 전두엽의 이상을 들 수 있는데 이 부위에 손상을 입은 보통 사람이 사회적 상호작용에 이상을 보이는데, 혼자 있기를 좋아하고 욕구가 상승하면 충동적이며 재치와 판단력을 상실하고 사람들에 대한 관심을 잃고 사회적 관계에 대하여서도 의욕을 상실하는 것으로 알려졌다. 이는 자폐증적인 것은 아니지만 전두엽에 손상을 입었을 경우 자폐증과 비슷한 증상을 보이는 것이다. 다른 한 가지는 소뇌에 관한 것으로 몸의 자세와 미세한 운동조절, 비율과 힘, 정확성에서 부적절한 태도를 보이고 언어 소리에 대한 조절이 부족한 것을 들고 있다. 소뇌의 역할은 상상력과 사회적 행동, 정신의 일반적 이해와 관련이 있는 것으로 알려졌다.

슈만(Schumann, 1994)은 소뇌가 속도와 유연성 및 인지과정의 적합성과도 관련이 있는 것으로 설명하였다. 신경전달체계에서 대뇌피질에 정보를 보내고 받는 것은 사고와 계획을 세우는 것과 같다. 몇몇 연구에서 소뇌의 이상이 자폐증과 관련이 있는 것으로 나타났으나 소뇌 구조의 비정상은 생리학적 요인이 개입된 것으로서 자폐증의 직접적인 원인이기보다는 하나의 결과일 것이라는 가능성도 남아 있다(Mitchell, 1997).

바우만과 켐퍼(Bauman & Kemper, 1993)가 6명의 자폐성 장애자의 두뇌를 연구한 결과 4명의 사례에서 퍼킨제 세포(Purkinje cell) 밀도가 어느 부위에서는 50~95%까지 감소하였으며, 2명의 사례에서는 세레벨라 그래뉼(cerebellar granule) 세포의 밀도 역시 감소하였다고 발표하였다(Bailey et al., 1998).

미국 샌디에이고 아동병원의 신경학자인 에릭 코르센느(Eric Courchesne)는 MRI 검사 결과에서 자폐장애 아동들이 태어날 때는 보통 크기의 두뇌를 가지고 태어나지만 2세가 되면 두뇌가 급속도로 팽창하는 경험을 하게 되는데 특히 높은 추리력을 주관하는 전두엽(frontal lobes) 부분이 커지며 백질(white matter)이 많아진다. 그리고 4세가 되면 자폐장애 아동의 두뇌는 13세 정상 아동의 두뇌 크기와 같아진다고 설명하였다. 이러한 비정상적인 성장은 특히 여자 아동에게서 더 나타나는데 이유는 알 수 없으며 자폐 아동 5명 중 1명이 여자 아동이다. 또한 두뇌의 좌반구와 우반구를 연결해 주는 뇌량(corpus callosum)이 크기가 작은데 이는 두뇌의 각기 다른 부위의 활동을 주관하는 부분으로서 자폐장애를 가지고 있는 아동은 이 활동에서 빈약하게 조정하는 것으로 나타났다.

최근 연구에서 데이비드 아마랄(David Amaral)과 동료들은 정서와 사회적 행동, 환경에서 오는 위협을 감지하는 것과 관련되는 두뇌의 편도체(amygdala)가 또한 지나치게 크고 세포밀도가 증가되어 밀집된 양상을 보였는데, 자폐장애의 80%가 불안 수준이 높은 것과 관련이 있는 것으로 보고 있다. 연구 결과에서 자폐장애를 가진 사람들이 얼굴을 쳐다볼 때 마치 위협에 직면한 것처럼 편도체가 커진다는 것을 알게 되었다. 해마(hippocampus) 부위도 정상보다 10% 정도 큰 것으로 나타났는데, 해마는 기억력을 관장하는 영역으로서 자폐장애를 가지고 있는 아동들은 대부분 상황을 설명하는 데 기억력을 이용하며 이 부분이 커져 있다.

소뇌(cerebellum)는 신체적 조정, 운동 계획을 주관하는 데 주요한 역할을 하는 부분이다. 자폐장애를 가지고 있는 사람들은 전두엽과 같이 소뇌에도 백질이 지나치게 많으며 소뇌의 Purkinje cell 밀도와 크기가 24% 정도 감소하였으며, 변연계(limbic system)에서 증가된 세포밀도와 축소된 신경원의 크기, 피질 이향성(cortical dysgenesis)과 이동 이상(migration abnormalities), 콜린성 신경계(cholinergic system) 이상 등의 신경 병리학적 요소들이 관찰된 것으로 나타났다. 또한 두뇌세포는 축색돌기(axons)의 긴 줄로 연결되어 있으며 백질로 형성된 미엘린(myelin)으로 격리되어 있다. 그런데 자폐장애를 가진 사람들은 한정된 영역에 너무 많은 줄을 가지고 있으면서 한 부위에서 다른 부위로는 충분히 연결되지 못하고 있다(천근아 · 정철호, 2005; Fatemi, 2001; *Time*, 2006).

이와 같은 신경 발달학적 병리요소들에 대한 두뇌 연구가 계속된다면 자폐장애의 원인을 찾고 치료방법을 개발하는 데 많은 도움을 줄 수 있을 것이다.

## 5. 바이러스와 면역학적 요소

영국의 의료 전문가들은 MMR(Measles Mumps–Rubella), 즉 홍역 예방접종이 아이들에게 자폐증의 원인이 될 수 있다고 발표하였다. Royal Free 병원 연구자들은 장 질환에 대한 접종이 자폐증과 관계가 있다고 보고하였으며 웨이크필드(Wakefield)와 연구자들은 십여 명의 자폐성 장애 아동에 관한 연구에서 이들이 모두 MMR을 접종한 뒤에 자폐증상이 나타났다고 보고하였다. 알려지지 않은 장 질환이 풍진 바이러스에 의한 것일 수 있으며 이로 인하여 자폐증이 나타나는 것으로 설명하였다(BBC News, 1998). 이 연구 결과는 수많은 부모들에게 MMR 접종을 기피하게 만들었으며 큰 혼란을 가져왔었다. 그러나 최근 덴마크에서의 연구 결과에서는 MMR과 자폐증상은 관계가 없다는 보고가 나왔다. 지난 1991~1998년까지 태어난 53만 7천 명의 아동들의 기록을 조사해 본 결과 MMR 접종과 자폐증 발병 비율에는 아무런 상관관계가 나타나지 않았다. 또한 미국 플로리다에 있는 국제 아동 자료센터의 브레드스트리트(Dr. Jeff Bradstreet) 소장도 MMR 접종과 자폐증 발병에는 관계가 없으나, 이미 잠재해 있는 자폐증을 악화시킬 수는 있을지 모른다고 설명하였다(*Time*, 2002, 11/18).

임신 기간 중 풍진을 앓은 자손에게서 자폐아동 출현율이 높게 나타났는데 풍진이 중추신경계에 영향을 미쳐 다른 선천성 기형을 일으키는 것을 볼 때 뇌막염, 뇌염, 결절 경화증, PKU 등과 같이 중추신경계에 영향을 미치는 조건들이 자폐적 행동유형과 연관이 있는 것으로 보고되었다(Chess, 1971; Paluszny, 1993).

골드버그(Goldberg, 1998)는 자폐증의 원인을 유전적인 요인과 바이러스성 원인 및 면역학적인 것, 두 번 이상의 조산과 불임, 자간전증과 임신 기간 중의 출혈, 모성항체 등의 요인들이 자폐성 장애 아동의 어머니들에게서 나타났다고 하였다. 아마도 임신 기간 중에 생긴 장애는 태아에게 영향을 미쳤을 것이며 아이들에게 자폐증으로 나타난 것이라고 할 수 있다. 비정상적인 어머니의 면역성이 림프구에 대항하는 플라즈마 반동으로 인하여 자폐증이 나타나는 것으로 보았다. 선천성 루벨라(rubella)와 시토메갈로(cytomegalo) 바이러스는 간접적으로 자폐증의 원인이 되는 것으로 알려졌다.

다른 환경적 영향을 받는 요인은 에타놀(ethanol) 발프로에틱 산(valproic acid), 루벨라(rubella) 바이러스로 1964년 미국을 휩쓸었으며 이 당시 1만 명당 741명(Chess, 1971)의 아동들이 자폐장애를 보인 것으로 나타났다. 이는 통상적인 비율인 1만 명당 0.7 혹은 15명(Fombonne, 1998)이라는 평균과 비교하였을 때 지나치게 많은 숫자임을 알 수 있다. 그리고 탈리도마이드(thalidomide, 수면제 일종)에 노출되었을 때, 다른 신경 화학적, 신경 구조적 손상 및 면역 결핍과 함께 자폐장애를 일으킬 수 있는 요인으로 보고 있다(Dyches et al., 2004; Gleberzon & Rosenberg-Gleberzon, 2001; Rodier, 2000).

최근 연구에 의하면 자가면역체계에서 자폐증이 가능한 기제를 발견하였는데 그것은 미엘린(myelin) 기본 단백질에 대한 비세포 면역반응과 두뇌의 세로토닌 수용체에 대한 항체, 신경세포의 신경축 필라멘트 단백질(neuron-axon filament protein: NAFP)에 근거한 것이다. 약 67%의 자폐증이 NAFP 항체를 혈청에 함유하고 있으며 이는 거의 비정상적인 세포 매개 면역(cell-mediated immunity: CMI) 환자들에게서 볼 수 있다. 흥미로운 사실은 혈청을 가진 가계에서는 항 NAFP에 대하여 양성인 것으로 나타났다(형제자매 46%, 부모 55%).

임상병리학적 연구의 결과를 종합해 보면 유전적인 요인과 두뇌의 기질적 역기능, 면역적인 역기능, 바이러스 감염, 생화학적인 요인, 신경 생리학적 이상 등 생체이물(xenobiotic)적인 요소들이 자폐증을 일으키는 직접 또는 간접적인 요인이 되는 것으로 나타났음을 알 수 있다.

## 6. 초기애착형성이론

버니(Verny, 1987)는 연대감(bonding)을 어머니와 아이 사이를 이어 주는 눈에 보이지 않는 심리적이며 정서적인 끈과 같은 것으로 정의하였다. 연대감 형성은 출생 전 3개월부터 시작하여 마지막 2개월 사이에 강하게 형성되는 것이다. 연대감이 형성되기 위해서는 특정한 시기가 있어서 그 시기가 지나도 연대감이 형성되지 않으면 모자관계에 커다란 영향을 미치게 된다고 말하였다.

학자들에 따라 출생 후 1시간 또는 4~5시간이라고도 하여 그 시기는 조금씩 다르지만 존 케넬(John Kennell)은 아이가 출산과정을 거치면서 출산 후 12시간 이내에 연대감이 강하게 형성된다고 하였다. 출산 후 12시간 이내가 그 이후보다 연대감 형성이 강하게 이루어지며 어머니는 아이에 대한 애정을 쉽게 가질 수 있는데 이것은 연대감 형성에도 각인현상과 결정적인 시기가 있음을 말해 주는 것이라고 할 수 있다.

아이가 어머니의 애정과 말하는 것, 목소리에 대하여 응답하는 것은 본능적인 것이며 출생 전 연대감에 의한 것이다. 태아기에 어머니가 자신을 거부한다고 느끼면 출산 후 아이는 어머니에 대하여 거부감을 가지게 된다. 성인들이 생각하는 것보다 훨씬 더 아기는 사람의 감정을 직감적으로 알고 있으며, 어머니와의 사이에 연대감 형성이 강한 아이들이 지능지수가 1.5배나 높은 것으로 나타났다. 르보이어에(Leboyer, 1976)의 '폭력 없는 탄생' 에서 강조하는 출산법도 피부접촉을 통한 출산 후 연대감 형성과 밀접한 관계가 있음을 알 수 있다.

볼비(Bowlby, 1969)는 아동의 사회성 발달은 초기 애착형성에서 시작된다고 보았다. 애착(attachment)이란 특정한 두 사람 간에 형성되는 것으로서 애정적인 초기 애착은 특정인물에게 애착을 느끼는 것으로 영아는 그 인물을 세상을 탐색하는 안전기지로 사용한다고 하였다. 친밀성을 유지하게 하는 모든 행동들 눈맞춤, 태도, 울음, 옹알이, 접촉, 매달림 등에 대하여 동물생태학적 접근을 시도한 볼비는 애착을 본능적인 반응의 결과로서 동물의 각인현상과 동일한 기재로 설명하였다.

동물의 세계에서도 연대감 형성이 중요한 것을 알 수 있는데 어미들은 새끼가 태어난 지 몇 시간 이내에 핥아 주고 소리를 내어 서로를 확인할 수 있도록 한다. 로렌츠(Lorenz, 1965)의 새끼 거위들도 각인현상의 결정적 시기가 있어서 그 시기가 지나 버리면 애착형성을 할 수 없다는 이론을 발표하였다.

인간도 생후 초기에 애착을 형성하려는 경향이 있으며 이 경향은 거의 본능적인 것으로 영아는 초기에는 자신을 둘러싸고 있는 대상 누구에게나 미소를 짓고 옹알이를 하는 사회적 반응을 보인다. 그러나 6개월경에는 그 대상이 친숙한 몇 사람에게로 제한되고 마지막에는 한 사람에게 애착을 형성하게 된다.

생후 6개월에서 18~24개월까지 영아는 자기와 가장 많은 접촉을 하고 있는 주 양육자와 애착관계를 가지게 되며 그 대상이 사라지면

우는 것으로 분리불안을 나타낸다. 그러나 생후 2년 이후에는 애착대상의 범위도 가족구성원으로 넓어지며 유아원과 유치원 시기에는 또래집단으로까지 확산된다. 성장하면서 애착의 대상 범위가 넓어지는 것은 아동이 사회화되어 가는 과정에 있음을 보여 준다. 그러므로 초기에 주 양육자와의 강한 애착형성을 체험하는 것은 건강한 사회성 발달을 위하여 매우 중요하다. 그러나 불행하게도 자폐성 장애를 가지고 있는 아동들 중 일부는 어머니 또는 주 양육자와 초기에 적절한 애착형성을 하지 못한 경우가 있음을 알 수 있다(김정희 외, 1998; Ainsworth, 1979). 수십 년 전에는 자폐증이 냉정한 부모에게서 나타난다고 하였다. 그러나 그 이론에는 반론의 여지가 많은데 자폐증은 사회적 계급이나 가족환경에 제한이 없으며 아주 따뜻하고 사랑이 많은 부모에게서도 나타나기 때문이다.

카너와 아이젠버그(Kanner & Eisenberg, 1956)는 유전적인 요인에 대하여 설명하면서 자폐성 장애 아동의 30%가 자폐적인 태도를 가진 부모들에게서 나타났다고 하였다. 부모의 자폐적인 태도는 대화에서 말을 주고받는 일의 결핍 또는 이야기하는 시간 조절의 결핍과 대화 상대자와 자연스럽게 대화하지 못하거나 이야기를 잘못 해석하는 것 또는 상대가 하는 말의 의미를 깨닫지 못하는 것 등에서 나타난다. 그러나 다운증후군 아동의 부모들 중에는 이러한 태도를 보이는 사례가 없었으며 보통 사람들과 같다고 하였다.

자폐성 장애 아동의 원인을 환경적인 요소로 보았던 베틀하임(Bettleheim)은 자폐성 장애 아동들을 부모로부터 격리하여 기숙사 생활을 하도록 하면서 보모와 치료자가 제한 없는 애정과 허용성을 가지고 그들이 초기에 경험하지 못했던 애정관계를 형성하고 새로운 생활방법을 배우도록 함으로써 치료가 가능하다고 주장하였다. 카너

(Kanner)가 초기에 설명하였던 자폐성 장애 아동들의 부모의 특성을 보면 부분적으로는 공감할 수 있는 면이 있다.

사피로(Shapiro et al., 1987)와 도슨(Dawson et al., 1990)의 보고에 의하면 자폐성 장애 아동의 부모가 정상 아동의 부모에 비하여 간식시간에 훨씬 적게 웃고 덜 반응적이라고 하였다(Watson, 1998).

정상 아동의 부모에 비해서 자폐성 장애 아동의 부모에게서 더 심한 병리적 심리가 발견되었다는 주장들은 이들의 부모에 관하여 더 많은 연구를 해야 할 부분이며 부모의 병리적 심리가 장애를 가진 아동으로 인한 것인지 아니면 그들 자신의 문제점에서 오는 것인지를 먼저 알아야 할 것이다.

지난 1960년대부터 자폐장애에 대한 연구를 계속해 온 루터(Rutter, 2005)는 자폐장애 연구에 대한 과거의 교훈과 미래에 대한 전망을 다양한 연구 결과 및 방법에 대하여 고찰하면서, 연구자들이 끊임없이 의문을 가지고 새로 도전하고 만일 초기에 잘못 다루어진 것이 있다면 기꺼이 교정하면서 다시 연구하는 것이 중요하다고 강조하였다. 연구자의 책임은 과학적인 연구방법과 가설, 표본의 크기에 따라 나타난 결과를 지나치게 과장하여 신뢰하거나 또는 실망하는 것이 아니라 전문가로서의 비평과 자기 수정을 통하여 끊임없이 연구를 지속하고 발전할 수 있는 방법을 찾는 것이다.

아인슈타인(Albert Einstein)이 이야기한 것처럼 문제를 공식화하는 것은 종종 수학적인 숫자나 혹은 실험적 기술에 지나지 않는 그 해결방법보다 더 필수적인 것이다. 새로운 의문이나 새로운 가능성을 제기하는 것은 예전의 의문에 대하여 새로운 각도로 조명할 수 있게 해주고, 창조적인 상상력을 필요로 하는 것으로서 과학 발전에 중요한 이정표가 된다(Rutter, 2005). 자폐장애에 대한 연구도 이런 태도가 필요할 것이다. 이것이 자폐장애를 앓고 있는 아동과 성인, 그 가족들의 아픔을 함께 나누고 그들을 치료할 수 있는 새로운 의학 발전 및 치료 방법을 찾는 데 도움을 줄 것이다.

이와 같이 자폐증의 원인은 단순히 한 가지가 아니고 복합적인 것에서 나타날 수 있으므로 이에 따라서 치료법도 다양하게 적용되어야 할 것이다. 자폐성 장애를 가지고 있는 아동의 어머니와의 초기 연대감 형성에 대하여 조사한 연구는 아직 없으며, 이 부분에 관한 연구가 이루어지면 자폐증의 또 다른 원인을 알 수 있게 될 것이다. 이 책에서는 치료대상 아동의 생육사 과정에서 자폐증의 여러 가지 원인들 중 어머니와의 초기 애착형성에 문제가 있었음을 알고 연구를 위하여 대상관계이론을 중심으로 한 표현예술치료와 동물보조 놀이치료를 실시하였다.

제3장

# 자폐성 장애 아동의 치료와 교육

지금까지 아동의 자폐적인 상태를 성공적으로 개선시킬 유력한 치료법은 밝혀지지 않았다. 그러나 다양한 방법을 적용하여 루터(Rutter, 1978)가 규명한 사회발달 및 수용언어 또한 강박적인 행동이나 애착장애 감소 등의 치료와 교육목표에 연결하려는 노력이 지속적으로 이루어지고 있다. 루터의 자폐성 장애 아동을 위한 치료 및 교육의 목표는 다음과 같다.

첫째, 기초적 사회성과 의사소통 및 인지적 발달 증진을 도모한다.

둘째, 상동행동과 특정한 부적응 행동을 없앤다.

셋째, 가족의 고통을 도와준다.

자폐증은 일반적인 발달장애와는 다르게 여러 가지 능력 면에서 결함을 보이므로 다학제적이고 발달학적 및 통합적 치료와 특수교육이 실시되어야 한다. 이를 위한 특수교육은 다른 장애보다 좀 더 초기에 지속적으로 실시하고 강렬해야 하며 사회적 · 인지적 · 신체적 기능을 습득하고 부적응 행동을 줄이기 위해서는 행동수정이 효과적이며 이를 실시하여 성공적인 치료 효과를 보인 사례도 있다. 또한 방학기간처럼 긴 공백 기간이 없이 연중 지속적으로 실시되어야 한다(홍강의, 1993; Lovaas, 1987; Volkmar, 1989).

갈라허와 웨이거링크(Gallagher & Weigerink, 1976)는 자폐성 장애를 가지고 있는 아동들의 교육 가능성을 다음과 같이 설명하였다.

첫째, 자폐성 장애 아동은 교육이 가능하다.

둘째, 그들의 독특한 학습 특성은 정보처리 과정에 대한 기본적인 인지결함에 기인한 것이다.

셋째, 이러한 결함은 특별히 구조화된 교육 프로그램과 독특한 발달학습 과정과 긍정적인 강화 자극에 의하여 보충 가능하다.

넷째, 이와 같은 구조적인 교육 프로그램은 가능한 일찍부터 시작하여야 하며 부모 또는 부모 대리자가 최초의 교사가 되어야 한다.

다섯째, 이 아동들에 대한 교육 프로그램은 실행 가능한 것이어야 하며, 장기적으로 시행할 때 시설보호보다 적은 비용으로 가능하다.

여섯째, 이 아동들도 적절한 교육을 받을 권리가 있다.

이와 같이 교육이 가능하고, 교육받을 권리가 있는 자폐성 장애 아동들을 위한 치료방법에 대하여 좀 더 자세히 설명하고자 한다.

## 1. 치료방법

홍강의(1993)는 최근 반응성 애착장애로 진단을 받은 아동의 일부가 지속적인 사회성 결함을 보이는데, 이는 전반적으로 발달장애아의 일부가 환경적 요소에 의해 유발되거나 유지되는 것이 아닐까 하는 의문을 제기하였다. 그는 자폐증과 전반적인 발달장애를 심각한 일차성 애착장애(Primary Attachment Disorder)로 개념화하는 것이 좋을 것이라고 제안하였다. 그 이유는 카너(Kanner)의 초기 연구에서 다른 사람과의 정감적 접촉에서 선천적인 능력 결함을 자폐증의 핵심문제로 보는 것과 에인스워스(Ainsworth, 1979), 볼비(Bowlby, 1969)의 애착 이론과 과거 루터(Rutter, 1981)의 모성결핍 그리고 ICD-10과 CSM-III-R에서의 반응성 애착장애에서 보여 주고 있는 특성에 기인하였다.

또한 애착형성 과정에 대한 지속적인 조사연구를 하는 것이 자폐증을 이해하고 어떻게 도움을 줄 것인지에 결정적인 역할을 할 수 있을 것이라고 보았다. 그러므로 이들에 대한 치료와 교육활동은 우선적으로 애착이 이루어지는 방향으로 진행해야 하며 그 이후 언어와 인지적 발달 등 다른 발달과 사회성을 인식하는 맥락에서 이루어져야 한다. 부모는 자폐성 장애 아동과 적극적으로 애착관계를 이루는 방법을 훈련하는 것이 바람직하다. 이들을 위한 치료와 교육을 하는 전문가들도 일차적으로 이 아동들과의 관계 수립을 이루고 좀 더 사회적이고 정감적인 환경 속에서 놀이적으로 즐겁고 자연스럽게 애정을 갖고 이루어져야 한다고 설명하였다.

최근에는 이들을 위한 치료방법이 과거보다 훨씬 다양해졌으며, 그 중에서도 교육적인 방법을 많이 사용하는데, 그 이유는 구조화된 기술과 발달적 접근이 이 아동들에게 효과적인 것으로 나타났기 때문이다. 이들이 생활하고 있는 지역사회 자원을 최대한으로 활용하는 것이 바람직한 방법이다.

어느 영역에서 이 아동들을 다루어야 하는지 직접적인 문제를 다루는 영역과 원인과 예방을 찾는 영역으로 나눌 수 있으나 직접적인 문제를 다루는 치료를 중심으로 하는 것이 좋을 것이다. 치료적인 접근에서는 심인성 측면, 생화학적 측면, 행동수정, 치료자로서 부모의 활용 등으로 나누어 볼 수 있다.

첫째, 심인성 측면에 관련된 치료는 환경적인 원인을 강조하는 것으로서 베틀하임(Bettelheim)은 자폐증을 거부당하고 좌절당하는 세계에 대한 분노의 상태로 인한 위축으로 보았다. 이로 인하여 자폐성 장애 아동은 다른 사람과 친밀한 관계를 가질 수 없으며 공허감의 밑바닥 깊은 곳에는 분노에 찬 증오가 있으므로 이를 해결하기 위하여 개별화된 치료를 강조하였으며 완전한 환경의 변화를 주장하였다.

그는 놀이치료를 통하여 아동의 위축감을 없애고 내면에 깔린 기제들이 차차 없어지면서 치료자와 정상적인 관계를 가질 수 있게 되면 다른 영역도 개선된다는 입장이다. 그 이외에 워드(A. Ward)와 로리에(Des Lauriers)도 심인성 측면의 치료방법을 제시하였다. 이 치료법은 먼저 치료자와의 관계형성을 강조하고 그다음 아동의 심인적 갈등을 해결하고, 억제되어 있는 심리적 발달영역에서의 성장을 증진하도록 도움을 주려는 것이다. 치료자와의 관계형성을 강조하는 것은 아동중심 놀이치료의 기법과 매우 유사하다.

둘째, 생화학적 측면의 치료는 일반적인 상태를 증진시키는 것과 특정 증상을 치료하는 약물요법이 있다. 그중 하나는 종합 비타민(megavitamins) 치료로 비타민 B Complex($B_1$, $B_3$, $B_6$, $B_{12}$), 비타민 H,

엽산, 비타민 C 등을 많이 투여했을 때 일부 그룹에서 긍정적인 효과를 얻을 수 있었다.

L-dopa는 신경전달물질인 세로토닌을 감소시키는 것이다. 자폐성 장애 아동이 세로토닌 수준이 높은 데서 기인한 치료방법 중 하나로 더 많은 후속 연구를 필요로 한다. 호르몬 치료에는 중추신경계통의 성숙에 중요한 티로이드(tyroid)를 투여했을 때 긍정적인 효과를 얻은 것으로 나타났다.

로스앤젤레스 주간(Los Angeles Times, 1991)에서는 자폐증에 대한 약물처방에 관한 의사의 성공사례 발표를 설명하였다. 자폐성 장애를 가진 사람에게 날트록신(naltrexone)이라는 약물을 사용하여 성공적인 결과를 얻었는데 이 약은 전통적으로 헤로인(heroin) 효과를 없애기 위하여 사용되었었다. 이 약을 사용한 결과 과잉행동과 의미 없는 소리가 줄어들고 사회적 상호작용도 증가하였다. 자폐증은 질병이 아니라 하나의 증상이며 많은 원인들이 있을 것이며 날트록신은 그중 하나의 원인에 도움이 되는 것 같다고 하였다. 자폐증이 보통 높은 수준의 엔도르핀(endorphin)과 연관이 있으며 두뇌의 화학반응이 헤로인이나 합성 마약 중독과 같은 현상을 보이는데 여기에 날트록신을 이용하여 두뇌세포를 묶고 이로 인하여 엔도르핀 생성을 방지하여 정상적인 반응을 보이도록 하는 것이다. 처음에는 과잉행동 수준이 낮은 사람에게 사용되었는데 그 결과 일하는 사람들과의 관계는 좋아졌으나 어머니와 이미 알고 있는 자원 봉사자들과의 관계에서는 변화가 없었다.

이 약물치료는 자폐증을 치료하지 못했으나 증상을 많이 완화시켰으며 과잉행동을 줄이고 주의를 집중하는 데 도움을 주어 리탈린(retalin)과 함께 과잉행동장애에도 적합한 것으로 나타났다.

인디애나 의과대학교 맥도글 박사(Dr. Christopher McDougle)은 푸로작(Prozac)과 같은 항우울제를 소량 사용하였을 때 반복적인 행동이 줄어들 수도 있으며, 항정신성 의약품인 리스페리돈(risperidone)은 공격성과 분노를 폭발하는 상태를 가라앉혀 줄 수 있을 것이라고 하였다. 부작용으로 몸무게 증가와 진정효과를 갖고 있는 이런 약품들은 이제 미국 FDA에서 특별히 자폐증을 치료하기 위한 주요한 의약품으로 다루어지고 있다. 그렇지만 이런 약들이 자폐아동들로 하여금 말하는 것을 배울 수 있게 도움을 주지는 않는다. 몇 가지 치료방법이 결정적으로 도움을 줄 수 있는데, 이는 행동조정으로서 반복적인 단어, 게임-놀이, 행동문제를 조절하면서 아동의 언어와 사회적 기술을 발달시키는 훈련을 통하여 도움을 줄 수 있다는 데는 모든 이들이 동의하고 있다(*Newsweek*, 2005, 2/28).

소아 신경정신 약리학에서도 약물치료를 사용하여 자폐증의 증상을 완화시키는 데 효과를 보았다고 발표하였다. 여기에 사용된 약물은 전문의의 지시 아래 할로페리돌(haloperidol)이 사용되었다.

SSRI-TCA과 클롬프라민(clompramine)을 사용하였을 경우에도 극적인 효과를 보였다. 할로페리돌과 클롬프라민은 3차 치료에서 펜플루라민(fenfluramine)을 날트록신, 콜리딘(colnidine)과 함께 사용하였다. 그 결과 자폐증의 증상을 많이 완화시켰으며 특히 날트록신은 자해행동을 보이는 경우에 더욱 효과적이었다는 보고가 있다(Perry et al., 1996-1997).

이와 같은 약물요법을 사용할 때에는 철저한 사전 검사와 주의를 요하는 것이며 더 많은 후속 연구가 이루어져야 할 것이다. 증상에 따른 약물치료는 치료 자체가 아닌 다른 치료의 보조방법으로 쓰여야 한다. 어떠한 증상을 제거하기 위한 방법으로 약물을 사용하고자 할 때에는 아동의 상태를 주의 깊게 고려하고 부모와의 상담을 통하여 전문의에 의해 이루어져야 한다. 이들의 위축된 행동이나 공격적인 행동, 간질과 수면장애의 경우 일부 약물치료를 선택할 수 있으나 담당 의사와 상의하여 부모가 신중하게 결정해야 할 것이다.

셋째, 행동수정은 자폐성 장애 아동들에게 가장 많이 사용되는 치료방법으로, 놀이치료(Ney et al., 1971), 표현치료(Bartak & Rutter, 1976) 등이 있다. 행동수정은 학습이론에 기초를 둔 것으로서 행동수정을 필요로 하는 부분에 계획을 세우고 정적 강화 또는 부적 강화를 사용하는데 가능하면 정적 강화를 통하여 아동의 행동을 긍정적인 방향으로 발달시킬 수 있도록 하여야 한다.

넷째, 치료자로서의 부모 훈련 영역은 아동과 부모 사이의 상호작용을 많이 하도록 하는 것이다. 가정에서의 치료 프로그램들은 행동수정에 기초를 둔 것으로서 사회적 교환 치료(Kozloff, 1973), 발달적 치료(Schopler & Reichler, 1971), 가정에 기초한 프로그램(Howlin et al., 1973) 등이 있다.

미국에서 실시하고 있는 프로그램들을 살펴보면 조지아 주의 러틀랜드 센터(Rutland Center)의 발달치료(The Development Therapy), 테네시 주 네시빌의 지역개입(Regional Intervention Project: RIP) 프로그램, 노스캐롤라이나 주의 TEACCH(Treatment and Education of Autistic and Related Communications Handicapped Children), 행동연구 BRI(Behavior Research Institute), 미주리 주 세인트루이스의 주데빈 센터 프로그램(Judevine Center Program), 로스앤젤레스 UCLA의 Lovaas 언어발달 프로그램 등이 있다(Paluszny, 1993).

필자가 지난 2001년 9월 2일~7일까지 1주일 동안 미국 매사추세츠 주 셰필드에 있는 Institute Option(American Autism Treatment Center)

에서 참석하였던 Son-Rise 프로그램은 자폐성 장애 아동을 가진 가정에서 실시할 수 있는 아주 대표적인 부모 훈련 내용이었다. 이 프로그램을 처음 시작한 베리와 사마리아 카프만(Barry & Samahria Kaufman) 부부는 아들 론(Raun)이 생후 2세 때 자폐성 장애 진단을 받았다. 그때 아들을 위하여 자신들이 실시하였던 모든 방법들을 종합하여 부모와 아동이 함께할 수 있는 하나의 프로그램으로 만들어 냈다. 이들 부부의 아들 론 카프만(Raun Kaufman)은 지금은 완전히 정상적인 청년으로 자랐으며 생물의학 윤리를 전공하고 Option Institute와 유럽에서 지도자로 일하고 있으며 세계적인 기적의 주인공으로 알려져 있다. 이 프로그램에 참석하기 위하여 전 세계 곳곳에서 부모와 치료 전문가들이 찾아온다. 필자가 참석한 주일에도 미국 전 지역은 물론이고 영국, 헝가리, 핀란드, 덴마크, 오스트레일리아, 스웨덴에서 아동과 부모 사이의 상호작용을 배우려고 많은 경제적 부담을 지출하면서도 부모들이 찾아왔다. 한국에서는 필자가 처음으로 참석하였음을 그곳에 걸려 있는 만국기를 보고 알 수 있었다.

필자는 이미 아동중심 놀이치료(Child-Centered Play Therapy)와 부모-자녀 놀이치료(Filial Therapy)를 배워 알고 있었으며, 이를 일반아동과 부모들에게 실시하고 있었으므로 Son-Rise 방법에서의 새로운 내용은 없었다. 이 프로그램은 아동중심 놀이치료와 부모-자녀 놀이치료의 용어를 접목하고 카프만 부부의 경험과 철학을 종합하여 만들어 낸 것이다.

프로그램 주요 골자는 부모를 자폐아동의 치료에 직접 참여시킨다는 것으로 부모-자녀 놀이치료와 공통점을 가지고 있었다. 교육에 강사로 나온 아들을 만나 보고 놀라움을 금할 수 없었다. 자폐증이라는 진단을 받았던 흔적조차 찾아볼 수 없는 젊고 건강한 미국 청년의 모습이었다. 이 성공 사례는 “사랑의 기적(A Miracle of Love)”이라는 영화를 통하여 널리 알려졌다.

라틴과 그리스어원인 ‘Filial’은 혈연관계라는 의미를 지니고 있으며 이를 부모-자녀관계라고 할 수 있다. 부모-자녀 놀이치료는 1962년 적응에 문제를 가진 3~10세까지의 아동들을 위하여 게르니(Guerney, 1964)가 고안한 새로운 치료 프로그램이다. 부모-자녀 놀이치료는 부모들을 소그룹(5~8명)으로 하여 아동중심 놀이치료의 기본 원칙과 기술을 놀이치료 전문가에게서 훈련받는 프로그램으로서 부모가 가정에서 보통 6~18개월 동안 놀이치료를 실시하는 것이다. 그중 한 사례에서는 Mrs. S가 7세 된 아들 Fred —신경질적이고, 자주 두통을 호소하고, 편식, 오줌싸개 증상, 악몽, 자위행동이 심하고, 손톱을 깨물고, 친구가 없고, 목소리에 틱 증상이 있는 아동 —에게 실시하였던 66세션으로 약 17개월 동안 실시하였던 사례도 있다(Guerney, 1964).

지난 30년 동안 부모-자녀 놀이치료는 크게 성장하였으며 부모-자녀 놀이치료자의 역할도 많이 달라졌다. 10년 동안 노스텍사스 대학교 놀이치료센터 소장이면서 이 대학교수인 게리 랜드레스(Dr. Garry Landreth)에 의하여 10주간 부모-자녀 놀이치료 모델이 아주 효과적이라는 연구 결과들이 나오기 시작하였으며 10세션 모델로서 부모-자녀 관계 치료(CPRT)라는 이름으로 활용하고 있다.

이 모델을 이용하여 다양한 환경에서 생활하는 부모들을 대상으로 적용한 실례들을 보면, 교도소에 수감 중인 부모(Harris & Landreth, 1997; Landreth & Lobaugh, 1998), 한 부모(Bratton & Landreth, 1995), 정서적 부적응 아동을 둔 부모(Clark, 1996), 중국(Chau, 1997; Yuen, 1997), 한국(장미경, 1998, 2000), 북미 원주민 부모(Glover, 1996), 시골

과 도시에 사는 부모, 학습장애아동을 둔 부모(Kale & Landreth, 1999), 만성적 질환을 앓고 있는 아동의 부모(Glazer-Waldman, Zimmerman, Landreth, & Norton, 1992; Van Fleet, 1992), 정신질환을 앓고 있는 아동의 부모들(Boll, 1972), 일반 부모들(Glass, 1986; Guerney, 1976), 성적으로 학대받은 아동들과 비학대 부모들(Costas & Landreth, 1999), 몬타나주에 있는 플랫헤드 보호지역(Flathead Reservation)에 거주하는 미국 원주민(Glover & Landreth, 2000), 가정폭력 예방시설에서 아동들과 함께 거주하는 어머니들(Smith & Landreth, 2003), 미국 내 거주하는 한국 이민자 부모들(Lee & Landreth, 2003), 이스라엘인 부모들과 자녀들(Kidron, 2004), 청각장애와 청력이 좋지 않은 어린이집 교사(Smith & Landreth, 2004), 일반 어린이집 교사들(Post, McAllister, Sheely, Hess, & Flower, 2004), 아프리카계 미국인 부모들(Solis, Meyers, & Varjas, 2004)에게도 아주 효과적이라는 연구 결과가 나왔다(Landreth & Bratton, 2006).

아동학대와 방임된 아동의 부모들을 대상으로 한 연구(Ginsberg, 2002) 결과에서도 긍정적인 반응을 보여 주목하고 있다. 왜냐하면 부모-자녀 놀이치료를 해서는 안 되는 부모들 범주 안에 학대와 방임하는 부모들이 포함되기 때문이다. 이는 부모-자녀 놀이치료 프로그램이 다양한 범주의 부모와 아동들에게 도움을 줄 수 있음을 보여 주는 것이다.

부모-자녀 관계치료(CPRT)를 자폐장애를 가진 아동과 그 부모를 대상으로 실시하여 아동의 변화과정과 부모-자녀 관계 변화를 관찰할 필요성이 있음을 알 수 있다.

필자가 2002년 3월 22일~5월 24일까지 10주 동안 실시한 발달장애 아동과 형제자매를 위한 부모-자녀 놀이치료 프로그램 참여 후 부모와 아동의 행동변화에 긍정적인 반응을 보였다. 일차적으로는 발달장애를 가진 아동의 부모들이 공통적으로 겪고 있는 어려움과 죄책감에서 벗어날 수 있도록 도와주었다. 그리고 발달장애를 가지고 있는 아동을 형제자매로 둔 경우 부모의 시간과 관심의 한계로 인하여 형제자매들이 소외되면서 겪는 감정적인 상처를 치유해 줄 수 있는 좋은 프로그램이었다는 결론을 얻게 되었다. 자폐성 장애와 다운증후군 증상을 가지고 있었던 아동들도 부모의 새로운 반응 방법에 놀라움을 표시하고 행동에 변화를 보인다는 결론을 얻을 수 있었다. 부모-자녀 놀이치료는 일종의 가족치료 효과를 함께 보여 주는 것이라고 말할 수 있다.

## 2. 교육방법

쉬노하라(Shinohara, 1997)는 알래스카 대학의 리슬리(Risley)의 연구결과에 대하여 다음과 같이 요약하여 발표하였다. 리슬리는 자폐증의 조기치료 프로그램에서 일주일에 40시간씩 2년 동안 실시한 고된 훈련에서 성공적인 사례들을 발표하였다. 지난 3년 동안 이 프로그램을 실시하는 데 한 아이에게 4만 달러의 경비가 소요되었다.

이 경비는 정부와 부모가 치료를 위하여 부담하는 것보다 훨씬 적은 액수이다. 부모들 중에는 경제적인 이유로 또는 고된 프로그램으로 인하여 도중에 탈락하는 경우도 있었다. 1997년 봄에는 23가족이 신청하였으나 13가족만이 프로그램의 도움을 받을 수 있었으며 자폐증을 완치하지는 못하였으나 증상을 완화시키고 발달을 증진하여 정상적으로 배우면서 학교생활을 마치고 독립적으로 삶을 영위할 수 있도록 하였다. 만일 2세 때부터 훈련을 받을 수 있다면 유치원과 초등학교에 문제없이 적응할 수 있을 것이라고 설명하였다.

알래스카에서는 해마다 11명의 자폐성 장애 아동이 태어나는데 정부에서는 이들이 학교생활에 적응할 수 있도록 전담 보조원으로서 대학원생과 자원봉사자들을 훈련시켜 취학 전 아동들을 위하여 보조하도록 하고 있다. 이 프로그램은 고된 훈련으로 인하여 시간과 경제적 부담으로 부모들이 상처를 받는 경우도 있으나 앞으로 3년 후에는 좀 더 좋은 프로그램으로 치료와 교육에서 성공적인 비율이 높아질 것이라고 하였다.

쉬노하라는 캔자스 대학의 하트(Hart) 교수와 함께 저소득층의 아동들의 어휘증진을 위한 조기교육 프로그램을 개발하여 사용하였으며 대학생들을 훈련하여 한 학생이 일 가구 장애가족을 위하여 자원봉사하도록 하였다. UCLA의 로바스(Lovaas) 프로그램을 이용하였는데 그의 연구에 의하면 2~5세 아동에게는 아주 독특한 창문이 존재하므로 정상적인 언어발달과 행동이 이루어지도록 이때 최대한의 주의를 기울여야 한다고 강조하였다. 1993년부터 실시한 이 프로그램에서 37명의 아동들 중 5명의 아동이 과정을 마쳤고 그중 한 남자아이는 8세가 되었을 때 부분적인 보조를 받으면서 학교생활을 하게 되었으며 부모들은 자폐증 프로그램이 아들의 삶을 구원하였다고 말하였다. 아직 16명의 아동들이 이 프로그램을 계속하여 받고 있으며 특수교육 치료 프로그램 중에 의사소통 장애아의 치료와 교육, 지역개입 프로그램 교육연구 과제는 이러한 아동들을 치료하는 데 부모를 협력자로 활용하면서 아동의 현재 행동 및 주위상황, 생활환경 등의 교육에 중점을 두는 것이 필요하다고 하였다.

미국 로스앤젤레스에 있는 로바스(Lovaas) 연구소의 소냐 길리안

(Sona Gulyan)은 아담 엘리스라는 4세 된 아동에게 프로그램을 적용하여 단어를 가르치는 데 성공하였다. 지난 1987년 로바스 치료 프로그램을 처음 시작한 이바 로바스(Ivar Lovaas)는 일주일에 평균 40시간의 응용 행동분석이라는 이름의 일대일 치료 관계를 형성하여 자폐장애를 가진 아동을 통제집단과 비교하였을 때 IQ 30점을 증진시킬 수 있었다.

클리브랜드(Cleveland)의 아동센터에서는 플로어시간(Floortime)이라는 이름으로 자폐 아동과 부모가 마룻 바닥에 앉아서 '의사소통 고리' 를 만들어 아동의 장점과 대인관계에 대하여 이야기하는 방법으로 훈련하는 곳도 있다.

관계발달 개입(Relationship Development Intervention: RDI)이라는 이름의 훈련센터에서는 부모들이 자폐아동들에게 일상생활에서 일어나는 사건을 통하여 가르치고 훈련할 수 있도록 교육하고 있다. 수많은 치료센터들은 각기 다른 접근방법으로 통합적인 치료개입 방법들을 적용하고 있음을 알 수 있다. 중요한 것은 이들 부모들에게 필요한 정보를 알려줄 수 있는 로드맵이다(*Newsweek*, 2005, 2/28). 특히 한국에서처럼 자폐 아동의 치료와 교육 방법에 대한 정보를 국가 차원에서 다루지 않고 있는 현실에서는 이런 로드맵이 더욱 절실히 필요할 것이다.

자폐장애 관련 연구에서 보면 동서양의 한 가지 공통적인 문제점이 자폐장애/자폐 스펙트럼 장애가 증가하고 있는데도 불구하고 너무 늦게 이를 발견한다는 것이다. 아동들이 거의 3세가 다 되어서 병원 진단을 받게 되면 치료와 교육적인 개입 또한 늦어질 수 있다. 오늘날 영유아 자폐 진단은 6개월이나 혹은 1세 이전에도 가능한 것으로 알려져 있다. 일반 아동들에게도 3세 이전의 조기 교육이 중요하며 결정적 시기(critical period)가 있듯이 자폐성 장애 아동들에게는 특히 3세 이전의 치료와 교육적 개입이 주어져야만 인지적 · 사회적 발달을 증진시키는 데 도움을 줄 수 있을 것이다. 그리고 자폐 아동을 연구하는 각기 다른 분야—의학, 심리학, 아동학, 심리치료, 특수교육, 상담 등—에서도 다학문적인 접근을 할 수 있도록 서로 정보를 교류할 수 있어야 할 것이다. 이들 모든 학문의 궁극적인 목적은 자폐장애를 앓고 있는 아동들이 건강한 발달을 이룰 수 있도록 도움을 주려는 것이며 이들 가족의 복지를 위한 것이기 때문이다.

자폐성 장애 아동들을 위한 적합한 서비스 치료 프로그램과 특히 성장에 도움을 줄 수 있는 프로그램 개발이 필요하다. 치료는 정신병원 치료실과 같은 의학적인 접근 관련 시설에서 가장 많이 운영되고 있으나 최상의 치료방법은 특수학교, 상담 · 심리치료실, 대학 또는 연구센터, 병원 등에서 일하고 있는 교육자와 전문가 및 부모들이 협력하여 실시할 수 있는 통합적인 서비스 치료 모델이 바람직하다.

자폐증 치료에 아동뿐만 아니라 가족이 함께 치료에 참여하는 것은 아동이 가족과 상호작용을 보다 긍정적으로 할 수 있도록 도움을 줄 수 있을 것이다. 가족이 겪는 심리적 고통을 이해하고 장애에 대한 죄의식이나 우울함을 해소하기 위하여서도 가족치료를 병행하는 것이 바람직하다(Gurman & Kniskern, 1981).

## 3. 커뮤니케이션 촉진법

시몬슨(Simonsen, 1995)은 커뮤니케이션 촉진법(Facilitating Communication: FC)을 이용하여 비언어적 또는 반향어를 사용하는 사람들을 위한 치료방법을 설명하였다. 이것은 신체적 · 정서적으로 지지를 해 주는 것인데 두 번째 검지 손가락을 펴서 지적하는 데 사용하게 하고 나머지 네 개의 손가락은 밑으로 접어 둔다.

바이클린(Biklen)의 신체적인 지지 방법은 다음과 같다.

첫째, 개인의 신체적인 위치를 설정하는데, 발을 땅에 딛고 30도 각도로 비스듬히 서서 고정된 책상에 기대거나 미끄럽지 않은 바닥에서 편안한 자세를 취한다.

둘째, 직접 필요할 경우에는 신체적 지원을 하는데, 팔뚝이나 팔목 위 혹은 아래를 바치고 두 번째 손가락을 앞으로 펴서 FC를 할 수 있도록 한다.

셋째, 지적하는 선택이 끝나면 손이나 팔을 뒤로 잡아당기고 다음 선택을 하기 위하여 충분한 시간을 갖게 하되 필요 이상으로 기다리는 것은 피하도록 한다(Biklen, 1993; Simonsen, 1995).

비언어적인 5세와 8세의 자폐성 장애 아동 두 명을 3개월 동안 FC 커뮤니케이션 판을 이용하여 실험한 결과 '예' 와 '아니요' 라는 두 단어를 분명하게 지적하였다. 정서적 지지는 촉진자가 개개인에게 제공하는 것으로 신체적인 지지만큼 중요하며 이것은 하나의 현상으로서 혼자서는 무엇인가를 할 수 없는 사람에게 설명을 시도하는 것이다. 인간적 접촉의 중요성으로 이러한 아동들에게는 손을 잡거나 가볍게 접촉하는 것만으로도 커다란 변화와 영향이 미칠 수 있다(Sacks, 1990).

FC에 대한 정확한 정의는 내릴 수 없으나 커뮤니케이션 전문가인 버거(Berger)는 이를 비언어적이며 커뮤니케이션 결핍과 운동능력 결핍 등의 문제를 가지고 있는 사람들에 대한 신체적이며 정서적인 지원 방법이라고 설명하였다(Berger, 1994).

바이클린은 FC는 커뮤니케이션의 한 기법이며 사람들이 생각하는 방법으로 우리가 비언어적인 사람들을 바라보는 시각을 바꾸어 놓는 것으로서 그들이 언어가 없다고 생각마저 없는 것은 아니라는 사실을 알려 주는 것이다. FC의 방법에 대하여 반대 이론들도 있으나 자폐성 장애 아동들의 글자 읽기와 쓰기에서는 커다란 변화를 가져왔다.

이 방법을 통하여 자폐적인 사람들이 깊은 정서를 느끼고 다른 사람들에게 받아들여지고 싶은 충동을 크게 느끼고 있다는 것을 알게 되었다. 자폐성 장애 아동 중에는 그들이 자폐증이라는 사실을 알고 있는 경우도 있으며, FC를 통하여 여섯 살짜리 아이는 질투심을 표현하였는데 이런 아동들의 집단에서 일을 할 때에는 이 점을 항상 유의하여야 한다. 과거에는 이 아동들이 어른들의 말을 이해하지 못한다고 생각하였으며 전문가들도 그들의 지적 수준이 낮아서 이해하지 못할 것이라고 생각하였다. 그러나 바이클린은 이들이 어른들의 말을 듣고 자신감에 상처받는 것을 많이 경험하였다고 말하였다.

## 4. 토마티스의 방법

프랑스의 이비인후과 전문의사인 토마티스(A. Tomatis)는 청각기관에 자극을 주는 프로그램을 이용한 결과 자폐성 장애 아동들에게 변화가 나타났음을 보고하였다. 토마티스의 방법은 자폐증을 위하여 개발된 것은 아니지만 자폐증의 치료에 효과를 보이고 있으며 이 방법을 사용한 결과 약 60%의 자폐성 장애 아동들이 긍정적인 반응을 보였다.

인간의 귀에 있는 내이(vestibular)라는 부위는 균형 조절과 근육운동의 조절 및 조화의 기능을 가지고 있다. 이것은 감각과정에서 입력의 역할을 하는 것으로서 이것이 순조롭게 돌아갈 때에는 감각통합이 아무런 문제없이 이루어진다. 그러나 그 반대의 경우에는 수천의 정보들이 한꺼번에 밀려드는 것 같은 느낌을 느끼게 될 것이며 그로부터 자신을 보호하기 위하여 주변 환경을 차단하게 되고 스스로를 고립시키게 된다. 자폐성 장애 아동들은 바로 이 내이에 문제를 가지고 있으며 그들의 자폐적인 상태는 스스로를 보호하기 위하여 나타나는 현상으로 이해할 수 있다.

토마티스 방법의 목적은 내이의 기능을 재활성화함으로써 감각통합을 보다 쉽게 이루어지도록 하려는 것이다. 이 기능 중에는 말하는 것과 들리는 것 그리고 듣는 역할이 있는데 들리는 것은 수동적인 것이고 듣는 것은 능동적인 것이다. 듣기 위해서는 자신을 열어 놓아야 하며 그래야만 자신과 자기를 둘러싸고 있는 외부세계와 대화를 할 수 있다.

이 방법은 우선 소리를 만들어서 듣게 하고 귀가 목소리를 조절하도록 하는 것이다. 귀-두뇌-후두부의 연계가 언어를 만드는 데 필수적인 것이다. 듣기 위해서는 듣고 싶은 욕망이 생기도록 해야 하는데 여기에 어머니의 목소리를 이용하였다. 태아가 어머니의 목소리를 듣고 거기에 반응을 보이는 데서 착안하였다. 이 소리를 들려주었더니 놀랍게도 어머니와의 유대관계가 좋아지기 시작하였으며 주변 사람들과의 관계도 변화하였다.

어머니의 목소리를 들음으로써 아이들이 내면의 프로그램을 다시 시작할 수 있는 기회를 가지게 되는 것이다. 아동이 생의 초기 단계에서 결핍되었을지도 모르는 어떤 것을 회복시키는 것이다. 감각기관성숙의 결핍, 출산 과정에서의 어려움과 질병 또는 생의 다른 사건들이 최초의 커뮤니케이션 시도를 방해하였거나 어렵게 만들었을지도 모른다.

많은 자폐성 장애 아동들이 두려움을 가지고 있는데 이것을 위로해 줄 수 있는 것이 바로 어머니의 목소리라고 생각하였으며 이를 이용하여 세상과 커뮤니케이션할 수 있도록 그들을 일깨워 줄 수 있다고 착안하였다.

어머니의 목소리를 녹음하여 들려주면서 끄고 다시 켜는 과정을 반복하고 특수한 헤드폰을 개발하여 소리가 직접 귀를 조정하면서 뼈를 통하여 전신으로 들을 수 있도록 하였다. 우리 신체의 모든 피부와 뼈는 동등하게 소리를 조절할 수 있다. 자폐성 장애 아동들은 소리를 빛처럼 빛을 소리처럼 체험할 수 있으며 이 아이들은 자신의 자폐적인 껍질 속에서 기꺼이 빠져나오려고 하지 않는다. 그러나 어머니의 목소리를 들려주면 눈맞춤이 증가하고 잠자는 것과 식습관까지 변화함을 알 수 있다.

감각기관이 정상적으로 돌아가면 그를 둘러싸고 있는 세상에 대하여 새로운 주의를 기울이기 시작할 것이다. 열린 커뮤니케이션을 하게 되면서 현실감을 점점 더 강하게 개발할 것이며 더 오래 함께 있게 될 것이고 더욱 열려 있게 될 것이다. 이 과정을 통하여 더 많은 주의를 하게 되며 눈맞춤도 더욱 많이 하게 될 것이다.

신경계통이 통합되어 치료과정을 이해하고 인지와 행동의 변화를 인식하기까지는 시간이 많이 걸린다. 그러나 이 과정을 거치는 동안 아동은 점점 정서적인 표현을 더 많이 하게 되고 더 많은 것을 요구하게 될 것이다. 이 소리를 들으면서 아동은 자신의 자폐적인 껍질에서 나와 많은 것을 표현하고 느끼게 될 것이며 이것들을 수용하기 시작할 것이다. 점점 놀라운 애정적인 표현을 할 것이다. 그러나 이러한 애정적인 표현은 일부러 끌어내지 않아야 하는데 왜냐하면 이는 아이 스스로의 시간표에 의해 나타나는 것이기 때문이다. 고정된 행동들이 융통성을 발휘하고 자해적이며 반복적인 행동들이 줄어들 것이다.

언어발달에서도 소리를 내는 것이 증가하고 옹알이 형태의 표현이 늘어날 것이며 이미 언어능력이 있었던 아동은 좀 더 분명하게 말을 할 것이고 말을 더 길게 할 수 있을 것이다. '나' 와 '당신' 같은 인칭대명사를 사용하게 되고 다른 사람이 말하는 것을 듣는 일도 증가할 것이다. 행동수정 치료를 함께 받는 아동들은 커뮤니케이션 능력이 증가하고 사회적 상황과 교실에서의 행동을 스스로 조절하는 능력이 증진되었다. 자기 혼자 고립되었던 세계에서 서서히 밖으로 나와 손을 내미는 것이고 자폐적인 껍질이 녹아 내리는 것이다. 이 프로그램은 아동의 자폐적인 정도와 그 아동의 주 문제점 등에 준해서 다르게 적용되는데 보통 10~15일 동안 하루에 2시간씩 훈련을 받고 부모와의 상담을 겸한다(Sollier, 1996).

미국에서 자폐성 장애 아동의 치료적 개입을 위하여 소리에 기초를 둔 토마티스 방법의 치료는 음악치료와 함께 그 관심이 증가하고 있으나 이 방법을 지지해 줄 수 있는 연구가 부족하다. 니스미스-로이(Neysmith-Roy)는 4~11세 중증 자폐성 장애 아동 6명을 대상으로 토마티스 치료방법을 실시한 결과 아동의 행동과 전 언어적 행동이 증진되었으며 특히 어린 아동들에게서 가장 많은 변화를 보였다고 발표하였다(Corbett, Shickman, & Ferrer, 2008; Neysmith-Roy, 2001; Thompson & Andrews, 2001).

토마티스 방법은 음향신호 주파수를 조정하여 청각에 자극을 주도록 고안된 것으로서 이 자극에는 특별히 만들어진 소형 디스크에 모차르트(Mozart)의 음악과 그레고리안 성가(Gregorian chants)가 포함되어 있고, 음향신호는 낮은 주파수와 높은 주파수(800~300Hz)를 적용하고 있으며, 하루에 2시간씩 4블록으로 나누어 각각 3주를 실시하지만 쉬는 기간을 포함하여 총 18주 동안 실시한다(Corbett et al., 2008).

토마티스 방법을 이용하여 3.6~7.2세 11명의 자폐장애아동들을 대상으로 한 코벳(Corbett et al., 2008)의 연구에서는 여과/비여과 된 음악을 하루 2시간씩 4블록으로 45일 동안 실시하였으며 주파수는 1,000Hz에서부터 9,000Hz까지를 적용하였다. 결과는 모든 대상 아동들이 언어기술이 증가된 것을 보여 주었지만 일반적인 발달과정 혹은 다른 요인들을 통제하지 못하였으므로 연구 설계의 제한점으로 추후 지속 연구를 해야 할 필요성을 제시하였다.

이것은 분명한 치료방법은 아니지만 다른 치료자들과 협력하여 사용한다면 이 아동들의 삶을 긍정적으로 증진시켜 줄 수 있다고 하였다. 많은 사례에서 학습과 언어능력, 커뮤니케이션 능력, 창의력, 사회적 행동 및 일반 행동의 변화, 부모와의 관계를 개선하는 데 도움을 줄 수 있었다. 이 방법은 이미 잃어버렸거나 결핍 상태에 있는 커뮤니케이션을 이룰 수 있도록 하거나 혹은 새로 개발할 수 있도록 하는 것이다.

구본권(1996)은 자폐성 장애 아동들을 위한 치료는 예후가 좋거나 나쁘거나 시행되어야 한다고 하였다. 왜냐하면 아동들은 발달과정에 있고 교육에는 결정적인 시기가 있기 때문이다.

자폐증 치료 및 교육은 개방적이고 자율적인 방법보다는 구조적이고 통제된 조건하에 어느 한 방법보다는 다양한 방법이 시도되고 아동뿐 아니라 가족을 포함한 치료가 바람직하다. 다른 아동들과 마찬가지로 그들은 애정과 관심을 필요로 하는데 이들을 위한 치료방법

중 운동치료를 권하고 있다. 운동치료는 모든 발달장애 아동을 위한 기본으로 근육발달과 협응력을 부드럽게 한다. 또한 원시적인 반사를 통합 조절하게 하여 자세반응, 접촉반응을 훈련시킴으로써 감각경험, 소운동, 지각발달, 사회발달을 자극하고 학습기능과 생활기능발달을 촉진시켜 준다.

접촉은 가장 근본적인 의사소통의 한 방법으로서 접촉을 통한 치료가 효과적일 수도 있다. 한 예로 지능이 낮고 괴성과 이상한 행동반응을 보이는 12세의 자폐성 장애가 있는 여자아이를 매일 목욕탕에서 30분씩 물놀이를 15일간 시도하였는데 이상행동이 감소하였다고 한다. 특히 애착을 거부하는 자폐성 장애 아동 6명과 그의 어머니와의 애착증진 치료 전략으로 1년간 신체접촉을 요하는 놀이(불아불아, 시상 시상달궁, 안마놀이, 비행기 타기 등)와 감각증진 프로그램을 적용하여 아동과 부모에게서 긍정적인 변화를 보였다. 현재까지 치료에 좋은 반응을 보인 경우는 아동의 지능이 정상이고 5세 이전에 언어발달이 이루어진 아동들로서 치료 후 약 50%는 적응에 큰 어려움이 없는 것으로 나타났다. 치료는 생활 속에서 언어, 인지, 사회 영역에서 훈련된 교사가 치료실과 가정과 연계하여 실시할 때 더욱 효과적이다 (구본권, 1996; 주세진, 1995; 홍강의 외, 1995).

## 5. 동물을 이용한 치료방법

인간과 동물의 연대감은 오랜 역사를 가지고 있는데 북부 이스라엘에서는 12,000년 전 구석기시대의 무덤에서 주인과 개가 껴안은 모습으로 발굴되었다. 고대 이집트의 파라오 무덤에도 개와 함께 있는 벽화가 있었고, 중국 황실에서는 개를 위한 유모와 하인이 따로 있었으며, 그리스와 로마에서는 귀족만이 개를 기를 수 있었다. 동물에 대한 편견이 변화하기 시작한 것은 17세기 말의 상류층 소유에서부터이고, 그 후 18세기 말 중류층까지 확산되었으며 19세기에 들어서 비로소 서민 일반 층에서도 개를 기를 수 있게 되었다. 20세기에 들어서는 반려동물(Companion Animal)이라는 이름으로 가족의 일원이 되어 사람들의 삶을 더 풍요롭게 만들어 주고 있다. 인도에서는 소를 신성시하고 있으며, 아시아 일부 국가에서는 개와 고양이가 식용으로도 쓰이고 있지만, 서구사회에서는 개와 고양이가 특권을 누리고 있음도 알 수 있다(신남식, 2003).

현대사회에서는 동물에 대한 인간의 태도가 변화하면서 동물을 인간의 신체적, 정신적, 심리적 복지를 위하여 활용하게 되었다. 동물과의 상호작용을 통하여 아동의 사회성, 정서발달, 자긍심, 책임감을 증진시켜 주고 언어습득과 언어기술을 향상시켜 주어 의사소통에 도움을 주며 인지발달을 촉진시켜 준다는 연구 결과들이 발표되고 있다(Barol, 2002; Brodie & Biley, 1999; Bruch, 2003; Hiledegard, 1998). 일반 가정에서 동물을 키우는 동안 새끼를 낳거나 병이 들어 죽음을 맞이하게 되는 것을 보면서 아동들은 자연스럽게 성교육을 배우게 되며 탄생과 성장, 죽음에 대하여 알게 되고 이 과정을 통하여 아동은 생명의 존엄성을 배우게 된다.

동물보조치료(Animal Assisted Therapy)란 동물을 치료의 동반자로 활용하는 독특한 형태의 심리치료 분야의 일환으로 전문적인 인간 치료자가 훈련된 동물과 파트너로서 치료에 참여하여 인간과 동물의 상호작용을 증진시켜 내담자에게 도움을 주는 것이다. 동물이 치료 세션에서 달성할 수 있는 목표를 정하는 것이 필요한데 이는 아동이 가지고 있는 어려움의 정도와 필요에 따라 정해진다. 동물보조치료의 목표는 동물이 인간과의 상호작용을 통하여 도움을 필요로 하는 사람들에게 도움을 주어 인간의 삶의 질을 높여 주고 이 과정을 통하여 동물 또한 즐거움과 가치로움을 알 수 있도록 하려는 것이다(Bruch, 2003; Crawford & Pomarinke, 2003; Fine, 1999; Levinson, 1997; Rea, 2002; Teal, 2002).

보리스 레빈슨(Levinson, 1968)은 동물보조치료(Animal Assisted Therapy)가 특히 비언어적인 아동들, 억압된 아동, 위축된 아동, 자폐성 장애, 정신분열증, 강박신경증, 혹은 문화적 결핍을 가진 아동들에게 효과가 있다는 것을 알았다. 또한 자폐성 장애 아동들을 둘러싸고 있는 현실과 접촉하는 힘을 길러 주는 데 동물이 큰 도움을 줄 수 있다는 연구도 있다(Cusack, 1988; Levinson, 1968).

내담자들이 가지고 있는 특수한 임상적 진단에 따라 동물보조치료적 개입을 어떻게 적용할 수 있는지에 대하여 명확한 말로 묘사할 수 있는 포괄적이며 과학적인 자료는 없다. 그러나 디프레켈과 웰치(DePrekel & Welsch, 2000b)는 그들의 동물-보조 치료적 개입(DSM-IV에 기초를 둔 것)이라는 미간행본 책자에서 동물보조치료가 효과를 줄 수 있다고 믿는 14가지 임상적 장애에 대하여 설명하고 있다. 이 책자에서는 특수 동물보조치료의 목표, 개입, 예방책과 금기사항에 대한 정보를 포함하고 있다. 이 책자에서 설명한 진단 내용은 미국 심리학협회에서 출판된 『정신장애의 진단 및 통계 편람-제4판(DMS-IV)』에 기초를 둔 것으로서 여기에는 일반적인 불안장애, 주의력결핍/과잉행동 장애, 양극성 장애, 경계선적 인격장애, 품행장애, 섭식장애, 주요 우울장애, 자기애적 인격장애, 강박성장애, 반항성장애, 외상 후 스트레스 장애(PTSD), 영유아기 애착장애, 분리불안장애, 물질관련

장애 등이 포함된다.

한 가지 이상의 진단에 따라 많은 치료적 개입을 추천하고 있는데, 동물보조치료적 개입에서 일반적인 금기사항으로는 내담 아동이 과거에 동물 학대 역사가 있는지를 확인하는 것이다(김양순, 2006; Chandler, 2005).

미국 유타 주의 솔트레이크 시에 사는 저스틴(Justin)이라는 자폐성 장애를 가진 남성은 독일산 셰퍼드 그리즐리라는 개의 도움으로 그의 자폐적인 껍질에서 나올 수 있었다. 첫 번째 치료과정에서 그는 개의 발을 밟기도 하였으나 8번째 치료 후 일주일이 지나서 자기 손바닥에 있는 음식을 개가 먹어도 싫어하지 않았으며 점차 개를 끌어안기도 하고 함께 놀이를 하기도 하였다. 동물은 사람들의 삶에서 아주 중요한 역할을 하는데 그중 한 가지 일이 바로 사람을 다른 사람과 연결시켜 주는 다리 역할을 한다는 것이다(CNN, 1997).

이 뉴스는 자폐성 장애를 치료하는 데 동물이 도움을 줄 수 있다는 것을 보여 주어 앞으로 동물을 이용한 치료를 실시할 수 있는 가능성을 시사하고 있다. 동물보조치료는 다양한 치료 현장에 적용될 수 있는데 특히 병원, 양로원, 발달장애 시설, 신체장애나 두뇌를 다친 사람들을 위한 교육적인 프로그램으로도 이용할 수 있다. 그리고 신체적 혹은 성적 학대를 받은 아동들의 치료와 학습장애, 읽기장애, 정서장애 또는 발달장애를 가지고 있는 아동들, 그중에서도 자폐성 장애가 있는 아동들 또는 AIDS 말기 환자 그리고 일반학교에서도 아동들의 정서발달을 위하여 활용하고 있다. 동물을 치료의 동반자로 활용하는 일은 아주 바람직한 일이라고 생각한다.

필자도 2001년 미국 노스텍사스 대학교 놀이치료센터에서 아동중심 놀이치료를 공부하는 동안 동물보조치료(Animal Assisted Therapy)

에 대하여 배우면서 자폐성 장애 아동들이 말(Horse)을 이용한 치료를 받는 과정을 견학한 적이 있다. 텍사스에 있는 Equest Therapeutic Horsemanship에서 자폐성 장애 아동, 발달장애 아동들이 조련사와 함께 훈련된 말을 타고 걸어가면서 행복하게 웃으며 사람들에게 손을 들어 인사하는 모습을 보면서 눈물을 흘렸다.

동물보조치료는 다양한 형태의 심리치료와 병행할 수 있는데 아동중심 놀이치료, 의미치료(Logo Therapy), 게슈탈트 치료, 현실치료와도 잘 맞는다(Hiledegard, 1988). 놀이치료의 두 가지 다른 접근방법 중 하나는 좀 더 비지시적인 아동-중심 놀이치료(Landreth, 2002)이며 다른 하나는 좀 더 지시적인 아들러리안(Adlerian) 놀이치료(Kottman, 2003)이다. 어느 쪽이건 놀이치료와 동물보조치료는 자연스럽게 잘 맞는데, 특히 개와 함께하는 경우에는 더욱 그렇다. 대부분의 개들은 놀이를 하려는 자연스러운 충동을 지니고 있으므로 치료실에서 아동과 함께 놀이를 하는 것은 아주 편안한 일이다.

에릭슨(Erikson, 1963)은 아동의 발달과정 중에서 신뢰감, 자긍심, 자율성, 책임감, 다른 사람들에 대한 공감능력과 같은 특별한 과업들은 모두 여섯 살 이전에 배워야 한다고 하였다. 이와 같은 특별한 과업 이외에도 동물은 아동에게 자아감, 자기 가치감, 자기 능력을 키우는 일, 성취욕구, 사회성, 협동심, 양육감과 같은 능력을 키워주는 데 도움을 준다는 연구 결과를 발표하였다(Bryant, 1986; Condoret, 1997; Hiledegard, 1988). 동물은 아동에게 부드러움과 따스함, 안전감을 주고 운동능력과 언어발달에 도움을 주며, 아동들은 동물에게서 자신과 같은 느낌을 느끼고 자신의 일부로 생각하는 경향이 많다. 동물은 아동에게 지속적인 친밀감을 보여 주고 '자기편' 이라는 안전감을 주고 동물을 돌보아 주는 과정에서 책임감을 키우게 된다.

치료실에 개가 있음으로써 아동의 긴장감을 풀어 주고, 분위기를 따뜻하고 신뢰감을 줄 수 있게 만들어 주어 치료를 효과적으로 도와줄 수 있다고 하였다(Peacock, 1986; Soares, 1985). 아동이 편안해지므로 치료자와 친밀감 형성이 잘 이루어지고 이로 인하여 치료적인 목표를 더 잘 이룰 수 있기 때문일 것이다. 개가 아동의 애정에 대한 욕구를 충족시켜 줌으로써 치료자가 책임을 덜 느끼게 되어 더 높은 수준의 치료를 할 수 있게 된다고 하였다. 동물이 치료과정에서 아동들에게 환경을 더 잘 극복할 수 있는 힘을 가질 수 있도록 도움을 준다.

이 일은 아동의 자아감을 형성하고 자존감을 높여 주는 데 아주 중요한 부분이다. 아동은 치료실에서 동물처럼 기어도 보고, 동물 같은 소리도 내면서 치료자와 의사소통을 한다. 동물의 행동이 곧 자신을 대변해 주는 것이다. 동물은 아동의 무의식적 자기를 나타내 주는 것일지 모른다고 설명하였다. 때로는 치료실 안에서 동물의 현존이 치료자와 아동의 사이를 멀어지게 하는 것이 아니냐고 우려할 수도 있으나 오히려 치료자와 아동의 사이를 가깝게 만들어 준다. 사람과 동물 사이의 정서적 거리감이 사람과 사람 사이에서 보다 가까운 것을 발견하였는데, 이러한 이유로 정서적 장애를 가진 아동들이 동물보조치료를 통하여 상처를 치유받고 다른 사람과 가까워질 수 있는 것이다. 동물보조치료가 특히 비언어적인 아동들, 억압된 아동, 자폐성 장애, 정신분열증, 위축된 아동, 강박신경증 혹은 문화적 결핍을 가진 아동들에게 효과가 있다는 것을 알았다. 자폐성 장애 아동들은 특히 그들을 둘러싸고 있는 현실과 접촉하는 힘을 길러주는 데 동물이 큰 도움을 줄 수 있다고 하였다. 한편, 지나치게 영리하거나, 말이 너무 많거나, 행동이 지나치거나, 성격장애를 보이는 아동들에게는 덜 효과적이라고 하였다. 정서적으로 장애를 가지고 있어 다른 사람들과 상호작용을 하기 어려운 아동들은 동물과 쉽게 상호작용을 한다고 하였다. 이 아동들은 누군가에게서 상처를 받은 경험이 있어서 사람에 대한 두려움이 많기 때문이다(Berl, 1969; Crawford & Pomarinke, 2003; Fine, 1999; Levinson, 1969; Mallon, 1992; Okoniewski, 1984).

리데퍼와 굿맨(Redefer & Goodman, 1989)은 12명의 자폐성 장애 아동들에게 22회의 동물보조치료를 실시한 결과 아동들이 사회적 상호작용에서 변화를 보였으며, 혼자 고립된 행동을 하는 것이 줄어들었다고 하였다. 치료 초기에 아동들이 개에게 많은 관심을 보였으나 훈련된 개의 특성—순종적, 민감하고, 사랑스러운 등—과 치료자의 관심과 치료적 개입이 중요한 요인이라고 하였다.

코간(Kogan)과 동료들(Granger, Fitchett, Helmer, & Young, 1999)은 정서장애 아동 2명(11~12세)에게 동물보조치료를 주 1회씩 12주 동안 실시하였다. 이 아동들은 사회적, 교육적, 직업능력 발달을 목표로 하였는데 이를 마친 뒤 환경을 통제하는 능력, 책임감, 적절한 행동이 증가하고 미성숙하고 무력한 행동은 줄어드는 결과가 나타났다. 동물을 훈련하면서 자신감과 성취감을 느끼고 이는 자존감을 향상시켜 주었으며 다른 사람들과 상호작용하는 능력을 키워 주게 되었다. 연구자들은 동물보조치료가 특히 전문가와 특수교육 교사들에게는 아주 특별한 개입 프로그램이 될 수 있다고 하였다.

전반적인 발달장애를 가지고 있는 아동들에게 살아있는 개, 장난감 개, 공을 가지고 실험 연구를 실시한 결과 살아 있는 개가 아동들의 친사회적 행동을 강화시키는 데 가장 긍정적인 영향을 미쳤다는 결과를 보고하였다(Martin & Farnum, 2002; Polt & Hale, 1985).

최초로 공식적인 동물보조치료 기록을 남긴 레빈슨(Levinson, 1981)은 동물과 함께 활동하는 동안 두뇌에서 엔도르핀(Endorphin)이 생성되어 치료에 도움을 주는 것이라고 하였다. 신체적 질병으로 병원에 입원해 있는 아동들도 동물을 어루만지는 즐거움을 통하여 신체적 아픔과 함께 정신적 상처도 치유받게 되는 것이다. 신체적, 정신적, 정서적 혹은 심리적으로 상처를 입은 아동들은 동물과의 상호작용을 통하여 다른 사람들과 어떻게 관계를 맺어야 하는지를 배우게 된다.

오덴달(Odendaal, 2000)[1]은 연구에서 조사 대상자들이 친숙하지 않은 개와 긍정적인 상호작용을 한 뒤에 혈장 내의 여러 신경화학물질이 유의성 있는 변화가 나타났음을 측정하였다. 혈압을 감소시키는데 관여하는 신경계 화학물질이 증가하였는데 사람과 개 모두에게서 엔도르핀, 옥시토신, 프롤락틴, 페닐에사틱 산, 토파민이 유의성 있게 증가하였다. 스트레스를 받으면 증가하는 호르몬인 코르티솔은 사람에게서는 의미 있는 수준으로 낮아졌으며, 개에게서는 유의성 없는 것으로 나타났다. 이와 같이 유의성에 차이가 없었다는 결과는 아마도 개들은 주인들과 함께 새로운 상황에 접하게 됨으로써 아주 흥분해 있기 때문일 수도 있다. 오덴달의 이 실험 결과는 인간-개의 우호적 관계에 대한 어텐션니스 에지네스(attentionis egens) 이론을 만들어 내는 데 도움을 주었다. 생리학이 발달된 이후, 즉 신경화학물질과 호르몬의 역할이 긍정적으로 상호작용을 하고 동물보조치료에서 동물을 활용하는 것에 대한 이론적 근거로서 이러한 정보를 이용하는 것이 가능해졌다고 설명하였다(p. 279). 정신생리학적 건강은 긍정적

1) 오덴달(Odendaal, 2000)이 설명하는 용어인 attentionis egens는 기본 정서상태에서 관심을 끌고 싶어 하는 욕구(need for attention)를 의미한다. 이는 인간과 인간 사이에서 상호작용을 통하여 이루어지는 관계 혹은 동물과 동물 사이 관계일 수도 있으며, 또는 다른 종 사이, 즉 인간과 동물이 상호작용을 통한 우호적인 관계일 수도 있다. 오덴달의 실험에서는 인간과 반려 동물 사이의 attentionis egens를 설명하려는 것이다.

인 인간-동물의 상호작용을 통하여 증진할 수 있을 것이다.

동물보조 놀이치료를 실시하기 위해서는 이중으로 안전하게 만든 가죽 끈을 준비해야 하는데, 이 끈은 90~120cm 혹은 180cm용이 있다. 이는 아동이 개와 함께 방 안에서, 복도에서 혹은 외부에서 산책하기를 원하면 아동이 짧은 가죽 끈을 갑자기 잡아당기는 일로부터 개를 보호하고, 만일 치료자가 잘 지도하지 못하였을 때 큰 개가 돌아다니면서 가죽 끈이 아동에게 엉키는 일로부터 아동을 보호하기 위한 것이다. 또 다른 안전 규칙은 가죽 끈을 개에게 바싹 붙여 내담 아동이 가슴 가까이 잡고 다른 하나는 치료자가 가죽 끈과 개의 목걸이를 잡는다. 만일 내담 아동이 개의 목걸이와 함께 가죽 끈을 세게 잡아당기는 것보다는 가죽 끈을 가슴 가까이 붙인 채로 세게 잡아당기는 것이 개에게도 크게 불편하지는 않을 것이다. 아동이 치료보조 동물과 상호작용을 하고 있는 동안 치료자는 동물을 보호하기 위하여 필요한 경우에는 제한 설정을 할 수도 있다(김양순 역, 2006; Chandler, 2005).

이 책에서는 동물보조치료에 대한 이론을 요약하였으며, 저자가 지난 2003년 7월부터 2004년 5월까지 10개월 동안 4.5~5세 사이 자폐성 장애 남자 아동 4명을 대상으로 동물보조 놀이치료(AAPT)를 실시하였던 사례 중에서 2005년 이미 논문으로 발표된 한 명의 아동에 대한 내용을 요약하였다. 내담 아동의 이름은 영수(가명)로서 인지, 언어, 행동, 정서에서 심한 장애를 보이고 있으며 강아지를 무서워하고 생후 4.5세인 지금까지 의미 있는 단어는 한 마디도 하지 못한다. 영수는 만 2세 때 서울 모 병원에서 자폐성향 발달장애로 진단을 받았으며 주 호소 문제는 언어, 인지 발달이 이루어지지 않는 것과 신경질적 행동이다.

검사도구는 김태련, 박랑규가 번역한 CARS와 김태련, 박랑규 공저인 E-CLAC를 이용하여 사전 · 사후 검사를 실시하였다. CARS 사전 검사 결과 내담 아동 영수는 38.5점으로 중증 자폐경계(30 이하는 자폐 아님)를 보이고 있으며, 사후검사 결과는 36.5점으로 경증 자폐를 보이고 있으나 눈에 띄는 큰 변화는 없었다. E-CLAC 사전 · 사후 검사 결과에서 발달문항과 병리문항 모두에서 안전의식이 조금 높아진 것 이외에는 사전검사 결과와 크게 차이가 나지 않았다.

내담 아동을 위한 치료적 전략으로 아동중심 놀이치료와 함께 치료 보조 견을 동반하여 50분 동안 동물보조 놀이치료를 실시하였다. 모든 세션은 비디오 녹화를 하였다. 치료 보조 견과 함께 15~20분 동안은 산책을 하면서 동물과의 친밀감과 상호작용을 이룰 수 있도록 하였으며, 25~30분 동안은 놀이실에서 치료자와 치료 견이 동석한 상황에서 동물보조 놀이치료를 38세션 실시하였다.

치료 보조 견인 룰루는 3세 된 Cavalier King Charles Spaniel 종으로서 미국 Delta Society에 저자와 함께 Pet Partner로 공식 등록되어 있으며 치료에 동반자로 참여하였다. 내담 아동이 따뜻한 분위기에서 사랑을 주고받는 일, 친구가 되어 주는 일에서 개는 좋은 치료 보조자가 될 수 있을 것이다. 그러나 아동에 따라 동물의 종류를 다르게 선택할 수도 있다. 놀이치료실에서도 치료자와 아동만이 있는 것보다 치료 보조견인 룰루가 보조 치료자로서 함께 있음으로써 치료의 과정을 더 자연스럽게 만들어 줄 수 있을 것이라고 생각하였다. 동물보조 놀이치료 38세션의 내용을 요약하면 다음과 같다.

초기 놀이치료 단계에서는 내담 아동과 치료자가 치료적 동맹관계를 맺는 시기로서 4회기까지 내담 아동은 놀이에 전혀 관심이 없고 치료자를 의식하지 않는 듯하였고, 행동은 아주 조심스러웠으나 치료자가 반영하는 것에도 완전히 무관심하였다. 그러나 5회기부터는 치료자가 반영하거나 자신이 어떤 행동을 한 후에는 치료자를 힐끗힐끗 쳐다보기 시작하였다. 7~8회기에서부터는 모래상자에 누워 치료자를 살펴보고 행동이 적극적이며 활기차고 치료자의 행동을 관찰하듯 보기 시작하였다. 놀잇감은 대부분 공격성을 나타내는 것을 집어 들었으며 놀이치료 초기단계에서 치료자와 관계를 맺고 자신의 부정적 감정을 표출하기 위한 것으로 볼 수 있다.

동물보조 놀이치료(AAPT)를 실시한 9회기에서 치료 보조 견 룰루를 소개하자 뒤로 물러서며 두려움을 표시하였고 산책하는 과정에서 룰루의 줄을 잡지도 않고 놀이실에서도 쳐다보지 않았다. 그러나 10~11회기부터는 룰루에게 관심이 있는 듯 쳐다보면서도 뒤로 물러서는 행동을 보이다가, 점차 룰루가 가까이 가도 놀라지 않고 가만히 서 있으면서 크게 의식하지 않는 듯하다가 몸을 멀리 두곤 하였다. 놀잇감으로 거미와 악어를 치료자가 볼 수 있도록 가까이 가지고 왔는데 이는 룰루에 대한 두려움을 무서운 동물을 데려와 자신을 보호하고 싶어 하는 것처럼 보였으나, 지나치게 경계하거나 의식하지는 않았다. 이때부터는 산책에서도 치료자와 함께 룰루의 줄을 잡고 걷기 시작하였으며 놀이실에서 앞으로 몸을 기울여 룰루를 가만히 바라보다가 치료자 옆으로 다가가 물과 물감을 묻히고 그림을 그리거나, 치료자와 룰루 앞에 문어를 놓고 엎드려서 쳐다보는 행동을 하였다. 내담 아동이 점차 치료자와의 거리감을 좁혀 가고 있는 것은 동물보조 놀이치료 과정을 통하여 다른 사람과의 친밀감을 형성하고자 하는 욕구를 보여 주는 것이라고 볼 수 있다.

12회기(AAPT 4 회기)를 마치고 난 후 내담 아동이 평소에 다니는 어린이집에 갔을 때 강아지 인형을 보면서 "멍멍" 이라고 소리를 내었으며 선생님이 놀라서 엄마에게 물었다고 하였다. 엄마와 시장에 갔을 때에도 역시 "멍멍" 이라고 같은 표현을 하였는데 엄마는 영수가 태어난 후 4년 5개월 만에 처음으로 비록 유아어로서 의성어 형태지만 의미 있는 단어를 발음한 것이라고 매우 즐거워하였다. 그 후 치료자에게도 "멍멍" 이라는 말을 하였다. 치료보조 동물과의 네 번째 만남이 분명히 이 아동에게 정신적, 심리적 자극을 주었음을 알 수 있다.

16~24회기에서는 음식 먹는 놀이, 왕관 써 보기, 공룡새, 가오리, 문어를 치료자 앞으로 가져와서 놓고 엎드려 손으로 만지기, 나팔 연주, 악기 시도하기, 물감으로 형태는 없으나 그림을 그리면서 상징적인 놀잇감을 선택하기 등을 시작하였다. 또한 모래상자 안에 누워서 룰루를 쳐다보면서 mirroring을 하고 룰루의 줄을 잡기도 하고, 치료자를 따라 룰루를 쓰다듬기도 하였다.

Mirroring을 하는 것은 내담 아동이 치료자의 행동을 반영하는 것으로서 아동이 방어적인 태도에서 벗어나려는 시도라고 볼 수 있다. 융 이론의 해석에서는 반영의 결여를 아동의 거부당하는 고통스러운 감정으로부터 자신을 보호하기 위한 방어기제라고 하였다(O' Connor & Braverman, 1997). 내담 아동이 동물보조치료 과정에서 mirroring을 하고 있는 것은 자신의 고통스러운 감정에서 벗어나고 있음을 보여 주는 것이라고 할 수 있다.

놀이를 하면서 치료자의 반응이 없으면 뒤돌아보기도 하며, 치료자와 룰루가 있는지 확인하는 듯 자주 쳐다보았다. 치료자에게 물을 떠 달라는 요청을 손을 잡는 것으로 표현하고 그림은 모두 난화 상태이지만 그리기를 좋아하였다. 미키마우스 퍼펫과 아빠 인형에게 관심을 보이고 산책에서도 혼자 룰루의 줄을 잡고 가려고 치료자를 옆으로 밀어내기도 하였다. 일상생활에서 아빠를 어려워한다는 엄마의 설명을 참조하면 내담 아동이 평소에는 한 번도 관심을 보이지 않았던 아빠 인형을 통하여 아빠와 가까워지고 싶어 하는 욕구를 보여 주는 것이라고 해석할 수 있다.

룰루에 대한 두려움이 많이 사라진 것처럼 보이지만 먹이를 줄 때는 치료자의 손바닥에 넣어서 주라고 밀어내고, 모래를 상자 밖으로 던지는 것이 아니라고 제한을 하면 행동을 멈추고 치료자를 쳐다본다. 놀이시간이 5분 남았다는 말을 하면 놀이실을 나가기 위하여 준비하는 것도 알고 있으며, 25~34회기에서는 놀이가 끝나면 룰루의 줄을 잡고 나가면서 집으로 데려가고 싶어 하였다.

종결단계에 들어서 35회기에서는 의사놀이 상자에서 가위를 들고 머리카락을 자르는 흉내를 내기도 하고 공룡새 양쪽 날개를 잡고 "나비야……." 동요 음을 읊조리면서 치료자에게 보여 주려는 듯한 행동을 하였는데 이는 처음으로 동요의 음을 따라하는 것이었다. 산책에서도 치료자가 룰루의 줄을 함께 잡는 것을 싫어하며 혼자서 잡고 가려고 하였다. 룰루가 움직이지 않을 때 치료자가 안아 올리면 내려놓으라고 치료자의 팔을 잡아당기면서 "멍멍."이라고 소리를 하였다. 36~38회기에서는 산책시간이 점차 길어지고 놀이시간이 짧아졌는데, 이것은 내담 아동이 룰루와 함께 산책하면서 '룰루 루루루…….'라는 소리를 내면서 만지는 것을 좋아해 시간이 많이 걸렸기 때문이다. 치료 보조 견을 보면서 '룰루 루루루.'라는 소리를 하는 것은 두 번째로 의미 있는 단어를 발음한 것이다.

동물보조 놀이치료를 끝마치게 되었을 때에는 '룰루 루루…….'라는 단어를 말함으로써 치료 보조 견의 이름을 부를 수 있었는데 이는 내담 아동이 생후 5년 만에 처음으로 의미 있는 2개의 단어를 말할 수 있게 되었다는 것을 의미한다.

초기에 내담 아동이 보여 주었던 상동행동은 몸 흔들기, 볼펜 돌리기, 가위 돌리기, 비행기 날개 돌리기, 손가락으로 물체를 돌리는 것이었는데 치료가 끝나면서 몸을 흔드는 일이 눈에 띄게 줄어들었으며 치료자와 보조 견과의 눈맞춤은 눈에 띄게 증가하였다. 치료가 끝나고 3개월 후 추후 면담에서 어머니의 보고에 의하면 영수는 일상생활에서의 협동성이 증가하였으며, 신경질적인 행동이 줄어들고, 어린이집에 가기 위하여 준비하는 시간도 즐거워하고 행복해졌다고 하였다. 길가에서도 개를 보면 가까이 다가가서 만지려 하고 집에서 외출을 할 때에도 "룰루 보러 가자."라고 하면 즉시 반가운 표현과 함께 외출 준비에도 아주 협조적이라고 하였다. 동물보조 놀이치료를 받는 지난 10개월이라는 시간들이 영수에게는 가장 편안하고 쉴 수 있었던 시간이었음을 알 수 있었다고 말하였다. 치료 보조 견인 룰루는 내담아동 영수에게 대상관계이론에서 설명하는 이행기적 대상(transitional object)이 되어 주었음을 알 수 있었다. 룰루에게 간식을 주는 일도 처음에는 치료자와 엄마의 손에 넣어 주고 룰루가 먹는 모습을 보면서 좋아하였는데 서서히 자신의 손가락으로 집어서 룰루 가까이에 던져 주게 되었다. 놀이 행동 변화를 보면 초기에 공격적인 놀잇감에서 그다음으로 친화적인 놀잇감 그리고 상호작용을 하는 놀잇감을 선택하는 모습이 나타나 아동의 심리적 변화를 알 수 있었다. 동물보조 놀이치료 과정을 통하여 내담 아동은 치료자와 치료 보조 견 룰루에게 눈맞춤을 하는 횟수가 점점 증가하였으며, 치료자가 하는 반영과 공감에 비언어적인 반응을 보이는 정도와 상호작용을 하는 태도와 횟수도 증가하여 레빈슨(Levinson)과 다른 연구자들(Kogan, Granger, Fitchett, Helmer, & Young, 1999; Levinson, 1968; Martin & Farnum, 2002; Redefer & Goodman, 1989)의 연구 결과를 지지하는 것으로 나타났다.

사례연구의 한계에도 불구하고 동물보조 놀이치료는 동물이 자폐

성 장애를 가진 아동의 의사소통 및 눈맞춤과 사회적 상호작용을 증진하는 데 치료적 개입 가능성과 촉진적 자극을 줄 수 있는지에 대하여 논의할 수 있는 계기를 마련하였다는 데서 동물보조치료의 시작으로서 의의가 있으며 이들을 위한 교육 및 치료적 개입을 하고 있는 이들에게 새로운 정보를 제공할 수 있으리라고 기대한다.

자폐증은 우리가 10년 전에 생각하였던 것과는 많이 다르다. 시간이 지나면서 우리는 자폐증에 대하여 점점 더 많이 배우고 알게 되었는데 아마 이제는 우리가 그들에게서 배워야 할 때가 온 것 같다. 말을 할 수 없다는 것이 할 말이 아무것도 없다는 것을 의미하지는 않는다. 소리가 없다면 소리가 없는 것을 넘어서 들을 수 있어야 하며 그들이 소리를 만들 수 있도록 도와주어야 할 것이다. 자폐증은 아니지만 소리를 내지 못하였던 스티븐 호킹(Steven Hawking)을 보면서 사람들은 그가 생각하는 능력도 상실했을 것이라고 추측했을 것이다. 만

약 스티븐이 말할 수 있는 능력을 상실했었다면 이 세상에서 우리는 더 큰 것을 잃어버리게 되었을 것이다.

자폐성 장애 아동을 치료하고 교육함으로써 증상을 완화시킬 수 있는 다양한 방법에 대하여 살펴보았다. 이 책에서는 대상관계이론을 기초로 하여 놀이, 미술, 음악이라는 매개체를 이용한 표현예술치료를 통하여 자폐성 장애 아동의 2년 6개월 동안의 행동 변화를 기록하여 이와 같은 어려움을 안고 함께 생활하는 가족들과 이들을 위하여 일하는 전문가들에게 다소나마 도움을 주고자 한다.

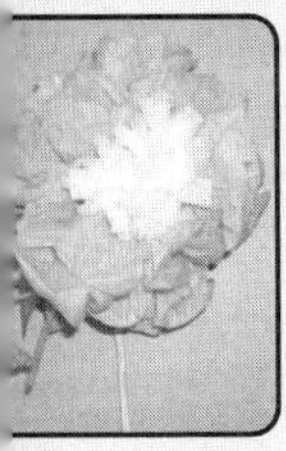

**제2부**

# 대상관계이론 및 표현예술치료이론의 이해

제4장

# 대상관계이론

이 책에서는 치료대상 아동의 행동변화를 시도하기 위하여 대상관계이론을 선택하게 되었으며, 그 이유는 치료대상 아동의 초기 면접 과정에서 어머니와의 관계에 문제가 있었음을 알게 되었기 때문이다. 어머니의 원하지 않은 임신과 출생 후 2개월만에 조기 이유를 실시하였으며, 주 양육자가 자주 바뀌면서 생의 초기에 어머니와의 애착형성에 어려움이 있었을 것이라고 추정할 수 있었다.

치료의 중심 이론인 클라인(Melanie Klein)과 말러(Margaret Mahler)의 대상관계이론(Object Relations Theory)과 위니캇(Donald Winnicott)의 대상관계 심리학(Object Relating Psychology) 이론에 대하여 요약, 설명하면 다음과 같다.

## 1. 멜라니 클라인

클라인(Klein, 1960)은 대상관계이론의 선구자로서 양 지위 이론(Two Position Theory)을 정립하여 유아의 발달과정을 2단계의 지위로 나누어 설명하였다. 클라인은 영아의 심리적 세계에서 중요한 것은 생리적 본능과 충동이며, 바로 이 본능과 충동이 영아의 내면세계를 지배한다고 보았다. 부모와 영아 사이의 모든 상호작용 또는 대상관계는 이 충동의 표현이라고 할 수 있다. 그리고 영아의 내면세계에는 환상(phantasy)이라는 정신활동이 나타나는데, 이 정신세계에서 신체적 본능을 감정과 상상으로 나타내 보여 주는 것이다. 이러한 내면적 상상 현상은 영아들에게는 지극히 정상적인 것이며, 모든 본능과 충동은 대상(object)과 밀접한 관계가 있다. 영아의 생후 첫 2~3개월 동안의 모든 활동에서 대상 표상(object representation)이라는 용어보다는 내적대상(inner object)이라는 표현을 사용하였다.

영아는 자신의 강렬한 욕구와 공포 등 영아기의 감정을 조절하기 위하여 다양한 심리적 기제를 이용하게 된다. 특히 어머니의 가슴과 관련하여 사용하게 되는 기제들은 투사(projection), 내사(introjection), 분열(splitting), 투사적 동일시(projective identification)가 있다. 투사는 정신적 또는 환상적 과정으로서 영아는 대상이 감정이나 충동으로부터 분리되었다고 믿는다. 실제로 이것이 영아의 감정이다. 영아에게 자신의 본능을 충분히 만족시켜 주고 즐거움을 주는 어머니의 가슴은 좋은 대상으로서 삶에서 좋은 것과 이득이 되는 것에 대한 원형(prototype)이 된다. 그러나 자신의 본능을 충족시켜 주지 못하고 불쾌감을 주는 가슴은 모두 나쁜 것이고 자신을 괴롭히는 것에 대한 원형으로 인식하게 된다.

내사는 또 다른 중요한 원초적 기제로서 영아는 자신을 둘러싸고 있는 외부세계에서의 위협이나 결핍은 곧 내적 위험으로 느끼게 된다. 비록 좌절감을 주는 대상과 불안의 원인이 외부적인 것이라고 해도 영아에게는 내적인 학대자로 받아들이는 내사를 하게 된다.

영아는 자신의 감정과 자신을 안전하게 유지하기 위하여 분열이라는 기제를 이용하게 된다. 분열은 자기(self)의 모습과 감정을 유지하거나 혹은 분리하는 데 쓰인다. 어머니와의 관계에서 특히 가슴은 사랑과 미움, 만족과 좌절이라는 복잡한 감정을 함께 지니고 있다. 영아는 사랑스러운 대상과 만족감 그리고 미움의 대상과 좌절감, 사랑스러운 가슴과 사랑받는 자기 그리고 좌절감을 주는 가슴과 미움 받는 자기라는 관계로 분리하게 된다.

투사적 동일시는 상호작용 관계에서 투사와 동일시가 결합된 것이다. 이는 환상 수준에서 나타나는 것으로서 주로 내담자와 치료자 사이의 관계에서 나타나는 심리적 기제로 내담자가 무의식적으로 자신의 감정을 치료자에게 투사하게 되는 것이다.

지위(position)라는 용어는 아동이 내면화된 대상과 외부적인 대상을 모두 경험하고 연관시키는 방법을 말한다. 양 지위(two position)는 아동이 생후 1년 사이에 특정한 심리적 기제들이 대상과 관계를 맺는 방법, 불안과 방어의 특성이 발생과 재발생의 과정을 거치게 되는 것을 말한다. 첫 4~5개월의 영아는 초기 부분 대상과 관계를 맺으면서 점차 전체 대상으로 옮겨가게 된다. 이와 같은 움직임은 편집적-분열적 지위에서 우울적 지위로 옮겨 가는 것이다.

• **첫째 단계**: 편집적-분열적 지위(Paranoid-Schizoid Position)는 생

후 4~5개월 정도에서 나타나는 지위로서 주체와 객체가 구별되지 않은 상태를 말한다. 유아는 어머니 젖을 먹는 동안 젖가슴을 자신의 한 부분으로 인식하는 부분적 대상(Part Object Relation) 경험을 하게 된다. 그러나 점차 유아의 자아가 형성되면서 주체와 객체의 구별이 가능해지면 전체적 대상(Whole Object Relation) 경험이 이루어진다.

이 시기 영아의 불안은 자신의 자아를 보호하기 위하여 매우 편집적이고, 자아가 혹시 파괴될지도 모른다는 두려움을 가지고 있으며, 파괴본능과 자신을 괴롭히는 가학적인 불안이 지배적이다. 좌절에 대한 인내가 아주 부족하고 좋은 것과 나쁜 것에 대한 정서적 반응은 매우 극단적이다. 이 지위 동안에 욕구와 좌절은 노골적인 수준이며 영아는 어머니의 가슴에 대한 공격적 환상을 가지고 있다.

• **둘째 단계**: 우울적 지위(Depressive Position) 단계에서 영아의 자아는 자신이 관계를 맺고 있는 전체 대상에 대한 우울적 불안과 양가감정을 지니고 좀 더 복잡해진다. 좋은 대상을 보존하고 싶어 하는 것은 영아의 자아가 생존하기 위한 것과 같은 의미다. 좋은 대상과 점점 더 동일시하면서 자아는 자신의 부적절함과 내면화된 자신을 학대하는 대상으로부터 자기를 보호하는 방법을 더욱 잘 알아차리게 된다. 영아는 좋은 대상을 잃어 버리거나 혹은 그 대상이 사라져 버리면 조증의 방어기제인 부인(denial)을 이용하거나 죄책감, 절망, 소멸의 감정으로부터 벗어나기 위하여 전능의 힘을 이용하게 된다. 클라인은 우울적 지위 단계에서 영아는 좋은 대상을 잃어 버릴지도 모른다는 두려움이 오이디푸스 콤플렉스 중에서도 가장 큰 고통의 원인이라고 설명하였다.

부분적 대상에서 전체 대상으로 건전하게 넘어가지 못하여 외부는 공격적인데 내면은 우울한 상태에 머물게 되는 것을 말하며 타인에 대한 무관심, 무자비한 반응, 심하면 반사회적 행동을 나타내고, 병리적 우울증에 고착될 수도 있다. 이러한 현상은 내면화된 자아를 보호하기 위한 하나의 투사로서 자신이 살아 있다는 느낌을 갖기 위한 방어기제의 모습이라고 설명하였다.

클라인은 죽음 본능의 투사에 대한 개념을 적용하여 자폐증은 과도한 파괴적 충동의 결과이며, 이 충동이 외부세계로 투사되어 그곳이 비우호적이거나 심지어는 위험한 곳으로 보이는 것이라고 설명하였다. 이러한 환경은 개인으로 하여금 자폐적 몰입으로 들어가도록 하는 원인이 될 수 있다(김진숙, 1996; Hamilton 저, 김진숙 공역, 2007; Michael, 2000).

## 2. 마거릿 말러

말러(Mahler, 1975)의 대상관계이론에 의하면 출생 후 첫 3년간의 정신발달에 초점을 맞추고 그 기간 동안의 경험이 한 개인의 일생을 좌우하는 심리적 안정 및 성격 형성이 이루어진다고 하였다. 이 과정에서 인간의 정신역동기제 중 투사 · 동일시 · 내면화 · 투사 동일시의 과정을 통하여 유아는 자신(self)과 그를 둘러싼 주위의 대상들(objects)과의 관계 속에서 심리 내적 발달(Intra Psychic Development) 과정을 거치면서 성장하게 된다.

• **첫째 단계**: 정상적 자폐 단계(Normal Autistic Phase: 0~2개월)로서 출생 후 처음 몇 주 동안은 절대적인 일차적 자기애의 단계로서 유아

는 돌보는 사람을 자각하지 못한다. 이러한 감각중추의 상태를 은유적으로 개념화하여 정상적 자폐 단계라고 부른다. 이 시기 신생아—영아—의 본능적 반응들은 반사회적인 것이며 거의 생물학적 유기체 상태에 있고 방어기제들이 주를 이루고 있으며, 욕구충족은 자신의 무조건적이며 전능적인 자폐적 궤도 안에 속해 있는 것처럼 보인다.

이 시기 신생아는 부모—양육자—로부터 받는 애정적 접촉을 통하여 양육자와의 사이에 애착이 형성되지만 대부분은 부모로부터 유아에게로 가는 일방향적 관계다. 그러나 이런 관계에서도 유대의 중요성이 줄어드는 것은 아니며 이런 연결이 유아가 자라면서 자신의 관계성(relatedness)을 형성하는 모체를 제공해 주는 것이다.

• **둘째 단계**: 정상적 공생 단계(Normal Symbiotic Phase)로서 공생(Symbiosis)이란 2~6개월 된 유아와 어머니 사이의 심리 · 생물학적 친밀 관계를 의미하며 상호의존적 단계로서 유아는 자기(self)와 어머니의 정신 내적 표상들이 아직 분화되지 않은 상태이다. 유아는 생후 2개월이 되면서 자신에게 필요한 것을 채워 주는 욕구충족 대상(주로 어머니)에 대한 희미한 인식이 정상적 공생 단계의 시작을 나타낸다. 마치 어머니가 하나의 전능체계—공통된 경계 내의 이중적 합일체—인 것처럼 행동하고 기능한다. 유아는 이 단계에서 공생적 파트너에게 절대적으로 의존하는데 어머니에 대한 유아의 욕구는 상대적이다.

유아는 자신을 돌보아 주는 대상과의 관계에서 자기에 대한 인식이 싹트게 되는데, 초기 자폐라는 일인 시스템(one person monadic system)에서 공생이라는 첫 번째 양극의 자기-타자 시스템(a bipolar self-other system)으로 이동하게 되지만 아직은 진정한 양자관계로 발전하기에는 분화(differentiation)가 완전하지 못한 상태이다.

어머니와 유아 사이의 상호작용이 잘 맞아떨어지면 유아는 심리 생리적 평형상태를 유지하게 되는데 이런 패턴을 통하여 상호적 신호 주고받기(mutual cuing)와 맞추기(molding)를 하게 된다. 유아는 어머니가 자신을 안아 주었을 때 느껴지는 신체의 압박과 온기에 어떻게 적응하고 반응해야 하는지를 알게 된다. 즉, 보듬어 주는 패턴(holding pattern)에 적응하면서 그 후 더 분화된 관계 패턴(relations pattern)을 위한 기반을 이루게 된다.

그러나 공생단계에서는 자기-타자 분화 능력이 부족하므로 자신에게 불쾌한 경험들을 마치 자신과 자신의 세계를 온통 에워싸고 있는 것처럼 경험하게 된다. 이런 경험은 자신의 불쾌감을 없애 주는 성인에 대한 좋은 대상 이미지와 그렇지 못한 성인 대상에 대한 부정적 이미지를 만들게 된다. 즐거움과 고통, 좋은 것과 나쁜 것은 자기-타자의 양극성과 함께 유아가 세상을 구성하는 두 번째 양극성을 이루게 된다.

생후 3개월까지 영아는 자신(self)과 어머니(object)를 동일시하는데, 즉 자신을 어머니의 한 부분으로 여긴다. 생후 3개월 동안의 공생적 단계에서 어머니는 일차적 보호자(primary care taker)로서 유아로 하여금 외부세계(outer reality)라는 바다를 안전하게 탐험하고 돌아올 수 있도록 지켜 주는 등대의 역할로 비유했다. 어머니(등대)의 역할이 유아로 하여금 내면의 어머니상을 형성하게 한다. 이 시기에 유아는 자신의 탐험을 등대(어머니)가 지켜 준다는 안정감이 있을 때 마음놓고 외부세계와 교류하게 되며 이러한 현상이 다음 성장 단계인 정상적 모자분리(Separation Individuation) 단계를 거침으로써 유아는 하나의 독립된 개체(Separate Identity)로서 성장하는 출발을 하게 된다. 말러는 자폐증을 가진 거의 모든 아이가 자율적 자아기능에 심각한 선천적

문제를 가지고 있다고 하였는데, 이는 결함이 있거나 왜곡된 통합적 자아기능이 자폐증의 원인일 수 있다는 가설을 설명해 주는 것이다. 이는 자폐성 장애 아동이 지각을 걸러 내고 적절한 자극에 주의를 기울이는 데 어려움이 있다는 사실과도 일치하는 내용이다. 이들은 길을 따라 내려오는 트럭을 알아차리지 못할 수 있고, 부드러운 접촉에 대해 겁에 질려 움츠러들 수도 있으므로, 어머니의 팔에 안기는 것에 어려움을 겪는 것이다. 자폐성 장애 아동들은 중간대상을 형성하지 않고, 얼굴 표정과 몸짓 그리고 다음 단계인 언어로 이루어지는 모든 의사소통에서 어려움을 겪는다. 이들은 심각한 기질적 자아 결함 혹은 왜곡으로 인하여 대상과의 접촉을 이룰 수 있도록 환경을 지각하고 조직화하고 상호작용하는 것이 거의 불가능하다. 다시 말하면, 이들은 공생이전(presymbiotic) 상태에 있으므로 양자 합일체로서도 자기와 대상이 관련성 없는 상태에 있다(김진숙, 1996; Hamilton 저, 김진숙 외 공역, 2007; Mahler, 1997).

• **셋째 단계**: 분리-개별화 단계(Separation Individuation Phase)로서 생후 4~9개월까지 영아는 서서히 자신과 어머니는 다른 개체라는 사실을 깨닫게 된다. 말러는 정상적 자폐와 정상적 공생은 정상적 분리-개별화 과정의 시작을 위한 전제조건이라고 설명하였다. 공생의 절정기에 나타나는 행동 현상들을 개별화라고 하는데 생후 4~5개월에 시작하며 2.5세까지 지속된다. 이 단계에서 유아는 어머니를 특별한 사람으로 인식하고 어머니 이외의 세상을 살펴보고 거기에 리비도(Libido)를 집중시키며 어머니로부터 조금씩 의도적으로 점점 멀리 움직이는 능력을 보인다. 분리-개별화 과정의 발달 단계는 부화, 연습기, 재접근, 개별성의 공고화와 정서적 대상 항상성(object constancy)의 시작이다.

부화(Hatching)는 생후 4~5개월경에 나타나는 분리-개별화 과정의 첫 번째 발달 단계이다. 유아는 운동기능이 성숙하면서 어머니에 대한 전적인 신체적 의존이 줄어들기 시작하며, 생후 6~7개월이 되면서부터 자기 자신과 어머니의 몸을 구별하기 시작한다. 어머니의 몸에서 옷을 입은 부분과 입지 않은 부분을 눈으로 보고 손으로 만지며 촉감으로 느끼면서 탐구하기 시작하고 수동적인 역할을 하지만 까꿍 놀이를 시작할 수도 있다.

연습기(Practicing)는 8~14개월까지 계속되며 부화 경계와 겹쳐지는데 유아가 배로 기어다니다가, 무릎으로 기어다니고 다시 일어나면서 어머니에게서 신체적 분화를 하는 초기 연습 단계와 8개월이 지나면서 걸음마를 시작하여 자유롭게 서서 걷게 되는 본 연습 단계로 나눌 수 있다. 어머니로부터 가능한 멀리 떨어졌다가 다시 어머니에게로 되돌아올 수 있는 상태이다.

재접근 단계(Rapprochement Phase)는 분리-개별화의 세 번째 단계로서 생후 14~15개월부터 2세 이후까지 지속된다. 걸음마를 시작하는 아동은 점차 분리에 대하여 자각하기 시작하며 그가 경험하는 것과 소유물을 어머니와 나누고 싶어하여 떨어져 있다가 다시 되돌아오게 된다. 이 시기에 어머니와의 분리는 개별화되는 과정에서 필수적인 것이지만 분리에 따른 불안이 증가하게 되면 재접근의 위기를 겪게 된다. 걸음마를 하는 아동은 어머니와 결합되기를 원하면서 동시에 분리되기를 원하는 양가감정을 갖게 되는데 짜증, 칭얼댐 등의 현상으로 나타나기도 한다. 아동이 개별화하기 위하여 필요한 능력들을 발달시키기 위해서는 어머니와 아동 사이의 최적의 거리가 유지되어야 한다. 이 거리는 아동이 원하는 만큼 멀리 떨어져 있다가 원하면 언제든지 되돌아올 수 있는 거리로서 변화하는 대상관계와 발달하는 자아기능과 이차적 자기애에 의하여 규정된다.

분리-개별화의 네 번째 단계는 개성화의 공고화와 정서적인 대상 항상성의 시작이다. 이 단계의 두 가지 과제는 일생 동안 지속되는 명확한 개성화(individuation)의 성취와 어느 정도의 대상 항상성(Object Constancy)의 획득이다. 마지막 발달 단계인 생후 3년은 중요한 정신 내적 발달 기간으로 자기 경계에 대한 안정된 실체를 느끼고 원초적인 성 정체감의 공고화도 일어난다. 대상 항상성은 애정의 대상이 부재하는 동안에도 그 표상을 유지하는 것뿐 아니라 좋은 대상과 나쁜 대상을 하나의 전체적인 표상으로 통합시키는 것을 의미한다. 이 과정은 서서히 이루어지며 심리적 발달의 모든 측면을 포함하는 복잡하고 다면적으로 결정되는 과정이다. 이러한 과정이 순조롭게 진행되었을 경우 개인은 사회인으로서 자신과 타인을 분별하고 조화를 이루는 능력을 보유하게 된다.

어머니 또는 아버지(object)에 대한 내면화가 만족스러웠을 때 유아는 그들을 이상적 대상(Ideal Object)으로 여기며 유아가 건강하게 성장할 수 있는 계기가 된다. 그러나 대상이 만족스럽지 못하였거나 혼돈 또는 불만족스러웠을 경우 그 경험은 유아에게 적개심의 대상으로 내면화되어 성장이 왜곡된다. 대상은 어머니(또는 아버지와 가족)처럼 인격적 대상뿐 아니라 모든 환경, 즉 비인간적인 대상들을 포함한 것이다. 생후 첫 3년 동안 유아가 경험하는 모든 외부적 대상이 유아의 내면적 세계에서 정신 역동기제를 거쳐서 내부적인 대상(Intra Psychic Object)으로 변화하는 것이다.

말러(Mahler)는 정상적인 아동과 정신병리적 아동의 차이는 심리적인 새로운 탄생을 한 것과 하지 못한 것과의 차이라고 보았다. 즉, 병리적인 아동은 심리적인 회색지대(Twilight State)에 머물러 있는 상태로서, 성장과정 단계에서 생후 3개월 동안의 어머니와 아이(Mother-Child) 관계인 공생적 관계로 퇴행하거나 성장이 중지된 상태를 말한다. 유아가 생후 3~9개월이 되면 서서히 자신과 어머니는 다른 개체라는 것을 깨닫게 되는데 이 자아완성을 위한 분리-개별화 단계를 건강하게 지나야 한다(이재훈, 1997; Hamilton 저, 김진숙 외 공역, 2007; Michael, 2000). 일차적 보호자인 어머니(어머니 역할을 맡은 성인)는 자기 스스로가 만족하고 행복한 인간이어야 한다. 아동은 욕구불만으로 가득한 어머니와 항상 함께 있는 것보다 행복한 어머니와 잠시 동안 접촉하는 것이 건전한 정서발달에 더 중요하다고 말할 수 있다.

## 3. 도널드 위니캇

위니캇(Winnicott, 1971)에 의하면 유아는 생후 첫 3년 동안 자신(self)과 주위 사람, 특히 어머니(Object, Primary Care Taker)와의 관계 속에서 성장과정을 거치면서 자아를 형성하게 되는데 이러한 관계는 유아와 어머니를 연결하는 어떤 물체(Transitional Object)를 통하여 이루어진다고 하였다. 유아는 '나'가 아닌 첫 소유물을 사용하는데 이러한 현상, 즉 이행기적 대상(Transitional Object)이 나타나는 시기를 4~6개월, 8~12개월 정도로 보고 있다. 이행기적 대상의 특성은 대상이 지닌 성질, 대상을 '나-아닌' 것으로 인식할 수 있는 유아의 능력, 대상이 위치한 장소—바깥세계, 환상영역, 경계선—그리고 대상을 창조하고, 생각해 내고, 고안하고, 생겨나게 하고, 산출해 내는 유아의 능력은 대상관계의 시작을 의미한다. 이와 같은 이행기적 대상이 나타나는 현상을 이행기적 현상(Transitional Phenomena)이라고 설명하였으며 그 특성은 다음과 같다.

첫째, 아기는 다른 한 손으로 외부의 물체, 천이나 담요의 한 부분을 손가락과 함께 입으로 가져간다.

둘째, 어떻게 해서든 천 조각을 손에 쥐고 빨거나, 실제로 빨지는 않고 입에 넣고만 있을 수도 있다. 사용되는 물건들은 냅킨이나 후에는 손수건이 될 수도 있으며 무엇을 쉽게 사용할 수 있는가에 달려 있다.

셋째, 아기는 처음 몇 개월부터 모직물의 보푸라기를 잡아 뜯거나 주워서 어루만지거나 또는 이 모직물의 보푸라기를 삼켜서 문제가 되기도 한다.

넷째, '맘맘' 소리와 함께 웅얼거림, 첫 음악적 표현인 방귀소리와 옹아리를 하게 된다.

이러한 특성을 가지고 있는 것들은 털실 뭉치나 담요 조각, 기러기 털, 어떤 말이나 음률 또는 반복되는 행동들로서 유아가 잠이 들려고 할 때 결정적으로 중요한 것이 되기도 하며 불안, 특히 우울한 형태의 불안에 대한 방어로 사용될 것이다. 때로는 엄마 이외에 아무런 이행기적 대상이 없는 경우도 있으며, 또는 유아의 정서발달에 있어서 너무 심한 장애가 생김으로써 유아가 이와 같은 이행기적 대상을 즐길 수 없거나 사용된 대상의 연속성이 깨진 경우가 있을 수도 있다. 그럼에도 불구하고 이 연속성은 비밀스럽게 유지될 수도 있다.

충분히 좋은 엄마(Good Enough Mother)란 유아의 필요에 능동적으로 적응해 주고, 적응의 실패를 감당하고 좌절의 결과를 견딜 수 있으며, 유아가 자라나는 능력에 맞추어 그 능동적인 적응을 점진적으로 줄여 가는 엄마를 말한다. 이러한 엄마와의 관계 안에서 좋은 발달을 하지 못한 사람에게서 정신건강이란 기대하기 어렵다. 충분히 좋은 엄마란 바로 아이와 동일시하는 엄마로서 치료자의 모델이다. 치료자는 놀이가 없는 장소에서도 어떻게든 놀이를 할 수 있는 상황으로 이끌어 가야 한다. 왜냐하면 놀이를 통해서만 개인이 자유로워지고 그의 창조성이 발휘되며 이것을 통해서 치료가 가능하기 때문이다. 이행기적 대상과 이행기적 현상은 유아기에 경험의 기초가 되는 환상 영역에 속한다. 이 환상은 성장하면서 점차 현실 속의 대상으로 옮겨져 가며 문화적 관심으로 나타나게 된다(김진숙, 1996; 이재훈, 1997; Michael, 2000; Winnicott, 1971).

대상관계이론을 종합해 보면 아동이 출생한 후 초기에 접하게 되는 대상—생물 또는 무생물—과의 관계를 매우 중요시하고 있음을 알 수 있다. 부모와 성인들은 그들의 눈에 하찮은 것처럼 보이는 대상이지만 아동이 그것을 가지고 다니는 현상의 중요성을 알고 이해할 수 있어야 할 것이다.

이 책에서는 치료대상 아동의 자폐성 장애의 원인 중 일부를 초기 어머니와의 관계에서 연대감 형성의 어려움으로 인한 애착 결핍으로 보았다. 어머니가 예기치 못한 임신을 하였을 때 유산을 생각했었으며, 생후 2개월 동안은 모유로 키웠으나 그 후 8개월간 거의 말수가 없는 이웃집 아줌마가 하루 8시간 이상 돌보아 주었고, 그 이후에는 할머니와 외할머니가 번갈아 가며 주 양육자 역할을 대신하였다. 이 과정에서 어머니는 아동과의 공생적 단계에서 가장 중요한 일차적 보호자의 역할을 충분히 하지 못하였음을 알 수 있다. 생후 초기에 상실하였을지도 모르는 어머니와의 애착관계를 연결시킬 수 있는 이행기적 대상으로 놀이와 미술, 음악이라는 치료 매개체를 선택하였으며 치료과정에서 치료자는 일차적인 보호자의 역할을 하였다.

제5장

# 표현예술치료이론

신체적인 질병도 조기에 발견하여 치료를 하면 건강해질 수 있듯이 정신적인 발달에서 오는 장애 현상도 가능하면 조기에 적절한 교육과 치료를 하는 것이 최상의 방법일 것이다. 자폐성 장애 아동을 치료하는 방법들 중 하나로 표현예술치료가 있다.

김진숙(1996)은 표현예술치료를 예술 심리치료라고도 하며 이는 예술이라는 매개체를 통하여 인간이 내면에 가지고 있는 창의성을 발휘하는 창작활동을 통한 심리치료의 한 방법으로서 현대의 심리치료와 매우 밀접하게 연결되어 있다고 설명하였다. 예술 심리치료의 역할은 세 가지로 정리할 수 있다. 첫째, 창작행위 자체가 가지는 치유성, 둘째, 저항심을 저하시켜 치료관계가 쉽게 성립, 셋째, 심리역동의 구조를 재정비하는 것이다. 예술의 장르에는 미술, 음악, 연극, 조소, 시, 소설, 무용, 놀이, 레크리에이션, 작업 등 자기 자신을 표현할 수 있는 매개체가 모두 포함된다. 예술 심리치료는 장애를 가지고 있는 아동이나 성인뿐만이 아니라 치료자의 능력에 따라 자기 성장을 원하는 일반 성인들에게도 적용할 수 있다. 이 책에 수록된 사례연구에서는 예술의 장르 중에서 놀이, 미술, 음악이라는 매개체를 이용하여 대상관계이론을 중심으로 표현예술치료를 적용하였다.

위니캇(Winnicott, 1971)은 예술 심리치료에서 환자의 창작이 이루어지는 현상을 이행기적 현상으로 보고 창작품을 이행기적 대상이라고 하였으며 환자의 내면세계와 외부세계가 만나는 지점인 제3의 공간 안에서 치료 현상이 일어난다고 설명하였다. 그는 놀이성(Playing)이라는 것을 아동이 장난감을 가지고 놀이를 하는 경향으로 보고 치료자의 놀이와 환자의 놀이가 겹쳐지는 그곳에서 치료가 일어난다고 하였다. 영아는 성장하는 동안 그를 둘러싸고 있는 많은 대상들과 관계를 맺게 되고 그들과의 관계를 통하여 성장하게 된다. 그 대상들 중 영아가 최초로 관계를 맺는 대상은 주로 어머니 또는 일차적인 보호자일 것이다.

말러(Mahler, 1975)는 대상관계이론에서 출생 후 첫 3년 동안의 정신발달 과정에서의 경험이 한 개인의 일생을 좌우하는 심리적인 안정 및 성격 형성을 이루게 된다고 하였다. 아동발달 단계에서 출생 후 첫 번째 단계를 정상적인 자폐 단계라고 하였으며, 출생 후 몇 주 동안 신생아는 일차적 자기애에 빠진다. 이 시기에 영아는 돌보아 주는 사람을 전혀 의식하지 못하는 정상적인 자폐 단계에 있다고 설명하였다. 이 단계를 거쳐야만 비로소 그다음 단계인 공생적 단계로 넘어갈 수 있으며 상호의존적인 두 번째 단계에서 유아는 어머니라는 대상(object)과 심리·생물학적으로 친밀한 관계를 맺을 수 있어야 한다. 예술 심리치료는 아동이 생후 첫 3년 동안 경험한 인격적 인간관계의 대상 중 특히 어머니와의 관계에서 결손된 부분을 예술과의 경험을 통하여 공생적 단계로 내려가 일차적인 보호자로서의 어머니 역할을 하는 치료자와의 관계에 의하여 치유가 이루어지는 것이다.

인간은 누구나 태어나서 성장하는 동안 신체적으로나 정신적으로 그리고 사회적 · 심리적으로 또한 정서적인 면과 영신적으로 건강하게 살아갈 수 있기를 바란다. 아동이 자라면서 각 연령에 따른 발달단계를 하나하나 거치면서 성인이 되어 그가 생활하고 있는 가정과 사회라는 장에서 주어지는 역할을 수행할 수 있는 능력을 갖게 될 때 건강한 사람이라고 할 수 있다. 그러나 발달과정 중에서 어느 한 부분에 지체나 장애 현상을 보이게 되면 그 장애를 제거할 수 있는 가능한 모든 치료방법을 고려해 보게 된다.

이 책에 수록된 사례에서는 자폐성 장애 아동의 행동 변화를 위하여 사용되는 치료방법 중 하나로 표현예술치료를 선택하였다. 어머니와 아동의 초기 애착관계 형성에 초점을 두고 대상관계이론을 중심으로 하여 표현예술치료 중 놀이와 미술과 음악이라는 매개체를 적용하였다. 연구방법은 종단적 연구로서 현상학적 접근에 의한 질적 사례연구를 하였으며 표현예술치료 과정에서 나타나는 아동의 행동변화에 대한 이해를 도모하기 위하여 현상학적 해석방법을 선택하였다.

자폐성 장애 아동은 그가 생활하고 있는 지역사회에서 보호와 치료를 위한 충분한 지원을 받아야 하지만 현실적으로 그 지원은 매우 빈약한 실정이다. 이와 같은 문제해결을 위한 노력의 시작으로 자폐성 장애 아동을 위하여 표현예술치료를 함으로써 자폐적 세계에서 벗어나 가족들과 의사소통을 할 수 있고 또래들과 어울려 놀이를 할 수 있으며 나아가 사회의 한 구성원으로서 환경에 보다 잘 적응할 수 있도록 도움을 주고자 하는 것이다. 또한 표현예술치료라는 통합적인 치료법을 적용하여 자폐성 장애 아동의 치료와 교육 프로그램을 개발하는 데도 다소나마 도움을 주고자 한다.

국내에서 지금까지 자폐성 장애 아동을 대상으로 한 연구는 소아정신과에서 의학적인 접근 및 치료에 관한 내용과 놀이 · 미술 · 음악 · 언어 치료 중에서 단일 방법을 이용한 단기간의 치료 결과에 대하여 발표한 논문들이 대부분이다. 발달장애를 가지고 있는 아동을 대상으로 연구할 때에는 횡단적인 접근보다는 종단적인 접근방법을 적용하는 것이 보다 바람직할 것이라고 생각된다. 실험 연구를 위한 단기간의 실험과 검사에서는 변화의 양상을 충분히 파악하기 어렵다. 왜냐하면 발달상의 변화는 약물치료와 달라서 짧은 기간에 그 결과가 나타날 수는 없으며 장기간의 치료과정이 필요할 것이라고 여겨지기 때문이다. 행동의 변화를 위하여 사용되는 치료 및 교육 방법도 어느 한 가지 매개체를 이용하기보다는 다양한 매개체를 통합적으로 활용하는 것이 바람직할 것이라고 생각된다. 표현예술치료는 자유롭게 자기 자신을 표현할 수 있는 치료 매개체를 통합적으로 활용할 수 있기 때문에 단일 치료방법을 적용하였을 경우보다 시너지(synergy) 효과를 기대할 수 있을 것이다.

## 1. 놀이치료

예술을 통하여 개인의 자아를 표현할 수 있듯이 놀이가 아동의 건강한 자아 발달에 중요한 역할을 한다는 사실은 심리학자들에 의하여 이미 잘 알려져 있다. 철학적인 인간학을 주장하는 랑게벨트(Langeveld, 1964)는 도움을 필요로 하는 아동의 교육과 치료에서 어린이의 내면

생활과 그의 숨겨진 바람에 대한 이해가 중요하다고 하였다. 어린이를 이해하기 위해서는 그가 가장 자기다운 방법으로 자신을 표현할 수 있는 것, 그리고 그 표현에서 어린이와의 만남이 가능하고 대화의 수단이 될 수 있는 것이 필요하다.

물건을 매개로 하는 놀이나 작업은 어린이의 풍요로운 성장을 가능하게 해 주는 기반으로서 모래장난이나 진흙놀이 그리고 짓궂은 장난과 같은 일들을 하찮고 소용없는 것 또는 시간 낭비라고 생각해서는 안 된다. 어린이는 자기 자신의 세계, 즉 자신의 비밀 장소를 가질 권리가 있다. "어린이의 생활 속에는 많은 백지의 장소가 있어야 한다." 라고 랑게벨트는 말한다. 이 장소는 어린이가 미지의 확실하지 않은 비밀이 가득찬 세계, 즉 다른 세계로 들어가는 입구를 발견할 수 있는 곳이기도 하다. 이 세계는 누군가 접근해 오면 금방 사라져 단순한 사물로 바뀌어 되돌아온다. 이 세계 안에서 어린이는 시간을 잊고 나아가 자신을 잊고 어떤 일에 몰두함으로써 일체를 초월하는 것, 즉 영원에 접촉하여 치유되고 성스러움으로 새로 탄생하는 체험을 가질 수 있어야 한다. 어린이들은 놀이 속에서 이러한 체험을 할 수 있으며 이것이 놀이의 치료적인 요소라고 설명하였다(박선영 · 노명희, 1997).

에릭슨(Erikson, 1965)은 "놀이는 아동들이 자아(ego)를 키우기 위한 최적의 상황이며 놀이를 통하여 아동은 자신의 내부세계와 외부세계와의 관계를 조절하고 반복하며 새로운 것을 시도함으로써 생활경험을 얻게 된다고 하였다. 놀이를 하는 어린이는 새로운 발달 단계를 향하여 전진하는 것이며, 놀이는 아동의 자아수용 도구이다."라고 하였다. 놀이는 자가치료 대행자(Autotheraputic Agent)로서의 효과를 갖게 한다고 하였으며 인성발달 단계 중 제3단계를 놀이시기(Play Age, 3~6세)로 보고 이 단계에 있는 아동들에게 놀이는 필수 불가결한 요소라고 말하였다. 아동들은 놀이를 통하여 누구에게도 방해받지 않는 자기만의 시간과 자기의 내면을 밖으로 나타낼 수 있는 기회를 필요로 한다. 또한 다른 아동들과 함께 놀이를 함으로써 그들과의 관계를 배우게 된다. 아동의 자아가 상처받거나, 피로하여 쉬고 싶을 때, 그들이 마음대로 조절하고 다룰 수 있는 장난감이 있는 세계는 그들의 부서지고 상처받은 감정을 치유하기 위한 항구와 같은 장소라고 표현하였다.

피아제(Piaget, 1965)는 "놀이는 아동의 지적 발달의 필수적인 한 부분이며, 놀이를 할 때 아동은 그를 둘러싸고 있는 세계의 실재를 재창조하는 것이며, 일상생활에서 쉽게 반복할 수 있고 순환하는 활동의 하나로서 새로운 기술을 습득하여 자아 중심적 만족과 즐거움을 추구하는 것이다."라고 하였다. 특히 전개념적 시기(2~4세)에 있는 아동들에게 놀이는 그들의 삶이며 상징놀이에서 그들은 질문과 언어와 모방을 통하여 사회화의 과정을 습득하게 된다고 설명하였다(Maier, 1969).

닐(Neill 저, 박창현 역, 1983)은 서머힐(Summerhill)이라는 학교에서 놀이를 가장 중요한 일과로 삼고 있다. 아동들이 환상의 날개를 마음껏 펼 수 있어야 하며 그들은 마음껏 놀아야 한다고 놀이를 강조하고 있다. 어린 시절에 충분히 놀지 못한 아동들은 성인이 되어서 건강한 삶을 누릴 수 없을 것이다. 닐은 "자신의 어린 시절을 이제는 더 이상 상기할 수 없고 스스로 만족하게 놀지도 못했으며 상상의 날개를 마음껏 펴 볼 수 없었던 부모들은 좋은 부모가 될 수 없다. 놀 수 있는 능력을 상실한 어린이는 영혼이 죽었고, 그의 친구인 다른 어린이들에게는 하나의 위험이 된다. 아동들에게 놀이는 넘쳐흐르는 힘(energy)을 발산시키기 위한 신체적 활동이기도 하다. 심신이 건강한 어린이는 잠시도 쉬지 않고 움직이는데 이것은 성장하는 모습이며, 에너지를 발산시키는 것이다."라고 하였다.

위니캇(Winnicott, 1971)은 심리치료를 환자와 치료자 두 사람이 함께 놀이하는(Playing) 영역이 겹쳐지는 곳에서 이루어진다고 하였다. 심리치료란 두 사람이 함께 놀이를 하는 것이라고 할 수 있으며 놀이하는 것이 가능하지 않은 곳에서 치료자가 해야 할 일은 환자를 놀이할 수 없는 상태로부터 놀이를 할 수 있는 상태로 데려오는 것이다. 놀이를 하는 것은 무엇인가를 행하는 것으로서 성장을 촉진시켜 주는 것이며 건강한 것이다. 그리고 집단관계 안으로 인도해 주는 것이며 심리치료에서 의사소통의 한 형태일 수도 있다. 사실 정신분석은 고도로 전문화된 놀이를 하는 것으로서 자신과 다른 사람들과의 의사소통을 도와주기 위한 것이다. 가장 자연스러운 것은 놀이를 하는 것이고 20세기의 고도로 세련된 현상이 정신분석이라고 하였다.

놀이 그 자체가 치료이며 아이들로 하여금 놀이를 할 수 있도록 준비를 해 주는 것은 그 자체로서 직접적이고 보편적인 적용성을 가진 심리치료이다. 놀이를 하는 것은 경험이며 특히 창조적인 경험으로서 아동이나 성인이나 놀이를 통해서만 자신의 내면세계를 자유롭게 창조할 수 있다. 아동들은 놀이를 통하여 자신의 감정을 표현하면서 스스로의 정서적 균형을 유지하고 외부세계와 접촉을 하게 된다. 놀이를 할 수 없는 어린이들은 무엇인가 내면에 문제를 해결하지 못하고 있는 것이다. 이들이 놀이를 할 수 있도록 도움을 주는 것이 놀이치료에서 치료자가 하는 일이라고 설명하였다.

놀이치료의 이론은 각 심리학파의 이론에 따라 다르게 접근할 수 있는데 어느 이론의 놀이치료를 선택할 것인지는 대상 아동의 상태와 치료자의 가치관에 따라 선택할 수 있으나 대부분 어느 한 가지만을 적용하기보다는 절충식을 많이 이용한다. 이 연구에서는 분석적 · 아동중심 · 발달놀이치료 · 표현적 놀이치료의 이론을 적용하였으며 이를 요약하여 설명하고자 한다.

놀이치료의 가능성을 최초로 시사한 프로이트(Freud)가 1909년에 발표한 5세 남자 어린이 한스(Little Hans)의 사례를 분석한 것이 정신분석 놀이치료의 시초가 되었다. 말(horse)에 대한 공포증을 갖고 있었던 한스는 프로이트의 지시 아래 그의 아버지가 정신치료자가 되어 치료를 맡은 일종의 부모-자녀 놀이치료(Filial Therapy)를 받았다. 클라인(Klein, 1960)의 놀이치료이론은 프로이트의 정신분석이론을 기초로 하여 리비도(Libido)이론을 보다 고차원적으로 설명하고 있다. 자유놀이(Free Play)에서 아동이 놀이를 통하여 자신의 내면세계를 표현하는 방법으로 사용된다. 아동의 놀이는 매일 매일의 생활에서 나타나는 일들과 실제 경험의 반복이며 종종 그의 상징과 함께 엮인 것이다. 아동의 생활에서 어떤 중요한 사건이 놀이에서 나타나지 않을 수도 있으며, 오히려 사소한 일이 놀이의 대부분을 차지할 수 있다.

그러나 이 사소한 것이 아동에게 그의 감정과 상상을 뒤흔드는 매우 중요한 것일 수도 있다. 아동들이 내면에서 느끼는 죄책감, 공격성 또는 상처받은 감정들을 인형놀이에 투사함으로써 치유받고 싶어하는 것으로 보았다. 일상생활에서 아동은 부모, 형제, 자매, 또래들과의 사이에서 욕구불만, 좌절감, 거절당한 느낌, 질투심, 불안, 우울함 등의 정서를 체험하게 된다. 아동은 상처받은 감정을 회복하여 용서받음으로써 다시 사랑받고 싶다는 욕구를 갖고 있다. 놀이치료에서 아동은 장난감들을 가지고 자신의 정서를 투사하여 충분한 놀이를 함으로써 만족감을 느끼고 자신이 미처 의식하지 못하고 있는 문제를 행동으로 나타냄으로써(Acting Out) 긴장을 완화시킬 수도 있다. 아동들은 성인들보다 통찰력이 훨씬 깊게 나타날 수도 있는데, 이는 아동의 무의식과 의식이 성인들보다 더 가깝게 연결되어 있기 때문이라고 할 수 있다.

클라인은 놀이치료의 기술에서 특히 전이(Transference)의 분석을 강조하고 있다. 아동이 내면에서 느끼는 불안의 감정에 대하여 근원을 찾아보면 그 아이가 영아기에 처음 관계를 갖고 있었던 대상(object), 즉 어머니와 아버지에 연루되었음을 알 수 있다. 그러므로 이 대상과의 관계에서 생긴 불안의 감정을 누구에게로 전이할 것인지를 결정해야 한다.

아동은 인형놀이에서 어머니나 아버지의 모습을 한 인형과 놀이를 하면서 전이할 수도 있으며 또는 치료자에게 전이할 수도 있다. 아동은 놀이 속에서 전이의 과정을 통하여 자신의 상처받은 감정들이 치유되고 만족감을 체험하며 건강하게 성장할 수 있다. 이와 같이 전이 현상을 잘 설명하고 해결하는 것은 치료자의 능력이다. 1919년에 발표된 그녀의 첫 번째 사례인 다섯 살짜리 남자 어린이 프릿츠(Fritz)의 놀이치료에서 놀이와 연관된 전의식과 무의식을 일관성 있게 해석하면서 무의식의 탐구와 전이의 분석을 시도하였다. 정신분석적 접근의 치료목표는 본능의 충동들이 통제될 수 있도록 개인의 자아를 강하게 하고 또 공격성 및 성적 충동들의 승화를 촉진시키는 것이라고 보았다.

융(Jung, 1957)의 분석심리학이론에 기초를 둔 분석적 놀이치료(Jungian Play Therapy)는 카프(Kalff, 1966)에 의하여 시작되었다. 융은 치료를 자기인식과정 및 성격의 재구성과 교육이라고 생각하였으며 효과가 있는 한 어떠한 매체라도 사용할 수 있다고 하였다. 내담자의 독창력과 창의력이 허용하는 한 춤, 노래, 연극, 무언극, 진흙 공작, 악기 연주 등 다양한 방법이 치료에 사용될 수 있다. 사실 아동의 놀이를 관찰해 보면 이 모든 내용들이 놀이 안에서 자연스럽게 사용되고 있음을 볼 수 있다. 카프와 앨런(Kalff & Allen)은 아동의 정신(psyche)은 스스로 자기치유(self-healing)의 힘을 가지고 있으므로 치료자는 이 힘을 최대한으로 발휘할 수 있도록 아동의 놀이를 촉진시켜 주는 역할을 해야 한다고 설명하였다. 다양한 장난감이 있는 상황 안에서 아동은 자신만의 공간인 상상의 세계를 만들고 그 안에서 치료자와의 관계를 통하여 스스로 치유하는 과정을 거치게 되는 것이다.

브로디(Brody, 1978)의 발달놀이치료는 성인과 아동 사이의 상호작용을 위하여 여섯 가지의 원리를 설명하였다.

첫째, 접촉(touch)받음으로써 자기 자신을 경험한 아동은 자아감을 발달시킨다.

둘째, 아동이 접촉을 경험하기 위해서는 능력 있는 성인이 아동을 접촉해야 한다.

셋째, 접촉해 주는 사람이 되기 위해서 먼저 기꺼이 접촉받는 것을 배워야 한다.

넷째, 접촉을 느끼기 위해 아동은 스스로 접촉받는 것을 허용해야 한다.

다섯째, 아동은 접촉을 통하여 먼저 남에게 보이는 것을 느낀다.

여섯째, 접촉이 필요한 아동에게 관계를 만들어 주기 위하여 성인은 발달놀이치료 세션에서 일어나는 활동을 통제한다.

- 아동을 주목한다.
- 아동을 접촉한다.
- 아동의 단서에 반응한다.
- 아동의 욕구를 충족시키는 성인의 존재가 아동의 관심

대상이 되게 한다.

브로디는 발달놀이치료의 원리를 적용하여 제이슨이라는 6세 된 자폐성 남자 아동을 102회의 세션에 걸쳐 치료를 실시하였으며 그 결과를 발표하였다. 인간을 사회적 존재로 만드는 행동과 정서가 자폐 아동에게는 결핍되어 있다. 자폐성 장애 아동은 위축된 아동이며, 주관적이고 알려지지 않은 내부세계를 위해 객관적인 외부세계를 버리고 자신의 성역으로 들어가는 문을 열심히 지킨다. 발달놀이치료는 접촉을 통하여 성적으로 학대받은 아동, 주의력 결핍, 자폐성 장애, 파괴적인 행동을 하는 아동들에게 효과적이라고 하였다(성영혜 · 장미경, 1997).

디아제(Dhaese, 1986, 1999)는 표현적 놀이치료에서 미술치료, 놀이치료, 모래놀이치료, 음악, 이야기하기, 글쓰기, 공작, 사진, 나들이, 요리, 동물과 함께 놀기 등 다양한 기법과 매체들을 활용한다고 하였다. 어느 기법을 선택할 것인지는 아동의 연령과 욕구 그의 성향, 정신건강의 정도에 따라 결정되며 놀이를 할 수 있는 환경이 주어지고 그 안에서 치료자와의 관계를 통하여 아동은 변화할 수 있다고 하였다. 치료자가 진실성과 이해심을 가지고 무조건 수용적이며, 아동과 전적으로 함께 있으면서 어머니의 사랑과 보호로 심리적 보듬기(psychological holding)를 해 주는 것이 치료에서 매우 중요하다. 또한 아동의 정신이 지닌 타고난 지혜(innate wisdom)와 자기치유 능력에 대한 확신을 가지고 치료에 임해야 한다고 하였다. 아동이 심리적으로 자신을 치유시키고 자기 정신 내부의 치유력을 활성화시킬 수 있기 위하여 필요로 하는 정서적 · 신체적 안정감과 자유를 제공해 줄 수 있는 독특하고 아름다운 치료공간은 치료자와 아동의 관계, 환경과 분위기 그리고 치료기법의 세 가지 모두가 끊임없이 상호작용을 한 결과에 의하여 형성되어 가는 것이라고 설명하였다(박영애, 1999). 이 공간은 위니캇(Winnicott, 1971)이 설명하는 이행기적 현상으로서 제3의 공간이며 이곳에서 치료가 이루어지는 것이다.

자폐성 장애 아동에 대하여 시겔(Sigel, 1991)은 ETHOS 놀이치료과정에서 자폐증에 대한 동물생태학적 접근을 통하여 설명하였다. 이 연구는 1960년대 로렌조(Lorenz)와 틴버센(Tinbersen)의 제자들이 볼비(Bowlby)의 이론을 가지고 일하기 시작하면서 발전하였다. 특히 허트(Corinne Hutt, S. J. Hutt)와 언스테드(Christopher Ounsted)는 자폐증에 대한 동물생태학적 이해를 더욱 높여 주었다. 그들은 자폐성 장애 아동들이 일반이론의 발달과는 다른 습관적인 행동, 자극에 대한 다른 반응들을 보이는 데에 관심을 가지고 연구하였으며 자폐증의 증상은 정해진 순서에 따라 일어나는 기제로 보았다. 자폐증에 관한 동물생태학적 연구는 다음 다섯 가지에 중점을 두고 있다.

첫째, 자폐성 장애 아동이 방 안에서 육체적인 공간을 어떻게 사용하는가?

둘째, 그들의 신체가 다른 사람들에게 어떻게 접근하는가?

셋째, 그들의 신체가 다른 사람들에 대하여 어떻게 반응하는가?

넷째, 그들의 눈맞춤, 응시는 어떠한가?

다섯째, 그들의 촉감적 방어는 어떠한가?

동물생태학자들은 이러한 행동들이 복잡한 환경과 관계가 있으며 환경이 복잡할수록 싫어하는 행동이 증가한다고 설명하였다. 복잡한 환경에는 성인들, 또래들의 수와 장난감의 숫자, 교실이나 놀이터에서의 활동 수준, 사회적 상호작용을 시도해야 하는 것 등이 포함된다.

ETHOS 놀이치료과정은 다른 장애를 가진 아동들과 구별하여 자폐성 장애 아동들을 위하여 개발되었다. 이 놀이치료를 하기 위해서는 우선 아동의 자폐 정도를 진단하고(UCSF-LPPI PDD 클리닉), 지능검사, 관찰, 부모의 보고서, 다른 분야에서의 기록들을 참고하여 결정한다. 이 놀이치료 과정은 어린 아동의 자폐증을 진단하기 위한 표준화된 도구로 개발되었다. 이것은 동물생태학적 접근에 기초를 둔 행동분석 방식이다. ETHOS 놀이치료 결과를 보면 자폐성 장애를 가진 아동들은 그 이외의 장애(PDD, MR, DLD)를 가진 아동들과는 다른 차이를 보인다고 하였다(Schaefer et al., 1991).

놀이에서 자폐성 장애 아동의 행동을 모방하여 사회반응을 유인하는 일에 성공하였는데(John, Gerdrez, & Bregmanm, 1994) 치료에 자주 사용한 놀이는 매우 적극적인 놀이였다. 놀이에 어머니나 형제들을 참여시키는 것도 좋은 방법이다. 부모가 참여하는 것은 아동과의 정서적 교류를 위한 것이기도 하며 양육방법을 개선하기 위하여 상담과 병행하는 것이다. 놀이에 가까워지면 지금까지 제한한 모방, 흥미의 영역을 넓혀 주고 작업량을 늘려 주어 경험을 보충한다. 이것은 학습 준비와 학교 입학 준비로서 필요하며 실내에서만이 아니라 지역사회의 모든 시설과 기능에 참여시키는 것이 좋을 것이다(구본권, 1996).

놀이치료의 목표는 접근이론과 내담 아동의 증상에 따라 다르게 나타나지만 렌드레스(Landreth, 1997)는 이를 일곱 가지로 제시하였다.

첫째, 아동에게 안정감을 회복시켜 주는 것.

둘째, 아동의 세계를 수용하고 이해하는 것.

셋째, 아동의 정서적 세계를 표현하도록 격려해 주는 것.

넷째, 허용적인 느낌을 확립시켜 주는 것.

다섯째, 아동이 스스로 의사결정을 할 수 있도록 촉진시켜 주는 것.

여섯째, 통제감각을 발전시키고 책임감을 확인할 수 있는 기회를 제공해 주는 것.

일곱째, 아동의 행동, 단어, 감정, 활동을 관찰하고 경험한 것을 말로 표현할 수 있도록 하는 것.

놀이치료의 궁극적인 목표는 아동에게 문제가 있을 때 놀이를 통하여 이를 해결하고 심신이 건강하게 성장할 수 있도록 도움을 주려는 것이다. 놀이치료에서 가장 중요한 것은 치료자의 자질과 역할이다. 어떠한 이론을 가지고 치료에 임하는가 하는 것은 치료자의 철학과 가치관에 따라 달라질 수 있으나 치료자 자신이 심리적으로 성숙하고 통합된 인간이어야 하며 내담자가 누구이건 어떠한 상태에 있건 그를 한 인간으로 존중하고 수용할 수 있어야 한다. 치료자는 모든 생명에 대한 깊은 애정과 경외심을 가지고 있어야 할 것이다.

이 책에서는 대상 아동의 치료에 분석적 놀이치료, 아동중심 놀이치료, 발달놀이치료, 표현적 놀이치료의 기본 원칙을 적용하였으며 특별한 경우를 제외하고는 아동의 놀이에 직접적인 개입을 하지 않았다. 치료자는 놀이치료에서 일차적인 보호자의 역할을 하면서 보듬어주는 환경(holding environment)을 만들어 주고, 아동이 원하고 필요할 경우에는 신체적 접촉을 많이 하였다.

## 2. 미술치료

미술치료(Art Therapy)는 창작을 통하여 심리적 · 정서적 갈등을 완화시켜 줌으로써 원만하고 창조적인 삶을 살도록 도와주는 심리치료의 한 방법이다. 미술치료에서 치료의 의미는 창작활동을 통하여 내담자의 증상이 경감되도록 도와주는 것이다. 내담자들이 호소하는 내용을 성실하게 들어 주는 것이며 적당한 시기에 적당한 창작 방법을 활용하여 증상을 치유하거나 경감되도록 유도해 주는 것이다. 창작과정을 통하여 전인격적인 개인이 되고 보다 건전한 성격으로 전환되도록 함으로써 다른 사람의 감정에 대한 이해심이 증진되도록 도와주는 것을 의미한다.

미술은 자기 자신을 표현하는 것이며 자신의 정신 상태를 나타내는 것이고 기록되지 않은 행동이다. 미술에서 실패라는 것은 없으며 오직 창의성을 표현하는 것뿐이다. 모든 아동들이 미술에서 도움을 얻을 수 있지만 특히 자폐성 장애를 가지고 있는 아동들에게는 더욱 특별하다. 신체적 · 사회적으로 발달이 지연되었으며 언어 기술이 결핍되어 있거나 혹은 감각반응에 이상이 있는 경우도 있을 것이다. 사고능력이 있는데도 말하는 것이 지연되거나 결핍 상태일 때 사람들과 사건에 대하여 비정상적인 태도를 보일 때도 있다. 이러한 경우에 미술은 아이들을 보다 긍정적인 쪽으로 인도할 수 있으며 긍정적인 자기 이미지를 개발시켜 준다. 그리고 형태와 배경에 대한 구분이 가능해지며 개념 발달, 공간적인 관계에 대한 구분 능력이 생긴다. 정교한 운동기술이 발달하고 눈맞춤이 많아지며 방향감각이 생긴다. 원인과 결과의 관계를 이해하게 되며 공간에 있는 신체의 조절과 운동능력 및 근육이행 운동에 대한 인식이 발달한다. 또한 주의력이 높아지며 완성한 결과에 대한 자긍심을 느낄 수 있으며 주위 환경의 아름다움에 대한 감상을 할 수 있다(석미진, 1996; Ulman et al., 1975).

정신분석적 이론에 기초를 둔 미술치료는 나움버그(Naumberg, 1953)에 의하여 시작되었으며 환자가 즉흥적인 미술표현을 통하여 자신의 무의식 세계를 표출함으로써 치료가 이루어지는 것이다. 그녀는 치료자와 환자 사이의 관계 형성, 전이와 역전이의 해결, 자유연상, 자발적 그림의 표현과 해석, 그림의 상징성 등을 중요시하였다. 그림은 그것을 그린 사람 고유의 표현으로서 어떠한 공식이나 원칙에 따라 분석할 수 없다고 하였다. 나움버그의 미술치료는 다음과 같은 장점을 지니고 있다.

첫째, 그림은 꿈이나 환상 또는 언어보다 내적인 경험을 더 직접적으로 표현할 수 있다.

둘째, 무의식적 표현인 투사는 언어적 표현보다 쉽게 표현될 수 있다.

셋째, 모든 작품들은 영구히 보존할 수 있다.

넷째, 전이의 해결이 보다 용이하다.

크레머(Kramer, 1958)는 언어적 영향이 없는 미술의 창조적 과정 그 자체의 통합적이고 치료적인 역할을 강조하였다. 아동 미술치료에 대한 연구에서 그림의 치료적 속성은 그림에 대한 환자의 연상을 통하여 자기표현과 승화작용을 함으로써 자아가 성숙하는 데 있다고 보았으며 창작활동 그 자체를 치료라고 보았다. 웨드슨(Wadeson, 1980)은 미술치료가 아동의 저항을 줄이고 언어의 한계성을 벗어날 수 있으며 육체적 운동을 통하여 창조성을 생활화할 수 있다고 하였다. 자기 자신과 가치에 저항이 있는 사람에게 미술표현이 사고 및 감정을 객관화한다고 주장하였다. 크레머와 웨드슨이 설명하였듯이 미술치료에서는 창조성을 통한 예술성을 강조하는 것이 아니라 미술을 통하여 생각하고, 느끼고, 경험하게 함으로써 아동이 자유롭게 자신을 표현하도록 하는 것이다. 아동이 그린 그림에서 화면의 구도, 색상, 이미지 등을 통하여 아동의 내면세계를 관찰하는 것이다.

로웬펠드(Lowenfeld, 1950)는 정서적으로 적응이 안 되는 아동은 반복화를 통하여 자신의 내부 깊숙이 움츠러들고 그곳에서 안정과 만족감을 느낀다고 하였다. 자폐성 장애를 가진 아동은 변화를 싫어하고 틀에 박힌 행동을 하는데 이러한 특성이 반복화를 그리게 하는 것이다. 그녀는 정상 아동들의 경우에는 그림을 통하여 지적 · 정서적 · 지각적 · 신체적 · 사회적 · 미적 감수성과 창의적 발달을 도와줄 수 있다고 하였다. 사사끼의 보고에 의하면 자폐성 장애 아동들은 숫자나 알파벳을 반복적으로 종이 한 장에 가득 채우거나 자신만이 아는 그림을 자주 그린다고 하였으며, 레오(Leo)는 정상 아동들은 사람을 많이 그리는데 자폐성 장애 아동은 사람을 잘 그리지 않고 사물을 많이 그린다고 하였다(김진숙, 1996; 최재영, 1994).

김동연(1993)에 의하면 원형이 자폐성 장애 아동의 난화에서 가장 많은데 이것은 이 아동들이 자동차 바퀴 같은 원형의 장난감을 좋아하는 특성과 거의 일치한다고 설명하였다. 이들은 원을 반복적으로 그리는데, 원은 어머니와 정서적인 관계를 상징한다. 모자관계가 거부, 배척, 분리 등의 이유로 원만한 관계를 맺지 못하게 될 때 완전한 안식처인 태내를 의미하는 원 안으로 안전하게 돌아가려는 것으로 해석한다. 또한 원은 시간과 공간적으로 이동 운동력에 결핍이 있는 이들의 자아 중심적인 것을 의미한다. 원형 다음으로 사선, 세로선, 미주선의 순서로 나타났는데, 선의 심리적 의미에서 사선은 불안감을 나타내며, 세로선은 독단적이고 자기 주장적이며, 미주선은 불안정하고 막연하며 통제력의 결여로 볼 수 있다. 이 아동들이 선호하는 색은 초록색, 파란색, 주황색의 순이며 이는 내향적, 자기억제성, 감정표현의 결여, 억제된 불안성, 심리적으로 어느 한곳을 향하려는 집중성과 애정적 결핍을 나타낸다고 하였다.

석미진(1996)의 연구에서는 연구대상 아동이 자폐증상을 보였을 때 주조색은 파란색, 보라색, 녹색을 가장 많이 사용하였으며, 심리적 의미는 내향적, 자기억제성, 감정표현의 결여, 억제된 불안성, 환경적응 불량이었다고 설명하였다. 표현 대상도 알 수 없는 낙서 같은 그림, 짐승, 물고기 순이고 사람은 매우 드물게 나타났는데, 이는 자폐성 장애 아동이 대인관계 형성 결핍으로 인하여 사람을 거의 그리지 않는 것으로 보았다. 강승아(1986)의 연구에서도 자폐성 장애 아동들이 파란색을 가장 많이 사용하였고 다음으로 고동색, 검정색, 빨간색, 초록색의 순으로 나타났다.

로웬펠드(Lowenfeld, 1950), 버트(Burt, 1921), 켈로그(Kellog, 1951~1970), 김정(1970~1980)의 유아 미술표현 발달 단계를 보면 정상 아동들은 난화기에서 시작하여 연령의 증가와 함께 그림과 표현이 점점 발달하는 것을 알 수 있다(정민숙, 1997). 그러나 자폐성 장애 아동은 거의 대부분 이 발달 단계를 거치지 못하는 것으로 나타났는데 이는 아동이 가지고 있는 전반적인 발달장애에서 오는 결과일 것이다.

대상관계이론에 의하면 생후 첫 3년 동안의 경험은 대부분 언어를 통한 것이 아니라 감각적인 경험, 상징적인 물체, 색깔, 동작 등 비언어적인 것에 의하여 이루어졌다. 그러므로 언어가 미분화된 상태에서 비롯된 정신문제를 가지고 있는 피치료자의 정신세계를 이해하는 데에는 어려움이 있다. 미술치료는 미술을 이행기적 대상으로 사용하여 피치료자를 유아시절의 상태로 안전한 퇴행을 가능하게 할 수 있다. 또한 이 상태에서 치료자는 상징적인 어머니로서 그동안 해결하지 못하였던 병리적인 역동적 성장관계에서 대상관계 상황을 회복하는 것이다.

로빈스(Robbins, 1980)는 대상관계이론을 미술치료에 적용시킨 대표적인 치료자이다. 표현예술치료의 과정은 시간과 공간의 동일한 시점에서 개인의 지각, 애정, 인지와 감각이 통합된 전체적인 경험으로 이루어진다. 치료자는 비언어적인 의사소통을 통하여 피치료자의 가장 원초적이며 근본적인 그의 핵심과 접촉하게 된다. 또한 피치료자가 관계를 맺는 능력과 고통, 상실, 고독의 어려운 표현들을 함께 경험하는 것이다. 피치료자는 놀이에서의 치료적 관계 안에서 상징적인 표상으로서 자신과 대상에게 새로운 의미를 주는 세계로 옮겨가는 것이다. 이 과정에서 사랑과 미움, 접촉의 필요성, 들어 주는 것, 표현하는 것 등이 다양하게 분리되고 부분적인 대상들로 나타나게 될 것이다.

가장 중요한 것은 치료자가 이행기적 공간에서 부분적이며 분리된 것들을 수선하고 새로운 것을 다시 생산해 내기 위하여 초기의 발달과정을 함께 경험해야 한다는 것이다. 이행기적 공간 안에서는 화해와 대화를 하기 위한 여백이 있으며 그 안에서 복잡하고 애정적이며 지각적인 체계들이 점차 통합되는 것이다. 이 과정은 비언어적이면서 놀이를 할 수 있고, 상징화를 할 수 있고, 다양한 감각적 · 공간적인 모든 양식들을 나타낼 수 있는 치료자의 중요한 능력에 달려 있다. 치료 상황에서 치료자는 그 상황에 적절한 치료방법으로 대처할 수 있는 능력과 훈련을 통하여 전이와 역전이의 메커니즘을 이해할 수 있어야 한다. 치료자 자신도 직접적인 창작경험을 하고 피치료 과정을 거침으로써만 이러한 일들이 가능하다고 설명하였다(김진숙, 1996).

자폐성 장애 아동에 대한 미술치료는 미술이 가지고 있는 고유한 특성과 이들에게 요구되는 치료 교육적 필요가 서로 조화를 이루어야 할 것이다. 미술이 지니고 있는 고유한 특성은 다음과 같다.

첫째, 미술이 갖는 자기 표현적 기능은 외부세계와의 의사소통 수단으로 언어적 장애에 도움이 될 수 있다.

둘째, 각 아동이 지닌 능력의 정도에 맞는 과제를 통하여 흥미와 성취감을 느끼고 자신감을 갖게 될 것이다. 또한 억제된 감정과 느낌을 표현함으로써 자아 개념의 확인 또는 강화하는 정서적 기능을 하게 된다.

셋째, 다양하고 흥미로운 미술재료와 용구의 사용은 변화에 대한 저항감을 감소시킬 수 있으며 소근육 발달과 손과 눈의 협응력에 도움을 줄 것이다.

넷째, 주위 환경 및 대상에 대한 관찰과 표현을 함으로써 인지적 기능 발달에 도움을 준다.

다섯째, 미술 도구와 재료가 갖는 흥미도를 통하여 치료자와 대인관계에서 친밀감을 형성할 수 있도록 도움을 준다(석미진, 1996).

미술치료를 실시하기 위한 기법에는 미술재료의 선택과 사용법 그리고 아동의 세계를 지각하는 것과 그에 따른 반응 및 그림에 대한 해석이 포함된다. 미술재료의 선택은 대상 아동의 발달수준과 증상의 정도에 따라 이루어져야 할 것이다.

김정(1992)은 자폐성 장애 아동을 치유시키는 과정에는 많은 시간이 필요하다고 하였다. 한 인생을 새로 탄생시킨다는 정성이 있어야 하며 미술을 통한 요법으로 기간은 최소한 1년 이상 요구된다. 따라서 1년 이내에 어떤 요법의 결과나 처방에 관해 운운하는 것은 무리라고 설명하였다.

크레머(Kramer, 1971)는 미술활동을 치료에 이용하는 방법을 다섯 가지로 설명하고 있다.

첫째, 예비활동(precusory activities): 어떤 상징적인 현상을 만들 정도는 아니지만 문질러 보고, 끄적거려 보고, 재료의 물리적 속성을 탐색하면서 긍정적이고 자아 동적(ego syntonic)인 경험을 한다.

둘째, 무질서한 실험(chaotic discharge): 흘리고 따르는 것 등 여러 가지 파괴적인 행동을 하는 것으로 통제력을 잃을 수 있다.

셋째, 방어기제 기능의 미술활동(art in the service of defense): 베끼고 따라 하고 상투적으로 반복한다.

넷째, 그림문자(pictographs): 언어적 표현 대신 보충적인 의미로 의사소통으로서의 치료관계가 어느 정도 진전되었을 때 나타난다.

다섯째, 형성화된 표현(formed expression): 성공적으로 자신을 표현하고 의사소통할 수 있는 상징적인 형태를 만들어 내는 것을 말한다(최재영, 1994).

그 밖에도 미술치료자는 미술재료가 갖는 특성 및 아동이 만든 작품에 대한 해석과 아동에게 주는 의미, 치료적인 환경 등에 대하여 세심한 주의를 기울여야 할 것이다. 미술치료의 목적은 그림을 그리는 그 자체가 아니라 그림이라는 치료적 매체(이행기적 대상)를 통하여 아동이 표현한 내면세계를 이해하고 수용하는 것이다. 이 책에서는 2년 6개월 동안 치료대상 아동이 가장 덜 통제적인 재료들을 가지고 자유롭게 그림을 그리면서 자신을 표현할 수 있도록 하였다.

## 3. 음악치료

음악을 치료의 매개체로 사용하기 위하여 음악과 놀이에 관한 이론을 살펴보았다. 음악과 놀이의 관계에 대하여 호이징가(Huizinga, 김윤수 역, 1993)는 그의 저서인 『호모루텐스』에서 다음과 같이 설명하고 있다. 음악과 놀이가 공통으로 가지고 있는 요소에 대하여 흔히 말하기를 놀이는 실용적 생활의 울타리 밖에 놓여 있어서 필요나 유용성, 의무나 실제와는 무관하다고 한다. 이것은 또한 음악에도 똑같이 해당된다. 더욱이 음악적 형식은 논리적 개념을 초월하고 심지어는 보이는 것과 만질 수 있는 것에 대한 우리의 개념까지도 초월하는 가치에 의해 결정된다. 이런 음악적 가치는 우리가 그것들을 위해 사용하는 용어, 즉 리듬이나 하모니라고 하는 특별한 이름들에 의해서 이해될 수 있는데 이런 이름들은 또한 놀이에도 적용될 수 있는 것들이다. 사실 리듬과 하모니는 완전히 똑같은 의미에서 두 가지—음악, 놀이—에 모두 해당되는 요소들이다. 음악은 절대로 놀이의 영역을 벗어나지 못한다. 모든 진정한 제의(ritual)는 노래와 춤과 놀이로 이루어진다. 현대인들은 제의와 신성한 놀이에 대한 감각을 잃어버렸으며 우리의 문명은 노쇠해서 너무 복잡해졌다. 그런데 우리로 하여금 이 잃어버린 감각을 되찾게끔 도와주는 데 음악적 감성이 으뜸이다. 음악을 느끼는 가운데 우리는 제의를 느낀다. 음악이 종교적 개념을 표현하기 위한 것이든 아니든 상관없이 음악을 즐기는 가운데서 아름다움에 대한 인식과 성스러움에 대한 감각이 하나로 합치되며 이 안에서 놀이와 진지함의 구분이 없어진다. 모든 음악적 행위의 기본적 본능은 놀이이다.

음악에 관련된 모든 것이 놀이영역에 머무는 것이라면 음악의 쌍둥이 자매라고 할 수 있는 무용(춤)은 더욱 그렇다. 춤은 어느 시대의 누구에게나 순수한 놀이였다. 그것은 이 세상에 존재하는 가장 순수하고 가장 완전한 형태의 놀이인 것이다. 물론 모든 형태의 춤이 이런 놀이적 특징을 완전히 나타내는 것은 아니지만 놀이를 이루는 데 절대 필요한 하나의 구성요소가 춤이라는 말이다. 둘 사이의 관계는 직접적인 참여의 관계이며 근본적으로 동일한 것이라고 할 수 있다. 춤은 특수한 형식의 놀이이며 특별히 완벽한 형식의 놀이인 것이다. 음악과 놀이와 춤은 인간의 본성에 가장 적합한 표현이라고 할 수 있다 (김윤수, 1993).

전화연(1990)의 연구에서는 음악치료에 대한 그리스인들의 사고방식은 음악을 만드는 것보다 음악을 듣는 것이 치료에 더 효과적이라고 생각하였다고 하였다. 그리스인들은 시민들이 윤리적 발달을 위하여 음악을 사용하였으며 교회도 음악이 인간의 정신에 영향을 미친다는 사실을 알고 종교에서 음악의 역할을 인정하기 시작하였다. 음악치료는 인류의 시작에서부터 자연스럽게 이루어져 왔다고 볼 수 있다.

음악과 의학술에 대한 이론적이며 과학적인 사고는 플라톤(Platon)과 아리스토텔레스(Aristoteles)에 의해 발전되었다. 플라톤은 음악에는 인간의 정신세계에 영향을 주는 독특한 양식인 리듬과 악기가 있다고 하였다. 특히 플루트(Flute)는 음악치료에 효과적인데 플루트의 음색은 격정을 발생시키므로 결국 정화(Catharsis)를 일으킨다고 주장했다. 또한 이 시대의 음악치료의 선구자적 철학자였던 아리스토텔레스는 음악에 확실한 치료적 가치를 부여하였다. 영혼은 육체를 지배하고 음악은 영혼에 영향을 미치므로 적절한 멜로디, 화음, 악기음들은 육체와 영혼에 모두 영향을 줄 것이라고 믿었다. 그는 통제할 수 없는 정동장애를 가진 사람이 음악의 음률을 통하여 영혼이 황홀상태가 되면 정화작용을 일으켜 정신적 안정을 찾을 수 있다고 하였다. 플라톤이 주장한 플루트의 사용에 대해 플루트는 오히려 강렬한 흥분을 일으키는 악기이므로 정동장애의 환자에게만 사용하도록 제안했다.

피타고라스(Pythagoras)도 음악은 심신의 건강에 커다란 치료적인 역할을 한다고 생각하였으며, 히포크라테스(Hippocrates)는 우울증 치료로서 음악 감상, 걷기, 말 타기, 연극 관람 등을 권장하였다. 소크라테스(Socrates)는 "음악은 순간적인 반응에서의 도취가 아니라 음악을 들음으로써 감정이 안정될 때 음악의 특수성이 유지된다."라고 말하였다(김보경 · 문장원, 1986; 이소우, 1970). 이들은 순수 수동적 음악치료에 대하여 설명하는 것으로 환자가 음악을 들음으로써 내면의 안정을 되찾게 된다는 것을 말해 주고 있다.

허원(1995)의 연구에 의하면 음악을 사용하는 치료는 정신질환, 정서장애, 신체장애를 가진 발달장애인에게 매우 효과적이므로 그들의 수준에 맞는 통합적이고 풍부한 음악 경험이 필요하다. 경우에 따라서 장애아의 정신적 · 정서적 · 사회적 성숙을 도모하기 위하여 효과적인 수준에서 음악을 사용할 수 있도록 해야 한다고 설명하였다. 허원의 연구 결과 자폐성 장애 아동을 위한 음악치료 프로그램 실시는 활동 중 이석 횟수 감소와 눈맞춤 횟수 증가에 효과적이라고 하였다.

음악치료의 기법은 다음 세 가지로 구분할 수 있다.

첫째, **순수 수동적 음악치료법**(reine rezeptive musiktherapie): 음악 감상에 의한 치료방법으로 특정한 음악을 들려줌으로써 치료가 이루어지도록 하는 것.

둘째, **순수 능동적 음악치료법**(reine aktive musiktherapie): 환자 스스로가

직접 악기를 연주하거나 노래를 하는 치료방법으로 즉흥연주를 하는 과정을 통하여 치료가 이루어지는 것.

셋째, **수동 · 능동적 음악치료법**(rezeptive aktive musiktherapie): 환자가 직접 연주에 참가하거나 치료자와 함께 만들어진 음악에 관하여 대화하기도 하고, 연주된 음악을 듣기도 하는 치료방법(이지은, 1994).

이 책에서는 순수 능동적인 음악치료법에 대하여 설명하고자 한다. 이 치료법은 피치료자가 직접 노래를 부르거나 악기를 연주하는 것인데 여기에는 오르프(Orff) 음악치료와 노르도프-로빈스(Nordoff-Robbins)의 음악치료가 있다. 오르프 음악치료는 종합적인 감각치료로서 Orff-Instrument라는 특별히 고안된 타악기군을 사용하여 노래와 함께 시행된다. 노르도프와 로빈스에 의하여 처음 시행된 이 방법은 처음에는 특수아동들을 대상으로 하였으나 점차 성인환자의 치료에도 이용하고 있다. 노르도프와 로빈스의 방법에서는 정신분석학자들이 말하는 '나' 의 개념으로 음악 경험에 반응을 보이거나 또는 그 경험을 통하여 의미를 부여할 수 있으며 이를 기억하고 음악적인 표현형식을 즐길 수 있는 잠재성을 지닌 아이들을 총체적으로 음악적인 아이(music child)라고 하였다. 음악적인 아이는 모든 아동들의 내면적인 자아의 한 부분으로서 음악적인 경험에 반응을 보인다. 이러한 개성화된 음악성은 비록 장애를 가지고 있다 하여도 모든 아동들이 타고난 것으로 음악에 대한 보편적인 민감성이며 다양한 요소들이다.

아동이 어느 면에서든 능력이 부족하거나 장애를 가지고 있을 때 음악적인 아이는 '조건화된 아이(condition child)' 라고 부르는 틀 속에 넣게 된다. 조건화된 아이란 여러 해 동안 신경학상의 어려움으로 인하여 신체적 제한 조건 속에서 생활해 오면서 어떠한 형태로든 장애를 가지고 있는 상태의 아동을 의미한다. 조건화된 아이도 분명 그 아동의 자기 자신이며 이를 '낡은 자기(old self)' 라고 한다. 음악치료의 목적은 아동이 본래부터 가지고 있는 타고난 음악성, 즉 기본적인 인간의 자연성인 음악적인 아이에 도달하도록 하는 것이다. 아동과 치료자 사이의 상호활동을 통한 관계 안에서 '새로운 자기(New self)'가 형성되는 것이다. 이 이론에 의하면 모든 사람들은 음악적 자질을 가진 존재로서 음악을 통하여 자아를 표현하고 규명할 수 있다(Robbins & Robbins, 1991).

음악치료사들은 음악이 자폐성 장애 아동들과 접촉하는 데 효과적인 교량역할을 할 수 있다고 설명하였다. 사실 음악은 하나의 환경이라고 볼 수 있는데 대부분의 자폐성 장애 아동들은 즐거움에 반응을 보인다. 음악활동은 효과적으로 인식과 상호작용에 대하여 반응하려는 의욕을 개발시킬 수 있는 긍정적 강화의 역할을 하는 것이다. 음악활동을 통하여 언어화하는 것, 언어를 통한 상호작용, 눈맞춤의 증가, 주의집중, 환경에 대한 인식, 다른 사람들과 협동하는 적절한 사회적 행동 등이 증가하였다. 언어를 사용하지 않고 악기를 이용한 즉흥연주를 통하여 활동을 다양화하고 리듬감 있는 모방행동을 개발할 수도 있다. 이는 아주 적게 요구하면서 높은 수준의 성공을 얻을 수 있는 것으로서 자폐성 장애 아동들을 위한 음악치료의 가장 효과적인 부분이다. 홀렌더와 주르스(Hollender & Juhrs, 1974)는 오르프 활동이 자폐성 장애 아동을 치료하는 데 아주 효과적이라는 결과를 발표하였다(Peters, 1987).

르코르트(Lecourt, 1991)는 자폐증에 대한 정신분석적 접근을 통하여 정박자가 아닌 엇박자(off-beat)를 이용한 음악치료의 결과를 다음과 같이 발표하였다. 자폐성 장애를 가지고 있는 4년 2개월 된 남자 아동을 2년 3개월 동안 주 1회를 기준으로 45분에서 60분간 총 88회의 음악치료를 실시하였다. 이 아동은 음악에 아주 민감하여 소리를 듣고 기억하고 재생하는 능력이 뛰어난 아이였다. 처음 몇 회 동안은 치료자와의 관계를 관찰하고 음악적인 소리를 들려주고 어떻게 표현하는지 지켜보았다. 자유로운 공간에서 의사소통과 관계가 소리에 의하여 이루어지면 반드시 피드백(feed back)을 해 주었다. 이 아동은 음악활동에서 의식적인 자각은 없으나 아주 자유로운 상태에서 음악적인 기능을 하고 있음을 알 수 있었다. 자기가 가장 관심 있고 매력이 있다고 느끼는 것을 따라 하는 것이다. 피아노로 off-beat 게임을 쳐 주면서 의사소통을 하고 녹음기에 목소리로 off-beat를 내어 응답을 하였다. 노래를 함께 부르고 일상적인 대화를 노래로 시작하기도 하였다. 치료자는 주의를 기울여 주고 지지해 주고 뒤에서 보호해 주는 역할을 하였다. 또한 치료의 처음부터 마지막까지 쾌활하고 즐거움을 줄 수 있는 요소를 유지해 주는 것이 중요하다. 그렇게 함으로써 아동이 음악을 통하여 자신감을 얻고 즐거움을 개발할 수 있도록 하여 내면의 부정적인 요소들을 자연스럽게 사라지도록 하는 것이다. 아동이 소리와 관계를 맺도록 하고 소리에 대한 경험을 하게 하는 것이 중요하다. 이러한 경험은 점차 음악적인 요소로 발전할 수 있는 것이다.

음악치료는 환자와 그를 둘러싸고 있는 주위 환경 사이에서 가로막고 있는 정서적 혹은 지적 장애물을 피해 가거나 치워 버리려고 하는데 목적이 있다. 즉, 자신과 그를 둘러싸고 있는 환경 사이에 신뢰성을 형성함으로써 행동의 건전한 변화를 일으키게 하려는 것이다. 음악치료자와 환자 사이의 관계 형성은 바로 이 변화를 가져오게 하는

데 큰 영향력을 미친다. 음악은 소리를 듣거나 또는 듣지 않으려고 저항하고 그것을 느끼지 않는 경우에도 인간의 무의식 속으로 침투해 들어가 거기에 작용하는 힘을 가지고 있다(Bruscia, 1991).

어린 자폐성 장애 아동을 무릎 위에 앉혀서 몸을 흔들면서 노래를 들려주고 아이도 몸을 흔들면서 소극적인 반응을 하도록 할 수 있다. 이것은 아이가 자라는 과정에서 어머니와의 접촉 경험이 불가능했거나 만족하지 못하였을 때 그에 대한 욕구 충족이 될 수 있다. 이때의 진동은 아이를 감쌀 수도 있고 그의 무의식 속으로 들어갈 수 있다. 아이가 그것을 받아들일 경우 육체적인 접촉은 어느 치료단계에서든 말로 하는 것보다도 훨씬 더 직접적인 관계를 형성할 수가 있고 아이에게도 더욱 뜻있는 것일 수도 있다. 완전 접촉이란 치료자와 아이의 양손이 서로 일치되어 붙잡을 때 이루어진다.

자폐성 장애 아동들 대부분은 사람과의 관계보다 물건과의 사이에서 관계를 더 잘 이룰 수가 있다. 음악에 있어서 그들은 악기의 소리와 모양을 통하여 한 가지 특수 악기와 친하게 될 수 있다. 그것은 자기 표현의 한 가지 수단이며 그들과 주위와의 사이를 연결해 주는 매개체가 된다. 우리는 이들이 물리적 저항감을 느끼게 하는 가능한 모든 종류의 접촉을 하도록 노력해야만 한다. 이들의 교육에 있어서 가장 강조되어야 하는 것은 손으로 조작하는 과정이다. 이들에게서 가장 작은 음악적인 성취는 음악적인 성과의 기준보다는 인간적인 만족에서 잘 평가된다(Alvin, 1991).

알트슐러(Altschuler, 1981)는 음악이 기분을 의식적으로 정화시켜 뇌의 피질 부위에 상상력과 지능을 자극하여 기분을 바꾼다고 하였다. 또한 디킨슨(Dickenson, 1958)은 부드럽고 안정감 있는 음악은 특히 심한 불안을 가진 환자에게 정신치료의 도구로 이용될 수 있다고 하였다. 프로보노스트(Provonost, 1961)는 자폐성 장애 아동을 위한 음악치료에 대한 연구에서 자폐성 장애 아동들이 음에 대하여 많은 관심을 가지고 있다는 것을 보고하였으며, 골드슈타인(Goldstein, 1964)은 자폐증세를 보이는 3세 된 여아에게 음악치료를 적용시킨 결과 주의집중, 신체인지, 대인관계 형성 면에서 현저한 진전을 보였다고 보고하였다.

허드슨(Hudson, 1973)은 자폐증을 '자아발달의 실패' 라고 보았으며 원시적인 자아구조와 리듬 및 음악의 관계를 설명하였다. 원시적인 자아구조는 저차원의 수준에서 기능을 발휘하므로 이 수준에서는 언어에 의한 의사소통이 미발달 상태이고 신체적 · 생리적인 것이 우위를 차지하는 세계이다. 전 신경계의 무의식적인 차원에서 상호 간의 의사소통은 신경자극의 조직에 의해서 이루어지지만 그 정보를 해석하는 것은 자극의 리듬에 의해서 이루어진다. 이처럼 생리적인 것과 리듬 사이에는 밀접한 관계가 있어서 미발달하고 생리적인 것이 우위에 있는 자아의 수준에서 음악이 언어보다 앞서는 의사소통의 매개체로 작용할 수 있다고 설명하였다(김보경 · 문장원, 1986).

노르도프와 로빈스 역시 자폐성 장애 아동들에 대한 음악치료의 초기 반응효과에 대하여 설명하였다. 1970년대에 와서 자폐성 장애 아동들이 음악에 대하여 반응을 보인다는 사실을 인식하기 시작하였다. 음악적인 경험이 이 아동들로 하여금 내재된 창조성을 발견하고 아름답고 강렬하거나 또는 거칠고 미약한 소리들을 통하여 자기 자신을 표현할 수 있도록 도와주어야 할 것이다. 음악이라는 매개체를 통하여 이 아동들이 그들만의 자폐적 세계로부터 벗어나 외부세계로 나올 수 있도록 하려는 것이다.

김군자(1983)는 자폐성 장애 아동 10명을 대상으로 6개월간 음악치료를 적용하여 연구한 결과 이들의 신체, 운동기능, 언어와 사회성에서 많은 향상을 볼 수 있었다고 하였다. 신상철(1983)은 처음으로 음악치료를 임상에 응용한 결과를 발표하였는데 정신질환자는 물론 현대인들의 스트레스 해소와 자폐성 장애 아동의 경우에도 많은 효과가 있었다고 보고하였다.

독일 뮌스터(Munster) 대학의 신경학자 판테프(Pantev) 교수와 동료팀은 음악활동을 하는 사람의 두뇌가 일반 사람보다 크다는 연구 결과를 발표하였다. 음악가들은 두뇌의 청각 영역이 일반인보다 25%가 큰 것으로 알려졌으며 어린 시절부터 악기를 이용한 음악적인 훈련을 한 사람들이 두뇌발달에 더욱 효과적이라고 설명하였다. 미국에서도 연구 결과 어린 시절부터 음악적인 훈련을 받은 사람들이 일반적 지능이 발달하고 정보를 받아들이고 처리하는 과정에서도 긍정적인 것으로 나타났다(CNN, 1998).

음악을 듣는 일과 악기를 연주하는 것, 노래를 부르는 것은 인간의 정신과 정서적인 면에 영향을 미칠 뿐만 아니라 두뇌발달에도 효과적이라는 것을 알 수 있다. 음악활동이 일반적인 아동의 두뇌발달에 영향을 미친다면 자폐성 장애 아동의 두뇌발달에도 같은 영향을 미칠 수 있을 것이다. 자폐성 장애의 정도와 아동의 취향에 따라 선택할 수 있는 악기의 종류가 다르고 즐겨 듣는 음악에도 차이가 있을 것이다.

이 책에서는 순수 능동적 음악치료 방법과 이행기적 대상으로 노래부르기와 악기들을 선택하였다. 자폐성 장애 아동이 음악을 만들 수 있도록 치료자는 이행기적 현상으로 제3의 치료공간을 만들어 줌으로써 내면의 긴장을 풀어 주어 자신을 밖으로 나타낼 수 있도록 하여 성장하는 데 도움을 주고자 하였다.

## 4. 표현예술치료자의 역할

표현예술치료에서도 가장 중요한 것은 치료자 자신이다. 치료자는 자신의 성격과 철학적인 가치관, 이론적인 배경, 경험에 의하여 치료 대상 아동을 접하게 된다. 이 책에서는 대상관계이론과 치료 기법에 따른 치료자의 자질을 요약하고자 한다.

말러(Mahler, 1997)의 심리치료에서 치료자는 바로 일차적 보호자인 어머니 역할을 대신하게 된다고 하였다. 치료자는 충분히 좋은 어머니 역할을 해 줌으로써 내담 아동이 서서히 분리-개별화 단계를 거칠 수 있도록 해야 한다. 아동이 분리-개별화 단계를 건강하게 거치지 못하는 경우 심리적인 회색지대에 그대로 머물러 있게 된다. 치료자는 이러한 상태를 파악하여 두 번째 단계인 공생적 단계로 퇴행하여 내담 아동과 어머니와 아이의 관계를 회복한 뒤에 분리-개별화 단계를 거쳐 성장할 수 있도록 도움을 주어야 한다(김진숙, 1996).

위니캇(Winnicott, 1971)이 이론에서 설명한 이행기적 현상은 심리치료에서 치료자가 피치료자와 만나는 내면의 제3공간으로도 설명하고 있으며 모든 치료는 이 공간에서 이루어진다고 보았다. 내면과 외면이 만나는 공간, 내면의 대상과 외부의 대상이 만나는 공간, 개인과 문화가 만나는 공간에서 심리치료가 이루어진다. 환자가 놀이로 창출해 내는 잠재공간, 치료자가 놀이로 창출해 내는 잠재공간, 이 두 공간이 겹쳐지는 공간에서만 치료가 가능한 것이다. 그 공간에서의 이행기적 대상은 놀이, 그림, 음악, 연극, 무용이 될 수도 있으며 이러한 것을 가능하게 해 주는 충분히 좋은 분위기(good enough facilitating environment)를 만들어 내는 것이 중요하다. 위니캇은 치료자는 놀이가 전혀 없는 곳에서도 놀이를 만들어 낼 수 있는 능력을 갖춘 사람이라고 말하였다.

액슬라인(Axline, 1969)에 의하여 시작된 아동중심 놀이치료(Child-Centered Play Therapy)는 유명한 저서인 『딥스-자아를 찾은 아이』에서 자세히 설명하고 있다. 이 이론은 비지시적 놀이치료(nondirective play therapy)라고 하며 치료의 기본원칙을 여덟 가지로 설명하면서 치료자의 역할을 이야기하고 있다.

첫째, 치료자는 어린이와의 사이에 따뜻하고 우호적인 관계를 가급적 빨리 형성하여야 하며 그 관계를 통하여 깊은 신뢰감을 형성한다.

둘째, 치료자는 어린이를 있는 그대로 받아들인다.

셋째, 치료자는 어린이가 그의 감정을 완전히 자유롭게 표현할 수 있도록 허용적인 분위기를 조성한다.

넷째, 치료자는 어린이가 표현하는 감정을 민감하게 느끼고 인정하며 그것을 아동에게 반영시켜 줌으로써 어린이 자신이 자기 행동에 대한 통찰력을 얻도록 한다.

다섯째, 치료자는 어린이가 기회만 주어진다면 자신의 문제를 해결할 능력을 갖고 있음을 항상 존중하여야 한다. 선택의 책임과 변화를 시도할 자유가 어린이에게 있다.

여섯째, 치료자는 어떤 방법으로도 어린이의 행동과 대화를 지시하지 않는다. 어린이가 인도자가 되고 치료자는 따라갈 뿐이다.

일곱째, 치료자는 서두르지 않는다. 치료는 점진적인 과정임을 치료자가 인식하여야 한다.

여덟째, 치료자는 치료가 현실세계에 머물도록 하기 위해서만, 또는 어린이가 자기 책임을 인식하게 하기 위해서만 제한을 가할 수 있다.

이 원칙을 보면 치료자는 매우 수동적인 것처럼 보이지만 완전히 수용하는 태도를 지속하며 아동의 놀이에 아무런 지시나 제안을 하지 않도록 항상 자제하는 일은 아무나 할 수 있는 일이 아니다. 그것은 엄격한 자기훈련을 요구하며 아동의 인격을 존중하고 스스로의 자아실현을 도우려는 강한 의지가 있어야 한다. 액슬라인은 성공적인 치료의 가장 중요한 요소를 첫 번째의 만남이라고 하였다. 놀이라는 매체를 통하여 아동이 자기 자신을 솔직하게 표현하고 자신을 시험해 볼 수 있는 안전지역을 제공받음으로써 아동이 자신에 대하여 더 잘 알고 적절한 방법으로 자기능력을 이용하는 것을 치료의 목표로 삼았다(유미숙, 1997; Axline, 1969).

디아제(Dhaese, 1999)는 표현적 놀이치료에서 치료자가 진실성과 이해심을 가지고 무조건적인 수용을 하고, 아동과 전적으로 함께 있으면서 어머니 사랑과 보호로서 심리적 보듬기(psychological holding)를 해 주는 것이 치료에서 아주 중요하다고 하였다. 표현적 놀이치료에서 치료의 주된 도구는 치료자 자신이며, 자신의 내적 자원과 통찰력과 아동에 대한 애정에 따라 치료의 진행과 효과는 크게 달라질 수 있다고 하였다.

미술치료자는 발달—정상, 비정상—과정과 개인과 집단 간의 역동과 치료 과정에 대하여 잘 알아야 한다. 미술재료의 선택, 미술과정에 대한 이해와 필요한 경우 해석, 창작품에 대한 이해와 해석 그리고 수용 능력이 요구된다. 이는 음악치료자도 동일하다고 볼 수 있다. 음악을 치료의 매개체로 활용하는 것이므로 치료자 자신이 음악에 대한 지식과 악기를 다룰 수 있는 기술은 물론이고 악기를 선택하는 일, 음악을 만들어 내는 일, 그리고 심리치료에 대한 이론적 지식을 함께 갖추어야 하는 어려운 역할을 담당해야 한다.

표현예술치료에서 놀이, 미술, 음악의 매개체를 이용하지만 치료는 치료자와 아동의 관계에 의하여 이루어지는 것이므로 치료자의 관계를 맺는 역할이 강조된다. 치료자가 아동과 함께 치료실에 들어갈 때 결코 분리할 수 없이 항상 따라다니는 것은 바로 치료자 자신의 성격이다. 치료자는 자신의 성격을 잘 알고 끊임없이 성장하려는 노력이 필요하다.

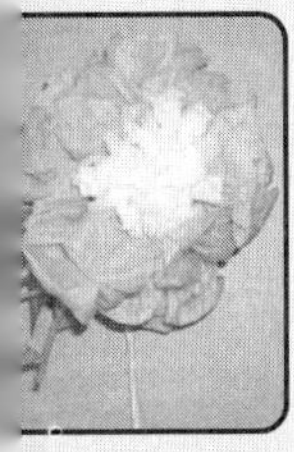

제3부

# 임상사례

제6장

# 치료 대상

이 책에 수록된 사례는 자폐성 장애를 가지고 있는 5년 5개월 된 남자 아동 이철수(가명)를 대상으로 하였으며 치료 기간은 1997년 7월부터 1999년 12월까지 2년 6개월이었다. 초기 계획은 후속과정을 포함하여 2년 동안 실시할 예정이었으나 1999년 1월 아동의 어머니로부터 3월에 일반 초등학교에 입학하고 새로운 특수교육원에 다니게 될 것이라는 사실을 알게 되자 새로운 환경에 적응하는 데 도움을 주고자 6개월을 연장하기로 하였다.

치료 대상자를 선정하기 위하여 1997년 봄 제주 시내 한 사설 특수조기교육원 원장과 전화상담을 하고 연구를 위하여 정서장애를 가지고 있는 아동들 중 표현예술 심리치료를 원하는 부모가 있으면 직접 면접을 하고 자원봉사할 의사가 있음을 밝혔다.

1997년 7월 5일 토요일 약속된 시간에 교육원에 도착하여 철수와 어머니를 만났다. 철수는 3세가 되었을 때 서울 모 병원에서 자폐성

향을 보인다는 진단을 받았으며 자폐아 특유의 어색한 몸짓으로 인사를 하였으나 치료자와 친밀감을 형성하는 데 어려움은 없었다. 철수와의 첫 대면은 자신이 다니고 있는 특수교육원에서 이루어졌으므로 불안해하지 않았으며 모자분리에서도 별다른 어려움을 겪지 않았다.

철수의 어머니는 치료자가 지역사회 봉사로서 외부 특강을 하였을 때 만난 적이 있어 치료자에 대하여 미리 알고 있었다. 연구를 위해서 또한 앞으로 이 분야에서 봉사하고 싶은 마음에서 2년 정도 표현예술치료를 무보수로 실시하고 싶다는 이야기를 하였다. 어머니는 지난 1년 동안 직장을 휴직하고 아이를 위하여 특수교육원과 사회복지관에 다니고 있어 놀이치료에 대하여 알고 있었다.

특수교육은 만 2세부터 시작하였고 치료자를 만났을 때에는 이미 3년 6개월 동안 특수교육원에 다니고 있었으며 복지회관에는 10개월 정도 다닌 후였다. 두뇌발달이 가장 빠른 시기인 만 2세부터 5세 5개월까지 특수교육을 받고 있었는데도 철수가 말할 수 있는 단어는 오직 세 마디 정도였다. 어머니의 동의하에 표현예술치료 과정이 시작되었으며 철수는 치료자와 주 1회 만나는 동안에도 특수교육원에서 매일 2시간, 복지회관에서 주 3회 30분간 언어치료 및 그림지도를 받았으며 일반 어린이집에도 매일 다녔다. 1999년 3월부터는 일반 초등학교에 입학하였으며 새로운 특수교육원에 다니고 있다. 치료대상 아동이 받아 온 특수교육 및 치료 기간은 〈표 6-1〉에서 보는 것과 같다.

〈표 6-1〉 특수교육 및 치료 기간

| 기 관 | 시작 연령 | 기 간 | | 시 간 | 교육 및 치료 내용 |
|---|---|---|---|---|---|
| A 특수교육원 | 만 2세 | 1994. 3.~<br>1998. 6. | 4년 | 매일<br>2시간 | 읽기, 쓰기, 숫자,<br>그림, 음악, 놀이 등의<br>교육원 프로그램 |
| 복지회관 | 만 4세 | 1996. 10.~<br>1998. 10. | 2년 | 주 3회<br>30분 | 언어치료, 그림지도<br>조기교육 |
| 제주대학교 | 만 5세<br>5개월 | 1997. 7.~<br>1999. 12. | 2년<br>6개월 | 주 1회<br>40~60분 | 표현예술치료 |
| 일반 어린이집 | 만 6세 | 1998. 3.~<br>1999. 2. | 1년 | 매일<br>5시간 | 일반 어린이집<br>프로그램 |
| 일반 초등학교 | 만 7세 | 1999. 3.~ | | 매일 | 초등학교 교육 |
| B 특수교육원 | 만 7세 | 1999.<br>3.~8. | 6개월 | 매일<br>오후 | 읽기, 쓰기, 숫자,<br>그림, 음악, 놀이 등의<br>교육원 프로그램 |

자폐성 장애를 가지고 있는 이철수(가명)라는 아동의 행동변화를 시도하기 위하여 1997년 7월부터 1999년 12월까지 주 1회 40분 내지 60분간 표현예술치료 총 93회를 실시하였다. 2년 2개월 동안은 주 1회 실시하였으며, 아동이 방학이나 여행을 가게 되었을 때, 감기를 앓거나 사정이 있을 때는 격주로 하였으며, 후속과정 4개월간은 월 1회를 실시하였다.

현상학적 접근에 의한 질적 사례연구법을 적용하였으며, 자료수집을 위하여 표현예술치료 과정에서 대상 아동의 사회적 상호작용 · 언어와 의사소통 · 놀이성 · 반복적이며 상동적 행동, 인지발달에서의 변화과정을 참여관찰하고 기록한 내용과 치료 장면을 일회 비디오 녹화하였으며 부모와의 면접 및 가족 미술치료를 병행하여 연구 자료를 수집하였다.

초기 면접 시작인 1997년 7월부터 1998년 2월까지 8개월 동안에는 미술치료에 중점을 두고 놀이치료를 병행하였다. 두 번째 단계인 1998년 3월부터 10월까지 8개월 동안은 음악치료에 중점을 두고 미술과 놀이치료를 병행하였으며 세 번째 단계인 1998년 11월부터 1999년 12월까지 1년 2개월 동안은 놀이치료에 중점을 두면서 미술치료와 음악치료를 병행하였다. 치료대상 아동을 이해하기 위하여 매일 다니고 있는 복지회관 및 일반 어린이집, 특수교육원을 방문하여 행동을 관찰하였으며 담당 선생님과 상담을 하였다.

참여관찰 기록에서 수집된 자료들은 미술치료에서 아동이 그린 그림 70여 장, 음악치료와 놀이치료 과정에서의 행동변화 기록 그리고 가족상담과 가족 미술치료를 병행하여 14장의 가족그림(Dyad)과 1년 단위로 그린 2장의 가족벽화(Mural)를 포함하여 해석하였다. 표현예술치료 결과를 해석하는 과정에서 이해하기 쉽도록 미술치료, 음악치료, 놀이치료 과정을 세 부분으로 나누어 기록하였다.

표현예술치료를 실시하기 위하여 치료자 자신이 직접 280여 시간 이상의 이론과 실습을 겸한 표현예술치료를 받을 수 있는 기회를 가졌다. 이 사례연구를 위하여 2년 6개월간 표현예술치료를 하는 과정에서 놀이치료는 주정일 선생님, 미술치료는 표현예술치료사인 김진숙 박사님, 음악치료는 음악치료사인 김미진 선생님, 아동연구에 대한 현상학적 접근과 해석은 교육심리학자이신 김병옥 박사님, 그림분석은 김재은 박사님께 지도 및 임상감독을 받았다. 그리고 표현예술치료 그룹에서 김진숙 박사님에게 2년 동안 그룹지도를 함께 받았다.

제7장

# 자폐증 측정 도구 및 측정 결과

## 1. 측정 도구

치료대상 아동의 장애 정도를 검사하기 위하여 선택한 측정 도구는 김태련 · 박랑규(1992)가 번역한 아동기 자폐증 평정척도인 CARS와 이화-자폐아동 행동발달 평가도구인 E-CLAC 두 가지 도구를 이용하여 자폐 정도와 행동발달을 진단하였다.

자폐증의 범위도 다른 장애처럼 경증에서부터 심한 중증까지 나누어져 있다. CARS 검사에서는 점수가 30점 이하는 자폐가 아니며, 30~36점까지는 경증-중간자폐, 36~60점 이상은 중증자폐로 구분하고 있다. 신민섭과 김융희(1998)의 연구에 의하면 한국형 K-CARS의 점수는 28점이 자폐성 장애와 비자폐성 장애 집단을 구분하는 진단 분할점이 될 수 있다고 하였다. 미국에서의 자폐성 장애 진단 분할점은 30점으로 보고 있다. CARS 검사도구는 총 15문항이며 4점 척도로 이루어져 있다.

E-CLAC 검사는 연구자와 아동의 어머니가 치료를 받기 이전과 이후로 나누어 표기하도록 하였다. 이 검사도구는 발달문항 18문항, 병리문항 25문항으로 5점 척도로 이루어졌으며 비척도문항 13문항을 포함하여 총 56문항으로 구성되어 있다.

## 2. 측정 결과

치료대상 아동에 대한 CARS 검사는 1998년 12월 7일 치료자와 아동의 어머니에 의하여 이루어졌다. 치료자가 검사한 결과는 36점으로 경증-중간자폐로 나타났다. 어머니에게는 아동이 치료자를 만나서 표현예술치료를 받기 이전과 치료를 받은 이후의 변화를 기록하도록 하였다.

어머니가 기록한 결과는 치료를 받기 이전에는 41점이며 중증자폐 상태에서 치료를 받고 있는 과정에서는 31점인 경증-중간자폐로 나타났다. 2년 6개월 동안의 표현예술치료 전 과정을 끝내고 1999년 8월 5일 실시한 재검사에서 치료자는 33.5점, 어머니는 31점으로 모두 경증-중간자폐로 나타났다. 재검사의 결과는 치료자의 점수에서 2.5점으로 작은 점수 차를 보이고 있어 8개월 동안에도 행동에 다소 변화가 있음을 보여 주고 있다. CARS 검사의 전체적인 결과는 표현예술치료를 받기 이전에는 중증자폐 상태에서 치료를 받고 난 이후에는 경증-중간자폐 상태로 변화하였음을 알 수 있다.

E-CLAC 검사는 1999년 2월 5일 치료자와 아동의 어머니에 의하여 일차 검사를 실시하였으며, 재검사는 치료가 끝난 후 8월 5일 실시하

였다. 어머니에게는 초기 검사에서 표현예술치료를 받기 이전과 이후로 나누어 표기하도록 하였다. 그 결과는 발달문항과 병리문항에서 점수 차이를 보이고 있어 표현예술치료는 아동의 행동변화에 효과가 있음을 알 수 있다.

〈표 7-1〉의 발달문항을 보면 일상적인 일, 즉 식사 습관, 대소변 가리기, 옷 입고 벗기, 위생 및 운동성에서 달성연령이 만 연령보다 6개월에서 2년 정도 늦지만 스스로 할 수 있는 것으로 나타났다. 일상적인 일에서의 변화는 자연적인 성장과정의 결과도 감안할 수 있다. 언어와 표현활동 및 행동 면에서는 지체를 보이고 있으나 조금씩 변화하는 것을 알 수 있다. 표현예술치료 전 과정을 끝내고 난 뒤 1999년

〈표 7-1〉 발달문항

| 치료 기간 / 문항 내용 | '97. 7. 5<br>치료받기 이전<br>5세 5개월 | '97. 7. 5~'99. 2. 5<br>치료받는 과정<br>7세 | '99. 8. 5<br>치료 끝난 이후<br>7세 6개월 |
|---|---|---|---|
| | 달성연령 / 세 | | |
| 식사-자립 정도<br>시간 | 1.6<br>2 | 5<br>6.6 | |
| 배설-소변 습관<br>대변 습관 | | 3<br>4 | |
| 착 · 탈의-옷 입기<br>옷 벗기 | 4 | 5.6<br>4.6 | |
| 위생-씻기/몸단장 | 3 | 3.6 | |
| 언어-이해<br>발음 | 1<br>1 | 2.6<br>2 | <br>2.6 |
| 표현활동-변별능력<br>그림 그리기<br>인물 그리기<br>쓰기<br>읽기 | 0<br>0<br>0<br>1<br>3 | 2<br>2<br>2.6<br>3.6<br>5 | |
| 행동-지시/모방<br>계획성 | | 1.6<br>1 | |
| 운동성-대근육<br>소근육 | 1 | 3<br>3 | <br>3 |

〈표 7-2〉 병리문항

| 치료 기간 / 문항 내용 | '97. 7. 5<br>치료받기 이전<br>5세 5개월 | '97. 7. 5~'99. 2. 5<br>치료받는 과정<br>7세 | '99. 8. 5<br>치료 끝난 이후<br>7세 6개월 |
|---|---|---|---|
| | 달성연령 / 세 | | |
| 식사-편식 정도 | | 1.0 | |
| 배설-대변 장소 | | 3 | |
| 수면 습관 | | 1 | |
| 옷 입기/벗기 습관 | 4 | 5 | |
| 위생 습관 | 3.6 | 6.6 | |
| 놀이-어른들과의 놀이 | 1 | 1 | |
| 놀이-아이들과의 놀이 | 1 | 1 | |
| 놀이-놀이 종류 | 1 | 1 | |
| 놀이-TV | 0 | 1.0 | |
| 집단적응 | 0 | 1 | |
| 대인관계-부모 | 0 | 1.0 | 2.0 |
| 대인관계-형제 · 자매 | 0 | 1.6 | |
| 대인관계-다른 어른들 | 0 | 1.6 | |
| 대인관계-다른 아이들 | 1 | 1 | |
| 언어-표현 | 1 | 1.6 | 2.0 |
| 언어-억양, 리듬 | 1 | 1.6 | |
| 언어-의사소통 | 1 | 2.0 | |
| 타인 의존성 | 1 | 4 | |
| 지시에 따르기 | 1 | 3 | |
| 행동-자발성 | | 1.0 | 4.6 |
| 언어-집중성 | | 1.0 | |
| 언어-자발적 모방 | | 1.6 | |
| 운동성-과잉운동 | | 1 | |
| 부동성 | | 5 | |
| 안전관리 | 0 | 1.6 | |

8월 5일 재검사에서 달성연령이 표시되지 않은 문항들은 1999년 2월 5일 검사결과와 동일하게 나타난 것들이다.

〈표 7-2〉의 병리문항에서는 옷 입고 벗기 및 위생 습관을 제외한 거의 모든 문항에서 지체현상을 보이고 있다. 특히 놀이와 집단적응, 대인관계 및 언어표현, 행동 면에서 심한 지체현상을 보이고 있다.

〈표 7-3〉의 비척도문항에서는 표현예술치료를 받기 이전과 이후

〈표 7-3〉 비척도문항

| 치료 기간<br>문항 내용 | | | '97. 7. 5<br>치료받기 이전<br>5세 5개월 | '99. 7. 5~'99 2. 5<br>치료받는 과정<br>7세 | '99. 8. 5<br>치료 끝난 이후<br>7세 6개월 |
|---|---|---|---|---|---|
| | | | 나타난 횟수 | | |
| 놀이형태 | 물놀이,<br>책, 탈것,<br>블록놀이,<br>악기놀이,<br>인형놀이,<br>기타 | 정상<br>놀이 | | 3 | 6 |
| | | 이상<br>놀이 | 4 | 7 | 6 |
| | 특수한 운동 | | 1 | 2 | 1 |
| 감정표현 | 성내는 일(행동)<br>기뻐하는 일(행동)<br>무서워함 | | 3(3)<br>6(2) | 3(3)<br>6(2)<br>1 | 3(3)<br>5(2) |
| 감각표현:<br>5감 | 무반응<br>고통<br>매혹 | | 4<br>2<br>8 | 3<br>1<br>7 | 3<br>1<br>6 |
| 감각습관 | 무반응<br>구강습관 | | 1<br>2 | 3<br>3 | |

에 가장 큰 차이를 보이고 있다. 18번 문항 놀이형태에서 보면 이전에는 이상놀이가 더 많이 나타났으나 이후에는 정상놀이도 많이 나타났다. 45번 문항 특수한 운동에서 몸 흔들기와 이상한 손동작은 더 이상 나타나지 않았으며 즐거울 때 제자리에서 뛰는 일은 남아 있다. 감정표현 영역 47번 문항 성내는 일과 48번 문항 기뻐하는 일에서 보면 감정을 표현하는 방법에서, 50번 문항 감각표현은 모든 영역에서 이상이 있음을 보이고 있다. 55번과 56번 문항의 감각습관에서는 치료 이전에 나타났던 현상들이 이후에는 사라졌다.

기존의 연구에서는 미각을 제외한 모든 감각에서 자폐성 장애 아동이 무반응, 고통 등의 병리적 현상을 뚜렷이 보임으로써 감각자극에 대한 반응장애가 있는 것으로 나타났다(김태련 · 박랑규, 1992). 그러나 이 책에 수록된 치료대상 아동을 위한 검사 결과에서는 미각에서도 고통의 반응을 보이는 것으로 나타났으며 어떠한 물건이나 소리 등에 매혹되는 것은 서서히 줄어들기 시작하였다.

■ 부록 ■

## E-CLAC 단계별 달성 연령표(발달문항)

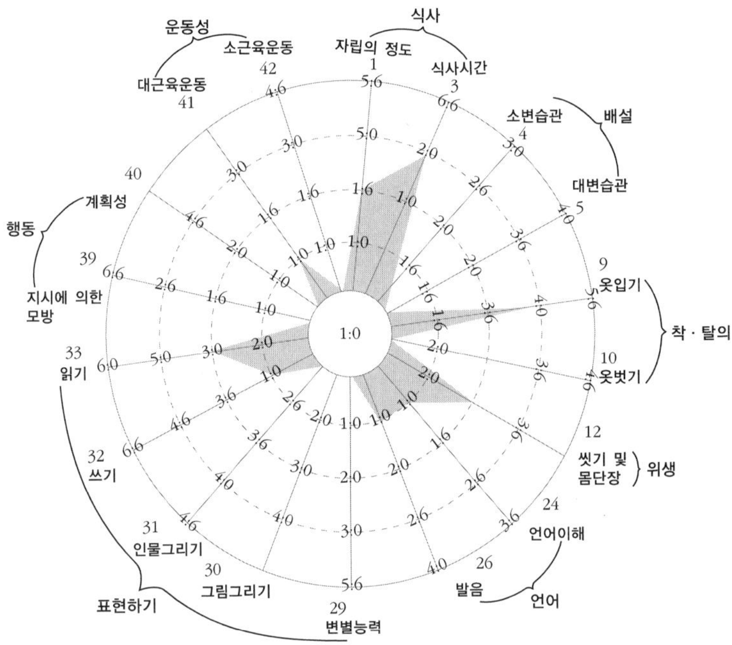


사전검사

## E-CLAC 단계별 달성 연령표(발달문항)

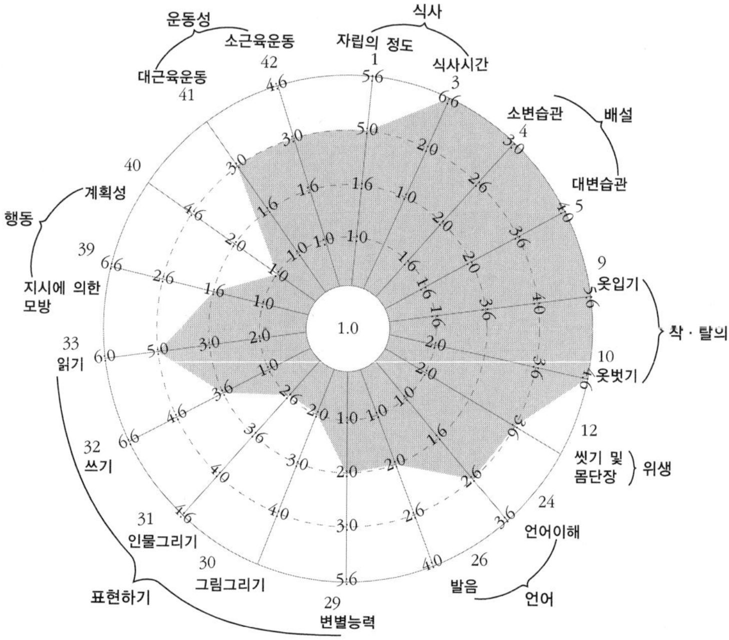


치료과정

## E-CLAC 단계별 달성 연령표(발달문항)

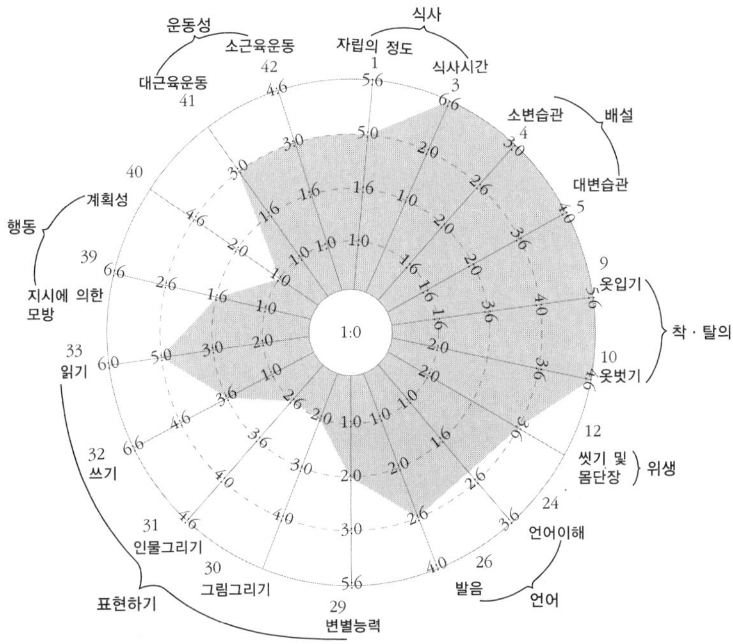


사후검사

## E-CLAC 단계별 달성 연령표(병리문항)

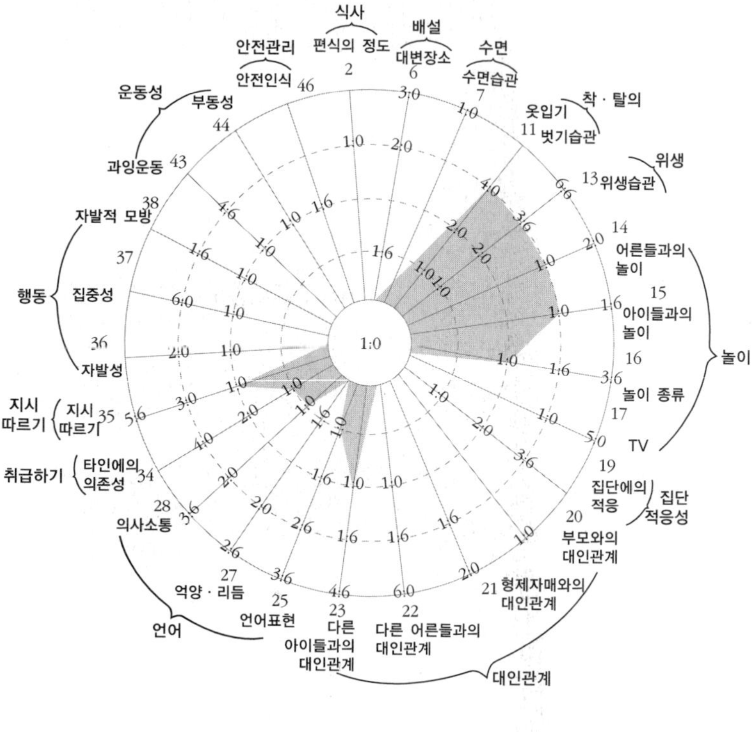


사전검사

## E-CLAC 단계별 달성 연령표(병리문항)

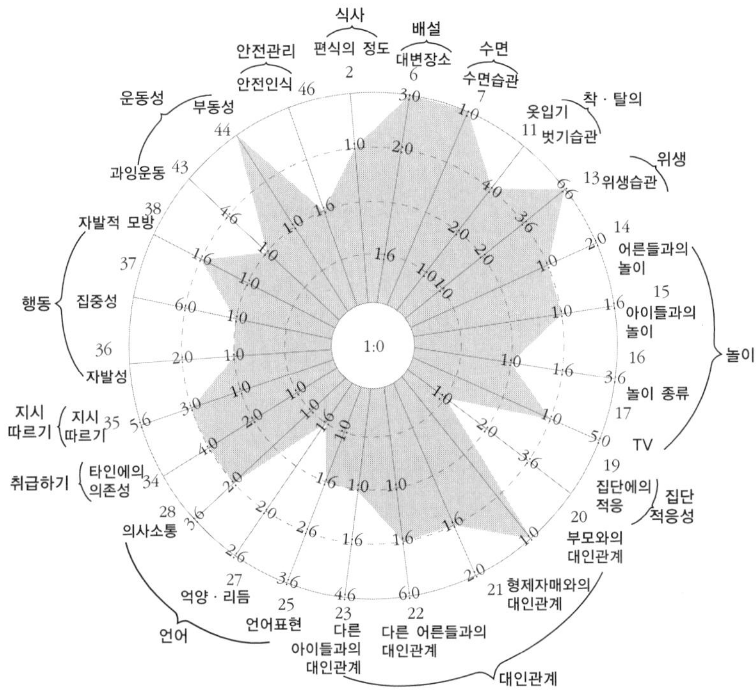


치료과정

## E-CLAC 단계별 달성 연령표(병리문항)

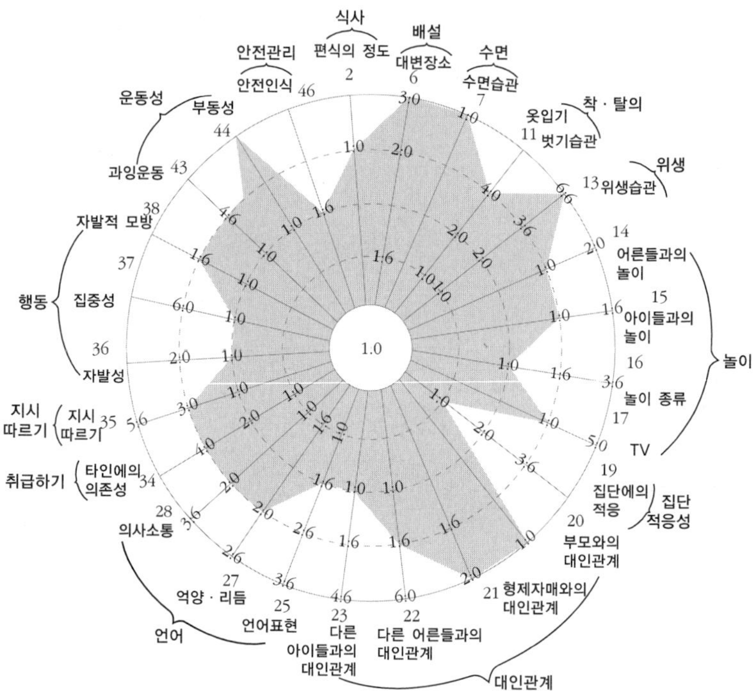


사후검사

제8장

# 표현예술치료기법

이 책에 수록된 치료대상 아동을 위하여 표현예술치료를 실시하는 동안 선택한 치료방법은 다음과 같다. 놀이치료는 액슬라인(Axline, 1969)의 아동중심 놀이치료, 브로디(Brody, 1978)의 발달놀이치료, 디아제(Dhaese, 1999)의 표현적 놀이치료의 중심 기법을 활용하였다. 놀이공간에서 치료자가 제공한 촉진적 환경으로는 아동이 자유롭게 놀이를 할 수 있도록 최대한의 허용적인 분위기를 만들고 적극적이며 긍정적인 강화를 주었으며, 아동이 원하거나 필요할 경우에는 신체적 접촉을 많이 하였다. 놀이실에서의 제한 설정은 아동의 상동적인 행동, 소리 지르는 것, 신체적 공격행동, 장난감 부수기, 높은 곳에 올라가는 것 등을 제한하였으며, 이 경우를 제외하고는 치료자가 놀이에 직접적인 개입을 하지 않았다.

치료자는 놀이치료 기간 중 말러(Mahler, 1975)와 위니캇(Winnicott, 1971)이 설명하는 일차적인 보호자의 역할을 하도록 노력하였다. 놀이실에서 사용한 장난감으로는 사람과 동물 인형들, 다양한 모양과 크기의 블록, 동그라미 · 세모 · 네모 등의 기본 도형 세트, 원기둥 세트, 코스터, 숫자판, 자동차와 비행기, 글자카드, 구슬판, 퍼즐, 그림 동화책, 악기류, 소꿉놀이 주방기구, 거울, 조개, 소라, 전복 껍질, 솔방울 등의 자연적 재료를 함께 준비하였다.

미술치료는 나움버그(Naumberg, 1940), 로웬펠드(Lowenfeld, 1950), 켈로그(Kellog, 1951-1970), 로빈스(Robbins, 1980), 김동연(1993), 김재은(1981, 1998)의 이론에 기초를 두고 실시하였다. 그리고 렌더가르텐(Landergarten, 1987)이 설명한 가장 덜 통제적인 재료인 파스텔 크레용(크레파스), 스케치북, 종이, 점토, 밀가루 반죽, 파스텔 물감, 핑거페인팅 재료, 색종이, 풀, 가위 등을 준비하였다.

아동의 그림 분석은 김재은(1981, 1998)의 그림에 의한 아동의 심리진단을 참고로 하여 스트로크, 리듬과 조화, 색채, 주제 또는 주인공 등으로 구분하였다. 김재은에 의하면 그림 속의 의도를 파악하기 위하여 치료자는 아동의 그림에 대하여 아무런 의도도 갖지 않고, 또 평가적인 견해도 갖지 않으며, 오직 그들의 표현을 그대로 받아들이도록 노력해야 한다고 설명하였다. 묘화 내용에 대하여 지나친 해석을 가하려 들지 않는 것이 좋다고 하였으므로 그림에 대하여 간단한 해석을 하도록 하였다.

음악치료는 노르도프와 로빈스(Nordoff & Robbins, 1977)의 순수 능동적인 치료법으로 즉흥연주와 노래 부르기를 하였으며, 그 과정에서 앨빈(Alvin, 1991)이 설명하는 신체적 접촉을 함께 적용하였다. 대상 아동이 부르는 노래와 직접 손으로 다룰 수 있는 북, 실로폰, 나팔, 장난감 피아노, 탬버린, 멜로디카, 트라이앵글, 리듬악기 종류, 캐스터네츠, 심벌즈 등을 준비하였다. 연구자는 아동이 부르는 노래를 함께 부르고, 아동이 이미 알고 있는 노래들을 부름으로써 기억력과 집중력을 증진시키는 조력자의 역할을 하였다.

아동이 어떠한 음이나 소리를 내면 그 소리에 반드시 피드백을 해주도록 하였다. 아동이 치료자의 무릎에 앉아서 몸을 흔들며 신체적 접촉과 리듬감을 통한 의사소통을 하고, 함께 손뼉을 치면서 노래를 부를 수 있도록 하여 눈맞춤의 기회를 증가시키고 눈과 손의 협응에 도움을 주도록 하였다. 타악기를 선택한 이유는 악기의 원초성을 이용하여 문명을 접한 경험이 적은 아동들도 접근하기가 용이할 뿐만 아니라 특별한 음악적 지식과 훈련이 없어도 음악을 만들 수 있다는 이점을 고려한 것이다.

표현예술치료 과정에서 사용된 모든 재료들은 아동에게 이행기적 대상으로서의 의미를 가지고 있다. 아동이 이 재료들을 가지고 놀이를 하는 과정에서 이행기적 현상으로서 치료에 필요한 제3의 공간이 만들어지고 그 공간에서 치료자는 일차적인 보호자의 역할을 하면서 공생 단계로 되돌아가서 아동이 성장 초기 과정에서 부족하였을지도 모르는 애착형성을 도모하였다. 표현예술치료를 실시하는 동안 부모 상담과 가족 미술치료를 함께 병행함으로써 가족들이 받을 수밖에 없었던 마음의 상처를 치료하려고 노력하였다.

제9장

# 표현예술치료 사례 및 결과

## 1. 표현예술치료 사례

### 1) 초기 면접

#### (1) 인적사항

성 명 : 이철수(가명)

생년월일 : 1992. 2. 6

성 별 : 남자

나 이 : 5년 5개월

증 상 : 자폐성 장애

### (2) 일반적인 특성 및 생육사

처음 만나는 철수는 사랑스러운 외모를 가지고 있어 누구에게나 호감을 줄 수 있는 아이였다. 그러나 눈을 마주치지 않는 전형적인 자폐적 성향을 보이고 언어발달이 제대로 이루어지지 않았으며 행동이 불안정하고 정서적 부적응의 모습을 나타내고 있었다. 원만한 가정에서 직장생활을 하던 엄마는 나이 32세에 예기치 못한 임신으로 유산을 생각했었으며 일과 임신으로 인하여 심하게 스트레스를 받았다고 말하였다.

양육과정을 보면 출생 전에 임신 사실을 모르고 감기약을 복용한 것 이외에는 다른 질병이 없었고, 출생 당시 철수의 몸무게는 2.8kg으로 체중 미달이었다. 생후 2개월 동안 모유로 키웠으며, 그 후 8개월 동안 옆집 아줌마가 돌보아 주었는데 그 아줌마는 말수가 아주 적은 사람이었으며 아이가 울지 않고 너무 착하다고 말하였다. 그 이후에는 4세까지 외할머니가 주 양육자 역할을 하였고 친할머니가 교대로 철수를 돌보았는데 두 분 모두 평범한 분들이라고 하였다.

첫 번째 대리양육 과정에서 언어발달을 위한 모델링으로서 기회가 아주 부족하였음을 알 수 있었다. 수두 접종 후 10일 이상 고열을 심하게 앓았고 물만 마셨으며, 3세 때 서울 모 병원에서의 검진 결과 신체적 이상은 없으나 자폐 성향을 보인다고 하였다. 3세 정도가 되어서 비로소 걸음을 걸었고 대소변 가리기는 5세가 되어서야 할 수 있었으며 이때 한 첫마디 말이 '엄마' 라는 단어였다. 또한 기록을 보면 옹알이가 없었는데, 이 아이의 자폐 성향은 영아기 초기부터 나타나 있었음을 알 수 있다.

### (3) 가족관계

가족구성원은 아버지, 어머니, 두 살 위 형과 철수 모두 4인 가족으로 가정환경은 원만한 편이다. 직장생활을 하는 아버지는 보수적인 태도를 가지고 있으며 아이들에게 조금 엄격하지만 철수를 사랑해 준다고 어머니는 말하였다. 어머니는 직장생활을 하면서 자녀를 양육하는 데 충분한 사랑을 주지 못했으며 제대로 보살피지 못하였다고 철수에게 미안함을 표현하였다. 형은 철수를 잘 돌봐 주고 아껴 준다. 아버지는 4남 1녀 중 넷째이며 어머니는 2남 4녀 중 셋째로서 부모 모두 대학을 졸업하였다.

### (4) 가족구조

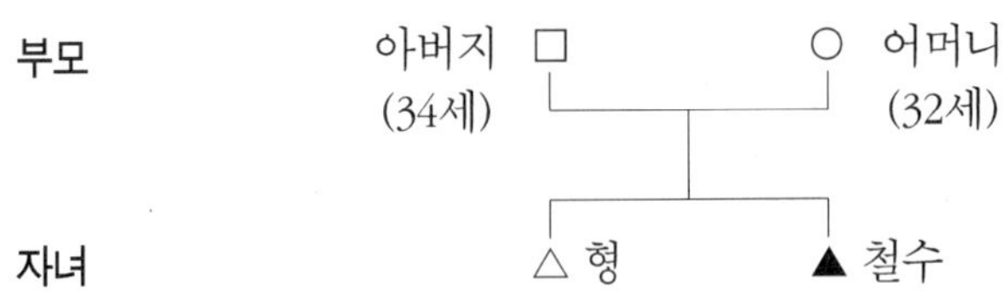


## 2) 도입 및 탐색 단계

어머니가 예기치 못한 임신으로 유산을 생각했었으며 심한 스트레스를 받았다는 것은 철수의 태내 환경이 우호적이 아니었음을 알 수 있다. 버니(Verny, 1987)의 태내 심리학에서 설명하고 있듯이 태아는 어머니가 자신을 애정으로 수용하는지 거부하는지를 느낄 수 있다. 불행하게도 철수와 어머니 사이에는 태내 시기부터 커뮤니케이션에

장애가 있었을 것이라고 추정할 수 있으며, 태어난 이후에도 생후 2개월에 조기 이유를 실시함으로써 어머니와의 사이에 애정적인 연대감 형성이 충분히 이루어질 수 없었을 것이다.

볼비(Bowlby, 1969)의 애착이론에 의하면 철수는 초기 애착형성에 문제가 있었음을 추론할 수 있다. 생후 2개월에 조기 이유를 실시하면서 철수는 인공유를 먹게 되었고 어머니가 아닌 다른 양육자들과 하루 중 8시간 정도를 보냈다. 생후 2개월이라는 시기는 말러(Mahler, 1975)의 이론에서 보면 공생적 단계로서, 이 시기에 어머니는 직장 때문에 철수에게 중요한 일차적 보호자의 역할을 충분히 하지 못하였음을 알 수 있다.

이 단계에서는 아동과의 친밀감 형성을 위하여 수용적인 신체적 접촉과 연구자의 언어로써 의사소통을 시도하였다. 또한 놀이도구, 그림 그리기, 노래 부르기 등 어떠한 방법이 좋은지 아이가 무엇을 좋아하는지에 대하여 파악하였다. 아동과의 사이에 친밀감이 잘 형성되면 연구자에 대한 신뢰감(Erikson, 1965)이 생기고 이 관계를 통하여 내면의 상처가 치유되면서 정서적 안정감을 가지게 되고 결과는 긍정적으로 나타나게 될 것이다.

자폐 성향을 가지고 있는 아동들의 심리치료에 적용하는 방법들 중 하나인 놀이치료에 미술치료와 음악치료를 병행하여 표현예술치료 방법을 선택한 이유는 언어발달이 순조롭지 못하고 정서적으로 위축된 느낌을 받았으며, 애정적인 상호작용을 적절하게 하지 못하는 점을 고려하였기 때문이다. 아동이 원하는 색상으로 그림을 그리고 악기 놀이와 멜로디를 따라 노래를 부르고 놀이를 통하여 좀 더 자신을 자유롭게 표현할 수 있도록 하려는 것이다.

놀이치료에서는 자유놀이를 통하여 아동과의 사회적 상호작용에서 눈맞춤, 신체적인 접촉, 의사소통, 놀이성의 변화, 인지발달의 증진 등을 목표로 한다. 미술치료에서는 내면에 억압된 감정들을 그림으로 표출하여 상처를 치유함으로써 행동의 변화와 인지발달을 도모할 수 있다. 음악치료에서는 순수 능동적 음악을 통하여 정서순화를 하고 대인관계와 언어발달을 증진시킬 수 있다. 이와 같이 표현예술치료를 실시함으로써 단일의 치료방법을 적용하는 경우보다 자폐성 장애 아동의 행동변화에 시너지 효과를 얻게 될 것이다.

치료과정은 표현예술치료 중 놀이와 미술, 음악이라는 비언어적 매개체를 통하여 자신을 표현함으로써 아동이 내면에 가지고 있는 상처가 치유될 수 있도록 제3의 공간을 마련해 주려는 것이다. 이 과정을 통하여 일차적 보호자의 역할을 하는 연구자(치료자)와의 사이에서 형성된 친밀감이 엄마와 가족에게로 전이되고 아동이 자신만의 자폐적인 세계에서 밖으로 나와 또래들과의 관계를 형성해 나가면서 서서히 사회생활에 적응할 수 있도록 도움을 주려고 하는 것이 이 연구의 최종 목적이다.

치료는 초기 3개월 동안 아동이 다니고 있는 사설 특수교육원에서 시작하였다. 하나의 큰 공간(30여 평)이 3개의 놀이실과 작은 개인 지도실로 나누어져 있고 장난감과 운동기구들이 갖추어진 환경이었다. 그 후 연구자의 대학 연구실로 치료장소를 옮겼으며 21.8㎡(7평)의 공간에 책상, PC, 책꽂이, 장난감 장, 소파, 아동용 의자와 낮은 탁자가 놓여 있는 곳이다.

1999년 1월부터 4월까지는 8평 정도의 새 연구실과 실습실, 그 이후에는 81㎡(24.5평) 크기의 아동상담 실습실에서 치료가 이루어졌다. 치료 초기 과정에서 장소를 세 번이나 옮겨 다닐 수밖에 없었던 환경적 요인으로 내담 아동이 불안정해질 수도 있을 것이라고 생각하였다. 그러나 아동의 행동에서 별다른 징후를 찾을 수 없었으며 단지 기우에 지나지 않았다. 아동상담 실습실은 치료실로서는 넓은 면적이었으며 아동용 책상과 의자들, 장난감 장, 거울, 개수대, 한쪽에는 성인용 세미나 책상과 의자 등이 놓여 있다. 바닥에는 스펀지 매트와 부분 카펫을 깔아 놓아 아동이 안심하고 뛰어다닐 수 있으며 몸 구르기도 할 수 있다. 준비실에는 일방경(one way mirror)이 설치되어 부모가 아동을 관찰할 수도 있다.

### 1~4회

1997. 7. 5(토) 2:30~4:30

엄마와 함께 "안녕하세요."라는 비슷한 발음으로 눈을 맞추지 않은 채 인사한다. "철수야, 선생님 눈을 쳐다보면서 인사하자." 하고 말을 건네자 눈을 잠시 쳐다본다. 참여관찰 결과 과다행동, 높은 데 오르기, 소리 지르기, 화가 나면 책상 두드리기, 자기 머리를 손으로 때리기, 물건 던지기, 기웃거리기 등의 산만한 행동이 나타난다.

신체적 발달이 잘 이루어져 행동이 아주 민첩하고 힘이 있다. 상대편과 눈의 초점을 맞추기는 어렵지만 신체적 접촉은 자주 하였다. 특징적인 반복행동으로는 휴지를 가늘게 찢어 동그랗게 말아 두는 일을 하고, 자동차 타이어, 원형의 모양을 좋아한다. 언어발달이 이루어지지 않아 발음과 단어 교정을 받고 있었다. 연구자에게 사랑스러운 태도로 접근해 왔으며, 첫 대면에서부터 큰 어려움 없이 친밀감을 형성할 수 있었다.

미술치료를 실시하기 위하여 스케치북, 크레파스(12색, 36색), 종이, 파스텔 물감, 색종이, 풀, 가위, 핑거페인팅 재료 등을 준비하였다. 초기의 그림은 무작위 난화 상태로서 파란색, 검은색, 빨간색으로 2~3줄 정도의 원형 모습이다. 특히 파란색 하나로 곳곳에 끄적거리며 돌아다니다가 새 종이에 검은색과 빨간색으로 그리려고 한다.

청록색, 짙은 감색, 밤색, 노란색, 빨간색 등의 색상의 손으로 15~20분 정도 동안 '개구리, 옹달샘, 퐁당퐁당, 섬집아기, 탄일종, 숲속 작은 집' 등의 노래들을 허밍으로 아주 정확한 음정의 소리를 내었으며 연구자가 따라 하면 뒤이어 할 줄도 안다. 노래 부르는 것을 좋아하고 음악을 통한 의사소통의 가능성을 알 수 있어 음악치료를 병행하기로 한 계획은 좋은 결과를 가져올 수 있을 것 같다.

크레파스를 손으로 만지는 것을 좋아하고 물건을 자기 턱에 부딪치거나 턱에 비벼 대는 동작을 보면 철수의 인지적 상태는 피아제(Piaget, 1965)의 인지 발달 단계 중 감각운동기에 머물러 있음을 알 수 있다.

점토를 가지고 작은 구슬을 만들어 입에 물고 다니면서 여기저기 기웃거리고 소리를 지르고 손가락 사이에 종이와 점토구슬을 끼우고 떨어뜨리며 발가락으로 점토구슬을 쉽게 집어 올리곤 한다. 휴지를 오른손 엄지와 검지를 이용하여 빠른 속도로 굴려서 동그랗게 만들어 내는데 손 조작이 놀랍게 정교하다. 거의 같은 크기로 만들어 내고 손에 잡은 휴지가 크다고 느껴지면 뜯어내어 필요한 만큼 잡는 것을 보면 손가락 감각이 예민하게 발달해 있음을 알 수 있다.

휴지나 점토구슬을 만들고 나면 반드시 입술에 붙였다가 내려놓기도 하고 물건을 턱으로 부딪치거나 입속으로 가져가는 것을 보면 이는 프로이트(Freud, 1916)의 구강기 단계의 특성이라고 볼 수 있으며, 생후 2개월에 조기 이유를 한 데서 오는 불안과 불만족의 표시일 수도 있다. 안아 주는 것을 좋아하며 돌아다니다가 뛰어와서 안기고 연구자의 손을 잡고 손뼉 치기, 얼굴 만져 주기를 한다. 이는 말러(Mahler, 1975)의 분리-개별화 단계에서 부화기의 모습을 나타내고 있다. 신체적인 접촉을 좋아하는 것은 브로디(Brody, 1978)가 발달놀이치료이론에서 강조하는 접촉을 활용할 수 있는 좋은 계기가 될 것이다.

연구자의 손가락을 입에 넣고 깨물어서 아프다고 표현하자 후 불어 주는 시늉을 하고 빵을 먹으면서 한 조각 나누어 준다. 이것은 상호작용이 가능하다는 것을 알려 주는 희망적인 표시이다.

연구자의 가슴에 얼굴을 대고 비비기를 하며 책상 위에 누워 옆에 앉은 연구자의 얼굴을 쳐다보고 좋아하며 시선을 오랫동안 맞추고 있다. 치료가 끝날 무렵 분명하지 않지만 "선생님, 사랑해요."라는 말을 하고 몸짓으로 표시하는데, 얼굴을 맞대고 포옹하거나 뽀뽀하는 것으로 애정을 표시한다.

철수와 엄마와 함께 점심 식사를 하였는데 음식을 잘 먹고 자기가 싫어하는 것을 주면 얼굴이 붉어지면서 책상을 두드린다. 엄마의 소망은 아동이 현재 상태에서 벗어나 다른 사람들과 사회적 상호작용을 할 수 있는 행동으로 변화하는 것이다.

### 5~11회

1997. 8. 2(토) 11:00~12:30

파란색을 먼저 집고 오렌지색, 로즈베리색, 밤색, 진녹색 등을 집어 선 · 원 그리기, 칠하기, 점 찍기를 하고, 연두색, 녹색, 로즈베리색의 크레파스를 눕혀서 넓은 면적으로 칠한다. 15분 정도 그리다가 갑자기 스케치북을 찢어 바닥에 던지고 연구자를 쳐다보는데 나무라지 않자 다시 찢는다. 그림 그린 종이들을 모두 집어던지고 소리를 지르며 공격적인 행동을 하고 있다. 왜 그림 그린 것을 찢었을까? 분노의 표시일 텐데 무엇이 이 아이를 화나게 만들었을까? 이유를 정확하게 알 수 없어 안타까웠으며, 무언가를 말하고 싶은지 연구자의 눈을 예전보다 오랫동안 쳐다본다.

초록색과 빨간색으로 핑거페인팅을 하면서 손가락에 묻은 물감을 휴지로 자주 닦는다. 휴지를 뜯어서 동그란 구슬을 만들고 흥얼거리면서 색칠을 하는데 형태가 없는 무작위 난화였다(휴지를 마는 행동은 치료 시작 9회 이후에는 사라졌다.). 두 번째는 빨간색, 연두색, 밤색, 검은색 등의 다양한 색상으로 핑거페인팅을 하고 검은색을 손가락으로 찍어서 코에 대고 냄새 맡고 입술에 붙여 보고 손가락마다 색상을 묻혀 손 모양을 찍어 내자 웃으며 좋아한다.

손을 닦고 의자에 놓여 있는 인형을 집어들어 눈을 감기고 흔들다가 의자에 던지고 바닥에 눕혀 가슴 위에 앉아 얼굴을 맞대 보고, 머리카락을 잡아당기고, 자기가 만든 종이구슬을 인형 눈과 귓속에 넣었다가 갑자기 뒤집어엎고 등을 밟고 있다 던져 버린다. 인형이 아프겠다고 말하자 다시 집어서 의자에 앉혀 놓는다. 엄마 이야기에 따르면 인형에게 관심을 보인 것이 처음이라고 한다.

연구자의 얼굴을 두 손으로 만지다가 갑자기 손가락을 깨물고 주먹으로 세게 친다. 아프다고 소리를 지르자 후 하고 불어 준다. 앞의 2회와 6회에서도 연구자에게 신체적으로 공격적인 행동을 하였다. 스케치북을 찢어서 바닥에 던지고 연구자를 공격하고, 인형을 밟아 던지는 등 심하게 공격적인 행동을 하는 것은 아동의 내면에 있는 어머니에 대한 분노의 투사인 것 같다.

하얀 막대기를 잡고 얼굴에 대고 장난하다가 얼른 건네 주고 수줍은 듯 얼굴을 감싼다. 처음 보는 행동이다. 수줍음을 느끼다니, 무엇이 수줍었을까? 마음속에서 무엇을 느꼈을까? 엄마와 함께 그림 그리기를 하는데 'ㄱ, ㄴ'을 쓰고 따라 그리자고 하였더니 아이가 곧잘 따라서 그린다. 요즘 글자를 배우기 시작했다고 한다. 진녹색, 오렌지색, 빨간색으로 엄마가 선을 그리면 그 위에 다시 강하게 색칠을 하면서 마치 엄마가 그려 놓은 색상을 없애 버리려는 듯하다.

엄마에게 혼자서 그림을 그려 보도록 하였는데 사람을 모두 검은색 선으로 그렸다. '한가로운 농촌의 하루' 라는 제목으로 산이 병풍처럼 둘러 있고 들판에는 사람들이 일하고 있으며 산으로 오솔길이 나 있고 가운데는 시냇물이 흐르고 있는데 길 건너편에는 사람과 자동차, 강아지가 걸어가고 있다. 그림은 방향이 모두 왼쪽으로 향하고 있는데 이것은 퇴행을 의미하는 것이며 그림 속에서 선명한 모습이 없고 모든 것이 가는 선으로 약하게 나타나 내면의 나약한 모습을 띠고 있다. 엄마와 아이의 세계가 시냇물로 구분되어 있으나 서로 오고 갈 수 있는 다리가 없다.

엄마는 현실적으로 아이를 위해서 모든 것을 희생하고 있으나 내면에서는 두 개의 세계가 별개의 것으로 존재하고 있음을 알 수 있다(부록 4: 한가로운 농촌의 하루).

두 번째 그림에서도 색채와 형태는 첫 번째 그림과 비슷하다. '산책' 이라는 제목의 그림으로 엄마의 손을 잡고 걸어가는 아이 모습인데 모자관계의 현재 상태를 매우 잘 나타내 준다. 아이는 엄마 손에 이끌려 매달린 모습으로 뒤에서 가고 있는데 마치 공중에서 걷는 것 같은 모습이다. 방향은 여전히 왼쪽이며, 엄마의 모습은 매우 당당하고 강해 보이는데 반대로 아이의 얼굴 표정은 우울하고 두려운 느낌이 든다(부록 4: 산책).

두 장의 그림을 보면 아동을 위한 교육이 모두 엄마 중심으로 이루어지고 있는 것이 나타난다. 그림에 대한 설명을 하고 엄마도 치료를 받을 필요가 있음을 이야기하자 그 말에 동의한다. 그러나 아동에 대한 이야기들은 수용하지 못하고 하나하나 해명을 하였고, 아동을 자기 자신에게 묶어 두려는 태도가 나타나고 있어 안타까웠다.

엄마와 상의하여 놀이장소를 대학의 연구실로 옮기기로 하였다. 현재 치료를 하고 있는 특수교육원은 산만하고 물이 가까이 있어 자주 물가로 나가려는 기회를 피하려고 한 것이다. 집에서 하루 종일 물장난할 때도 있다는 엄마의 말에 물장난을 조금은 제지할 필요가 있음을 설명해 주었다. 철수는 오전에 1시간 정도 언어치료를 받고 일반 어린이집에 가서 2시까지 다른 아동들과 함께 지내고, 3시부터 5시 30분까지 특수교육원에서 생활한다는 이야기에 아이가 너무 힘들 것 같다고 말하였으나 엄마는 그것이 아이에게 도움이 되는 것으로 믿고 있다. 엄마의 마음을 이해하면서도 안타까운 것은 이 모든 과정들이 엄마의 입장에서 행해지고 있음을 모르고 있다는 사실이다.

### 3) 전개 단계

#### 12~16회

1997. 9. 22(월) 2:30~3:20

놀이장소를 대학의 연구실로 옮겼다. 특수교육원은 장소가 너무 산만하여 아동이 집중력을 지속시킬 수 없기 때문이다. 철수는 낯선 장소에 대한 긴장감을 조금 보였으나 연구자를 알아보고는 활짝 웃으며 다가와 인사를 한다.

책상 위에 놓여 있는 종이에 초록색으로 그림을 그리더니 순간 연구실 벽에 원을 그려 놓는다. 그림 그리기를 시작한 지 3개월이 지나서 이제 원을 그리기 시작한다. 자기 손을 얹고 손 모양을 그리려 한다. 지난 8월에 핑거페인팅할 때 손 모양을 찍어냈던 것을 기억하는 것이다. 오늘은 손과 발을 종이 위에 펴 놓고 그리기를 원한다. 엄마가 함께 그리려고 하면 싫어하고 그 위에 강하게 선과 원을 그려 놓는다. 몬테소리 교구 중, 스스로 옷 입고 벗는 연습을 위한 상자에서는 지퍼와 단추 이외에는 흥미가 없었다.

코스터(Coaster) 구슬을 밀어 올리며 좋아하는데 가장 윗단에 있는 것을 주로 가지고 논다. 다른 선보다 올리기 쉽고 자기가 좋아하는 청색과 파란색이 들어 있는 것이다. 선이 조금 복잡하고 색상이 다른 것을 한두 번 만져 보고 어려운 것은 하지 않으려 한다(코스터는 색상과 높이, 길이가 각각 다른 5개의 철사줄에 색상과 모양, 형태, 숫자가 다른 구슬들을 한쪽에서 반대쪽으로 밀어 넘기는 장난감).

소파에 누워서 얼굴을 감추고 파스텔계 파란색과 흰색으로 짜여진 덮개를 이불처럼 뒤집어쓰고 누워 있기를 자주 한다. 소파에 얼굴을 묻고 누워 있기를 좋아하고 연구자의 손을 잡고 함께 잠을 자려 한다. 소파에 누워 자기 얼굴을 연구자에게 가까이 대고 눈을 자세히 쳐다본다. 그리고는 웃으면서 얼굴을 대거나 가슴에 얼굴을 묻는다. “잠자자.” 하는 소리와 함께 손을 붙잡고 소파에 가서 누워 있는데 항상 덮개를 덮으려 하고 얼굴을 맞대거나 몸에 기대는 일, 부대끼는 일을 자주 한다.

말러(Mahler, 1975)의 연습기 단계에서 나타나는 모습이다. 의자에 걸어 놓은 양복 상의를 들고 그 옷으로 자신을 모두 덮고 소파 위에 누워 있다. 덮개가 있는데 상의를 덮고 누워 있는 것은 무엇을 말하고 있는 것일까? 연구자가 따뜻하게 감싸 주기를 원하는 것일까? 더욱 놀라운 일은 자기 신발을 벗고 연구자의 하이힐을 신고 좋아하며 의자에 앉아서도 신고 있고 벗었다가는 다시 신어 보곤 한다.

여자아이들이 엄마처럼 되어 보고 싶은 생각에서 구두를 신어 보는데 철수도 구두를 신어 보면서 연구자처럼 되고 싶었을까? 연구자와 연구실의 물건들을 자신의 것으로 여기는 것 같다. 책상과 의사에도 앉아 보고 PC 앞에 앉아 자판을 만져 보고, 책상 서랍과 바닥에 놓여 있는 몬테소리장 서랍을 모두 열어 본다. 그 안에 있는 파란색 타원형, 사각형 모형을 들고 다니며 만져 보고 얼굴에 대어 보곤 한다. 호기심이 많이 발휘되고 있는 모습이며 연구실이 자신의 놀이영역임을 분명히 알고 있는 것 같다.

의자 등 위에 올라가면 반드시 연구자의 눈을 쳐다본다. “철수야, 의자에서 내려올래.” 하고 말하면 바로 내려와서 의자 위에서 뛰어 본다. 의사소통이 이루어지고 있으며 연구자와 상호작용을 많이 하고 있음을 보여 주는 것이다.

화장실에 가려고 하면 먼저 옷을 내리고 문고리를 잡았는데 이제는 화장실에 가서 옷을 벗는다. 연구실에 온 뒤 두 번째 주부터 나타나는 모습이며 부산스럽게 돌아다니던 행동이 줄어든 것이 눈에 띄게 달라진 모습이다. 지난 4개월 동안 소리 지르는 일, 높은 곳에 올라가는 일 등이 현저하게 줄어들었으며 눈을 마주 쳐다보는 시간도 더 길어졌다.

엄마 상담 과정에서 그려 놓은 Social Atom(인간관계의 범위와 친밀 정도를 알아보기 위하여 남자는 삼각형, 여자는 원형으로 표시하는 그림)에서 엄마와 아동의 관계, 가족관계, 친구 및 인간 관계를 알 수 있다. 자기라는 원 안에 아동을 포함하여 모든 인간이 들어가 있으며 밖으로 조금 나와 있는 부분은 아동밖에 없다. 남편과 큰아들 심지어 교육원 선생님들과 연구자까지 자기라는 원 안에 들어가 있으며 모든 이들은 자기 아이를 위해서 존재한다고 말한다.

아동이 가지고 있는 문제의 상당 부분이 엄마에게 있음을 다시 느끼게 되면서 가족치료를 병행해야겠다고 생각하였다.

### 17~23회

1997. 11. 19(수) 2:00~3:00

보라색과 오렌지색, 빨간색으로 간단하게 두 번 그리고는 소파 위에서 펄쩍펄쩍 뛰면서 웃고 있다. 이쪽저쪽 소파 위를 가운데 놓인 조그만 의자에 발을 걸쳐 놓고 잘 넘어간다. 철수가 여행을 다녀와서 3주일 만에 만나는 일이 즐거워서 뛰었을까? 파란색을 집어서 자기 손을 그리고 짙은 청색을 붙잡고 선을 그려 색칠을 하기 시작하는데 유연하고 경쾌하게 그린다. 진한 청색으로 가볍게 그리면서 양손 그림을 모두 칠한다.

원과 선을 그리다가 물결 모양을 그린다. 새로운 시도이다. 이미 그림이 있는 종이에 빈 공간을 가리키며 "이곳에 그려 보자." 하고 말을 건넸더니 그곳에 그린다. 지난주까지만 해도 새 종이에만 그리려고 하였다. 더욱 놀라운 일은 보라색을 붙잡고 한 번 그려 보고는 초록색을 잡더니 사각으로 선을 그린다. 손뼉을 치며 "철수야, 잘했다."고 칭찬을 하였다.

신발을 쳐다보기에 슬리퍼를 주었더니 좋아하고 잘못 신으면 스스로 교정해서 신을 줄 안다. 남자인형을 꺼내서 팔다리를 벌려 보고 발을 입에 물어 보고 바지를 올려서 다리도 깨물어 본다. 여자인형들도 많은데 남자인형을 골라내는 것은 자신이 남자라는 성에 대한 의식이 있기 때문일까?

제 손가락 사이를 만지다가 갑자기 양말을 벗고 자기 발가락 사이를 손으로 닦고는 손을 입으로 가져간다. 휴지를 꺼내 주었더니 그 휴지로 닦고 손은 다시 입술에 갔다 댄다. 이 행동은 신체적 자아감을 확인하는 것으로 볼 수 있는데 이것은 아동이 서서히 자기 자신에 대한 느낌을 확인하고 있는 것이라고 말할 수 있다.

동물모형 상자를 끌고 와서 모형을 맞추어 보다가 잘 맞지 않는 것은 손을 잡아당겨 도움을 청하는 표시를 하는 것은 새로운 시도이다. 말로 표현하지 않지만 신체적으로 의사소통을 하는 방법을 선택하고 있음을 알 수 있다. 처음으로 초록색 공룡을 집어 들고 살펴본다. 연구자가 '공룡' 이라고 하면 자기도 따라서 소리내어 본다. 공룡은 가장 원초적인 동물로서 이것을 가지고 놀기 시작했다는 것은 내면의 원초적인 공격성을 표출하는 것이다.

코스터의 다섯 줄을 모두 사용해서 놀이를 한다. 처음에는 한 줄에서 시작하여 그동안 두 줄을 가지고 놀았는데 다섯 줄 모두를 사용하다니 이 놀이도 많이 발전하였다. 의자에서 뛰기, 소리 지르기를 하는데 오늘의 소리는 아이들이 즐거워서 지르는 소리이다. 인디언 노래를 하기에 영어로 불러 주었더니 재미있는지 깔깔거리고 웃는다.

연구자가 더워서 옷소매를 올리고 있었는데 그것을 모두 풀어 내려준다. 관심을 보이는 행동이다. 상자 속에 들어 있는 빨간색 기둥을 가지고 놀면서 코끝에 갖다 대기에 '루돌프 사슴' 같다고 하자 즉시 그 노래를 허밍으로 부르기 시작한다. 놀라운 반응이다. 연구자가 하는 말들을 알아듣고 이해하고 있음을 보여 주는 모습이다.

의자 한쪽이 떨어지니까 그것을 붙이려고 시도하며 바닥에 내려와 반대편에서 밀어 붙여 놓는다. 스스로 문제를 해결하는 모습이다. 손을 잡고 의자에 함께 누워 있기, 안기기, 얼굴 맞대기 등의 신체적 접촉을 많이 하는데 오랜만에 만나는 반가움의 표시임을 느낄 수 있다. 눈시울이 뜨거워지는 것을 참는다. 이 아이가 나를 좋아하고 신뢰하고 있음을 고맙게 여기면서……. 손을 잡는 일, 얼굴을 만지는 일, 간지럽히는 일 등의 접촉은 언제나 즐거운 반응을 보이고 좋아한다. 접촉을 하는 동안은 마치 탐색이라도 하듯이 연구자의 눈을 오랫동안 쳐다본다.

17회의 엄마 상담에서 3주일 만에 보는 얼굴 표정이 많이 부드러워져 있어 2주일 동안 아이와 여행을 하면서 변화가 생겼음을 느낄 수 있었다. 지난 6개월 동안 철수의 그림과 태도에서의 변화를 이야기하자 집에서도 변화의 모습들이 보인다고 말을 하였다. 책을 읽으려고도 하고 알고 싶어하는 것이 많아졌으며 나비를 보고는 '나비'라는 말을 분명하게 한다고 이야기해 주었다.

아버지와의 관계를 관찰하기 위하여 함께 오도록(23회) 하였으며,

연구자가 아버지와 잠시 이야기를 나누는 동안 철수는 긴장된 모습으로 방 안의 물건들을 만져 본다. 그림 그리기를 하는데 역시 파란색을 집어 들고 끄적거린다. 아버지와 함께 그려 보자고 하였더니 점을 찍는 일을 몇 번 하고는 그만둔다. 엄마와 함께 그림을 그릴 때처럼 분노를 나타내지는 않는다(부록 4).

연구자 등에 매달리고 앞으로 와서 안기고 얼굴을 맞대는 등 신체적 접촉을 한다. 시간이 되어 아빠가 집에 가자고 하였더니 짜증을 내며 거부하는 태도를 보인다. 아버지는 철수를 사랑하는데, 다그치는 느낌이 드는 것은 아마 성격이 급한 데서 오는 것 같다. 엄마의 교육방법에 모두 동의하지는 않지만 자신이 철수에게 충분한 시간을 줄 수 없기 때문에 묵인하고 있다고 하였다. 부모는 지난 6개월 사이에 철수의 행동이 많이 변화하고 좋아졌다며 태도에 변화가 있음을 알고 있다.

Social Atom을 그려 보았더니 엄마하고 정반대의 모습이 나타났다. 아버지 자신을 둘러싸고 있는 모든 인간관계의 선이 독립직이고 사회적 상호작용에서 건강한 모습을 보인다. 그중에서 철수와 철수 할아버지에게 가장 가깝게 이어져 있다. 철수의 형 민수는 떨어져 있는 것으로 보아 이 가정에서 어쩔 수 없이 희생양이 된 것 같다. 부모의 주요 관심이 철수에게 쏠려 있으니 형은 소외된 느낌을 가질 수밖에 없을 것이다.

## 24~27회

1998. 1. 8(목) 2:00~3:00

파란색과 빨간색 나무 막대기 상자를 가지고 와서 흥얼거리면서 하나씩 뽑아내어 턱에 부딪쳐 보고 이로 깨물어 보다가 여러 개를 책상 위에 꺼내 놓는다. 제자리가 아니라고 여겨지면 다시 뽑아내어 자기가 놓고 싶은 자리를 찾는다. 스스로 원하는 곳을 찾아 그 자리에 막대기를 넣고 싶어 하는 것은 문제해결에 새로운 시도를 하려는 태도이며, 인지발달에 변화를 보여 주는 것이다.

형과 함께 놀이를 하는 시간인데 형이 코스터를 가지고 와서 철수와 함께 놀이를 하자고 제안하지만 철수는 형의 존재를 전혀 의식하지 않고 혼자서 놀이를 한다. 연구자가 형과 함께 그림을 그려 볼 것을 제안하자 의자에 앉아 그리는데 원형의 난화 형태로서 함께 그리는 것에 화가 난 듯 강하게 그리기 시작한다. 형은 그 사이에 조그맣게 행성을 그려 놓는다. 철수는 왔다 갔다 하며 의자 위, 책상 위에 오르내리기, 뛰어오르기, 소리 지르기, 짜증 내기 등 오늘은 흥분상태가 오래 지속된다. 책상 위에 오르내리는 일을 제지하자 짐짓 더하는 모습을 보인다.

형이 악기놀이를 하는 데도 관심이 없다가, 북을 치면서 철수에게 함께 놀자고 하였더니 형 옆으로 가서 앉는다. 둘이서 북을 치다가 그것을 들고 연구자 의자로 와서 쳐 본다. 형이 자동차 놀이를 하면서 여러 종류의 자동차를 꺼내자 자기도 그중 보라색 자동차 하나를 집어 들고 다시 연구자 옆으로 온다.

형이 자동차 소리를 내면서 초록색 공룡과 말, 강아지 등을 함께 가지고 노는데 그 옆에 가서 형의 얼굴에 대고 소리 지르고, 부딪치고 흔들어 놓곤 한다. 형이 함께 있는 것을 질투하고 있는 모습이다. 형이 함께 놀자고 하면 놀이를 하지 않는다. 형이 건네준 119 자동차를 가지고 다시 연구자 옆으로 와서 소리를 내 본다. 형과 함께 있는 모습을 관찰하였는데 철수는 아빠나 형하고는 직접적인 상호작용을 하지 않으려는 것을 알 수 있다. 가족 중 엄마하고 상호작용을 많이 하고 있었다.

소파에 누워 자기 두 손을 이리저리 붙여 보며 관찰한다. 신체적 자아감을 키워 가는 모습이다. 연구자를 옆에 눕게 하고는 눈을 자세히 쳐다보고, 눈, 코, 입, 얼굴 등을 손으로 하나하나 만지며 탐색한다. 누워 있을 때 눈을 쳐다보는 모습은 보통 아이의 눈빛이다. 의자에 누워 전기코드가 머리에 걸리자 그것을 뽑아서 의자 사이에 집어넣어 편안하게 만들 줄 안다.

## 부부상담

철수 부모님을 만나 그동안의 행동변화에 대하여 의견을 나누고 각자 그림을 그려 보자고 제안했다. 엄마는 그림을 그리는데, 아빠는 아무리 그리려고 해도 어려워 그리지 못하겠다고 한다. 두 사람이 한 장의 종이에 함께(Dyad) 그려 보기로 하였다. 역시 엄마가 먼저 그리고 아빠는 옆에서 말로 설명을 한다. 두 사람 모두 희미한 색상인 회색, 살구색으로 가는 선들을 그려 가기 시작했다. 집 안에서 철수와 함께 놀고 있는 모습을 그렸다. 철수의 형은 의자 위에서 혼자 놀고 있고 다른 세 식구는 바닥에 앉아 철수와 카드놀이를 하는 그림이다. 그림을 그린 뒤 색칠하는 것은 엄마가 주로 하고 아빠는 설명하면서 보충해서 그린다(부록 4).

혼자 떨어져 있는 형은 소외되고 외로운 분위기를 준다. 이 가정에서 부부, 부모 역할의 주도권은 엄마에게 있음을 알 수 있다. 철수의 교육에 대한 의견을 듣는데 부부간에 일관성이 전혀 없다. 아빠가 금지하고 있는 일을 엄마는 허용하고 있으며, 엄마는 아이가 주눅 드니까 사랑을 더 많이 주어야 한다는 사고를 편집적일 정도로 가지고 있는 듯하다. 연구자가 설명을 하거나 조언을 해도 전혀 수용하지 않고 자신이 아이를 가장 잘 알고, 잘하고 있으며 그로 인해 아이가 많이 좋아졌다는 생각을 가지고 있다. 아빠는 연구자의 이야기를 이해하고 긍정하면서 받아들인다. 아동의 교육에 대한 부부의 태도변화가 중요함을 느낀다.

### 28~30회

1998. 2. 10(화) 2:00~3:00

진녹색으로 원을 몇 번 크게 밖에서부터 안으로 그리는데 새로운 시도이다. 오렌지색, 진남색, 진밤색으로 전보다 훨씬 자연스럽게 사각 테두리를 그리기도 하고 사각모형을 놓고 청색을 집어 선을 그린다.

자동차가 들어 있는 상자에서 이것저것 꺼내어 들여다보더니 보라색 자동차를 집어 들었다. 형과 함께 왔을 때는 자동차를 손에 들고 놀았는데 오늘은 문을 열어 보고 그 안을 만져 보기도 하고 바닥에 대고 밀어 보기도 한다. 책상 위에서 다른 쪽으로 밀어내기도 하는 것을 보면 자동차에 대한 관심이 조금 더 많아졌음을 알 수 있다. 119, 112 자동차를 꺼내어 소리를 내면서 귀에 대고 들어 본다. 방에 스팀이 들어오는 소리에 귀를 기울이는데 최근에는 소리에 관심을 보이기 시작했다.

북을 꺼내서 두드리고 얼굴을 집어넣고 머리에 써 보기도 한다. 그러다 순간적으로 바닥에 놓고 발로 밟아서 망가뜨려 놓았다. 장난감을 부수는 것은 안 된다고 말하자 얼굴을 마주보며 눈치를 살핀다. 북은 손으로 두드리는 것이지 발로 밟는 것이 아니라는 이야기를 해 주고 '미안해요.' 라는 말을 하도록 한다. 책상 위로 올라가서 내려오도록 말을 해 보지만 억지를 부린다. 안아 주지 않고 스스로 내려오도록 하였더니 "잘못했습니다." 라는 말을 한다. '잘못' 이라는 발음은 비교적 정확하다.

철수가 조금씩 자신에게서 나와 다른 사람과 상호작용을 하고 있는 모습이 보여 즐겁다. 하지 말라는 것을 일부러 하려는 것은 반항하는 태도이지만 이것도 자신을 드러내는 한 모습이며 인간관계의 상호작용이 가능해졌음을 드러내고 있다.

가족 미술치료를 하기 위하여 가족이 함께 왔다. 철수는 조금 흥분한 상태였고 형 민수는 반가운 얼굴로 들어선다. 부부는 처음 만났을 때처럼 긴장한 분위기였으며 철수와 민수가 잠시 장난감을 가지고 노는 동안 미리 준비해 놓은 종이와 크레파스로 두 사람이 함께 그리는 방법(Dyad)에 대하여 설명하였다. 서로 말을 하지 않고 침묵으로 그림을 그리자고 하였으나 이 규칙은 부모에 의해 지켜지지 않았다.

아빠와 민수의 그림에서 주로 민수가 우주에 떠 있는 태양, 별, 우주선들을 진남색으로 그려 놓자 아빠는 바탕색을 동색으로 칠한다. 아빠와 엄마는 계속 아이들에게 무엇을 그리라고 권하고 내부를 그리고 보조하는 것은 역시 아빠다(부록 4).

아빠와 철수가 짝이 된 그림에서 철수는 진남색, 녹색, 노란색 등

아빠가 말하며 집어 주는 대로 원을 그렸다. 엄마와 철수의 그림은 철수가 녹색을 집어 원을 그리자 역시 빨간색, 노란색 등 엄마가 색상을 골라 주어 원을 그리고 엄마는 구름, 새, 꽃, 붕어 등을 그렸다(부록 4).

민수와 엄마가 짝이 되어 그린 그림에서도 서로 말을 하면서 그린다. 민수가 바다를 그리고 바다 속에 있는 해초, 잠수부, 게 등을 그리고 엄마는 수영하는 사람, 119 구조대 튜브와 게를 그린다. 그림의 방향은 역시 왼쪽으로 향하였다. 누군가의 도움을 기다리는 모습이다. 민수는 하늘에 태양과 갈매기를, 엄마는 구름을 그린다. 그림을 그리는 동안 철수는 흥분하여 소리 지르고 의자에서 뛰고, 누워 있는다. 아버지가 말로 제지하고 타이르자 짜증을 내면서 조금 얌전해졌다(부록 4).

벽에 하얀 종이를 붙이고 가족벽화(Mural)를 그리는데 철수가 제일 먼저 녹색을 집어 원을 그리기 시작하였다. 민수도 로켓을 그리고 공중에 사람을 그린다. 철수는 엄마나 아빠 또는 형과 함께 두 사람씩 그릴 때와는 전혀 다른 모습으로 무질서하게 선을 그린다. 아빠는 뒤에 방관자처럼 서 있다가 토끼 얼굴만 그리고 철수에게 토끼를 그리자고 말하지만 철수는 더 이상 관심이 없다. 엄마는 민수 옆에서 아파트, 성당과 성모상, 정원, 공원에서 그네를 타고 있는 두 사람, 시소를 타고 있는 사람을 그리는데 색상은 보라색과 파란색, 회색, 검은색, 갈색이 주를 이룬다. 민수가 자동차, 로봇, 4개의 풍선과 새를 그리고 마지막에 그림을 끝내는 사람은 엄마였다. 철수가 그린 그림에 나무 둥지를 그려 보조해 주고 하늘에 파란색 구름과 검은색 새를 두 마리 그리는데 모두 왼쪽 방향으로 날아가고 있다. 가족화의 이름은 '우리 동네, 하늘, 땅' 이라고 민수가 붙였다(부록 4).

가족화를 보면 가족의 응집력이 매우 약한 것을 알 수 있으며, 가정의 주도권은 엄마에게 있으나 심리적 · 정신적으로 피로하고 허약함을 알 수 있다. 왼쪽으로 날아가는 구름과 새는 퇴행의 모습과 자유롭게 밖으로 나아가고 싶어 하는 것으로 해석할 수 있다. 치료 초기 엄마의 개인 그림에서도 방향은 모두 왼쪽으로 향하여 있었다. 아빠는 소극적이지만 별다른 문제는 없으며 민수는 긴장감, 엄한 훈육, 피로감, 순종적인 모습을 보인다.

## 8개월간의 미술치료 해석

지난 8개월 동안의 미술치료 과정에서 철수는 24장의 그림을 그렸다. 최초의 그림은 난화로서 파란색을 사용한 끄적거림으로 시작하였다. 거의 모든 세션에서 처음으로 집어든 색이 파란색이었는데, 횟수를 거듭하면서 색상이 다양해졌고 끄적거리는 형태도 조금씩 변화하고 있다. 색을 칠하는 것도 가늘게 표시한 것에서 여러 번 칠한 것까지, 때로는 내면의 공격성을 표출하는 듯이 빨간색으로 여러 번 칠해 놓은 것도 있다.

1997년 7월에 사용한 색상은 파란색이 주조를 이루고 있으며 그 이외 녹색, 진남색, 빨간색, 밤색, 보라색, 검은색 등이었으며, 8월에는 녹색과 보라가 주조색으로 빨간색, 녹색, 연두색, 오렌지색, 분홍색이 첨가되었다. 9월에는 핑거페인팅을 하였으며 녹색과 빨간색의 강한 대조와 오렌지색, 보라색, 검은색, 노란색이 첨가되었다. 크레파스를 세워서 선을 그려 놓은 것은 켈로그(Kellog, 1969) 그림 성장 12단계 중에서 세 번째 과정의 모습이다.

놀이장소를 연구실로 옮기고 난 뒤 10월부터 그리는 스타일이 조금

변화하였다. 책상에 앉아서 가볍게 원형을 그리고 일어선다. 처음 집는 색상도 파란색에서 벗어났으며 주조색으로 황토색과 오렌지색, 녹색 등을 집어서 한 번에 원을 그린다. 지난 4개월 동안의 그림에서 보면 화면투사가 불분명하고 그림 내용이 없으며 스트로크는 강하고 무질서하며 전체적인 인상이 밝지만 지저분하다.

11월에 그린 그림의 특성은 선이 가벼운 것으로 크레파스를 잡고 두세 번 가볍게 원을 그린다. 주조색은 보라색으로 오렌지색과 빨간색을 조합하여 쓰고 있다.

12월에는 주조색이 다시 파란색으로 녹색, 보라색을 조합하여 유연하고 경쾌하게 그리는데, 이미 그림이 그려져 있는 종이의 빈 공간에도 그리는 것이 커다란 변화이다. 지금까지는 항상 새로운 종이에만 한두 번 그렸는데 빈 공간에도 그릴 수 있다는 것을 알게 된 것이다. 특히 그림에 테두리를 두르듯이 사각으로 선을 그리기도 한다. 아직도 외부의 세계와 자기의 세계가 융합되지 못하고 있음을 암시하고 있는 것일까? 사각의 테두리가 정확하게 맞지는 않지만 새로운 단계로 넘어가고 있음을 알 수 있다. 또 다른 형태의 변화는 물결 모양을 그리고 양쪽 손을 모두 활용하고 자기 손을 그려 보려고 시도한다. 화면투사가 분명하고 스트로크도 경쾌하다.

1998년 1월에는 파란색을 주조색으로 녹색과 보라색, 오렌지색을 조합하였으며 화면투사와 내용이 불분명하고 스트로크도 다시 강하고 복잡하다. 2월에는 진한 파란색이 주조를 이루고 진녹색과 보라색을 사용하였고, 화면이 분명하며 원을 주로 그리는데 스트로크는 가벼운 느낌을 준다.

미술치료를 실시한 8개월 동안의 그림에서는 모두 10여 가지 색상을 사용하였으며 항상 파란색과 보라색, 녹색을 주로 사용하였다. 아동의 내면적인 특성은 색채 심리분석(김재은, 1998)을 통해서 공격성, 적개심, 두려움, 미성숙, 허약, 자신감의 결여, 애정과 정서적 행동결핍, 우울, 장애질병, 자기 중심적인 면 등이 나타났음을 알 수 있다. 또한 부모의 교육 태도에서의 불일치와 요구수준이 높은 것을 알 수 있고 정신적 활동이 미약하여 인지적 지체를 보이고 있어 지속적인 특수교육이 필요하다. 미술치료 과정을 통하여 아동의 내면에 억압되어 있던 감정을 다양한 색상과 선의 모습으로 표출하고 상처가 치유되면서 자유롭게 자신을 나타낼 수 있었다. 이 과정을 거치는 동안 초기에는 반복적이며 공격적인 행동이 많이 나타났으나 서서히 안정감 있는 행동으로 변화하였으며 눈맞춤과 놀이성, 의사소통, 인지발달에서도 긍정적인 반응을 보였다.

## 음악치료 사례

### 31~34회

1998. 3. 10(화) 2:00~3:00

분명 커다란 상처를 받고 아픔과 두려움 때문에 자기 자신 안으로 깊숙이 숨어서 문을 닫아 버린 것 같던 철수는 표현예술치료 과정을 거치면서 이제 조금씩 세상 밖으로 자신을 내보이기 시작하였다.

음악치료 준비단계로 모차르트의 바이올린 협주곡 1번과 스메타나의 몰다우강과 리스트의 라 캄파넬라 등의 음악을 틀어 놓았다. 철수는 들리는 음악에 전혀 관심을 두지 않는 것 같았고 멜로디를 따라 하지도 않았다.

음악을 듣는 것 이외에 즉흥연주를 위하여 북, 실로폰, 장난감 피아노, 탬버린, 리듬악기들, 멜로디카, 나팔, 트라이앵글, 캐스터네츠 등을 준비하였다. 순수 능동적인 음악치료를 위한 준비로서 아동이 부르는 노래, 이미 알고 있는 노래 등을 손뼉을 치면서 부르게 하고 연구자의 무릎 위에 앉아서 몸을 흔들면서 신체적 접촉과 리듬감을 함께 느낄 수 있도록 하였다.

크레파스를 들고 와서는 청색, 진남색, 연한 파란색, 녹색과 청색, 검은색으로 가볍고 경쾌하게 선을 그린다. 연구자 손을 잡아당겨 함께 그리기를 원하며, 사각형을 그려 보았더니 그 위에 다시 사각 모양이 되게 선을 그려 놓는다. 즐겁게 흥얼거리면서 그리는데, 스케치북 연결고리에 대고 크레파스로 직선을 그려 본다. 소리 나는 것을 즐기는 듯 몇 번 반복하여 그리고 크레파스를 세워서 색칠을 한다. 그리다가 눈치를 보고는 순식간에 연구실 벽에도 그려 놓는다. 연구자가 벽에는 그림을 그리는 것이 아니라고 말하자 "잘못했습니다."라고 표현하고는 즉시 다시 벽에 그린다. 그래서 벽에 종이를 붙여 놓았다.

의자 등 위나 높은 곳에 걸터앉는 일은 올해 1월부터 많이 줄어들었고 말하면 반항하지 않고 즉시 내려온다. 머리나 몸을 흔드는 반복행동도 줄어들었으나 물건을 턱에 부딪치는 일, 무엇을 만지고 나면 손가락을 입으로 가져가는 행동은 여전하다.

소파에 누워 있는데 "선생님도 함께 잘까?" 하였더니 "아니."라고 대답한다. 철수가 조금씩 안정감을 갖기 시작하고 독립적이 되어 가는 반가운 모습이다. 소파에 누워서 얼굴을 돌리고 덮개를 머리까지 쓰고 있다가 일어나서 장난감을 한 번 둘러보고는 다시 눕는다.

책꽂이에서 발달심리학 책을 꺼내어 가지고 왔다. 겉표지에 있는 아이와 엄마 그림을 설명해 주며 "선생님이 읽어 줄까?" 하고 물었더니 책을 덮어 버린다. "선생님과 함께 읽는 것은 싫어?" 하고 물었더니 "아니." 하고 분명한 어조로 응답을 한다. 정말 놀라운 변화다. 의사소통을 하고 있는 것이다. 책꽂이에서 책을 꺼내서 읽는 흉내를 내는 것을 보면 연구자가 하고 있는 일이 무엇인지를 알고 있으며 동일시하고 있는 것으로 보인다.

책꽂이 위에 놓여 있는 '아이를 업고 있는 엄마 흙 인형'을 손에 들고서 쳐다본다. "아기와 엄마."라고 말을 하자 손가락으로 아기 인형을 가리키면서 "아기."라고 비교적 정확하게 말을 하고, "엄마."라는 말을 하더니 "누나."라고 응답한다. 연구자를 쳐다보고 손가락으로 인형을 가리키면서 여러 차례 "아기."라고 발음을 한다.

놀랍고 즐거워서 잘한다고 칭찬을 해 주었다. 더욱 놀라운 것은 책 표지 그림에서 아이와 엄마가 앉아 있는 것을 보고 그것과 인형을 연결시키고 있다는 사실이다. 이 인형은 철수가 처음 연구실에 왔을 때부터 있었으며 그 옆에 있는 나무로 된 코끼리는 몇 번 관심을 보였지만 인형은 단 한 번도 관심을 보이지 않았었다. 책과 함께 인형에게 관심을 보이고 "아기."라는 말까지 하고 있다. 왜 '엄마' 라는 말보다 '누나' 라고 할까? 평소에 '엄마' 소리는 잘하는데 인형은 엄마의 이미지를 주지 않는가 보다.

시간이 끝나 엄마가 들어왔는데도 장난감을 정리하지 않고 더 많이 꺼내 놓는다. 적목상자를 일부러 엎질러 놓아 함께 주워 담는다. 지난주에 이어 오늘도 집에 가지 않으려고 한다. 엄마가 "철수야, 이제 집에 가야지." 하고 말을 하자 "싫어." 하면서 인형 유모차 뚜껑을 들고 의자에 털썩 주저앉는다. 한참 동안 앉아 장난감을 만지다가 연구자가 "철수야, 오늘은 그만 놀고 다음 주일에 또 놀러 오렴." 하고 말하자 마지못해 일어선다.

엄마는 복지회관의 다른 아이들은 그림지도를 받으면서 색칠하고 그리는데 철수는 왜 안 되는지를 물어 왔다. 연구자는 철수의 상태를 설명하고, 그림 그리는 일은 훈련이나 교육에 의해서 습득되기보다는 철수의 정신연령이 발달하고 내면 상처가 치유되면서 자연스럽게 이루어질 것이라고 응답하였다. 지난 8개월 동안 많은 변화를 보여 주었고 서서히 성장하고 있음을 설명하였다.

철수 엄마는 어제(3월 30일, 화요일) 연구실에 오는 날인데 완전히 잊어버리고 있었다며 철수를 교육하는 데 남편의 협조가 없음을 이야기하면서 눈물을 흘린다. 형 민수도 돌보아 주어야 하기 때문에 엄마 혼자서 감당하기에 어려운 것이 사실이다.

철수는 일주일에 3일 복지회관에서 언어치료와 그림지도를 받고 오전에는 매일 일반 어린이집에 가고 오후에는 특수교육원에 간다. 일주일에 한 번은 연구자의 연구실에서 표현예술치료를 받는다. 이 모든 일을 엄마가 혼자서 하고 있으니 육체적 · 정신적으로도 힘에 겹고 스트레스가 쌓인 채로 풀리지 않아서 자꾸만 건망증이 심해진다고 호소하였다. 이 일은 철수에게도 무리고 엄마에게도 힘에 겨우니 어린이집과 교육원에 가는 일을 절반으로 줄이는 것이 어떠한지 물었더니 그것은 안 된다고 단호하게 말한다. 철수가 얼굴 표정이 달라지고 좋아한다는 것이다.

아이가 감당하기 어려울 정도로 너무나 많은 자극이 동시에 주어지는 것은 바람직하지 못한데도 엄마가 자기 욕심에서 벗어나지 못하고 있다. 처음 철수를 만날 때부터 몇 번째 나누는 이야기인데 이 일에 관하여 조절하려는 생각이 전혀 없다.

## 35~40회

1998. 4. 7(화) 2:00~3:00

새로운 물건을 접할 때마다 마치 물건을 턱으로 감지하는 듯 턱에 부딪쳐 본다. 장 위 높은 선반 위에 있는 구슬판을 꺼내려다가 키가 닿지 않자 내게로 와서 순간적으로 "엄마."라고 부른다. "도와주세요." 도움을 청하는 말을 발음한다. 철수는 연구자가 '선생님' 이라는 것을 알고 있고 인사할 때는 이 단어를 발음하는데 도움을 청할 때는 '엄마' 라는 단어가 더 빨리 나온다.

삼각형, 사각형, 육각형 모형들이 들어 있는 상자를 꺼내서, "세모." "네모."라는 발음을 비교적 정확하게 말한다. 겉면에 동그란 원형으로 테가 둘러 있고 안에 작은 꽃들이 조각되어 있는 질그릇 꽃병인 작은 항아리를 들고 온다. 연구실에서 놀이치료를 시작한 지 8개월이 지나는 동안 항상 테이블 옆에 놓여 있었지만 한 번도 관심을 보인 적이 없었는데 그 항아리를 들고 턱에 부딪쳐 보고, 손으로 만지고 원 테두리를 손가락으로 돌리면서 그 안에 있는 꽃들을 만져 본다. 연구자가 "항아리." 하고 말하자 따라하는데 발음이 잘 되지 않는다.

꽃의 조각들을 만지면서 "꽃."이라고 하였더니 따라 하면서, 다른 꽃병에 꽂혀 있는 장미를 가리키면서 "꽃."이라고 응답한다. 하나의 사물과 새로운 것을 연결하는 능력이 발달하고 있다. 항아리 안에 왼손을 집어넣고 만져 본다. "철수 손이 항아리 속에 들어갔네." 하고 말하자 왼손을 꺼내고 오른손을 집어넣고 몇 번 그 과정을 되풀이하며 숨바꼭질을 하는 듯이 했다. 항아리를 입에 대고 소리를 질러 본다. 의자에 누워서 항아리를 안고 이리저리 굴리면서 떨어지지 않게 두 손의 균형을 정확하게 유지하고 있다.

오랜만에 덮개를 쓰고 누워 있다. 술래잡기 장난을 하듯이 얼굴을 들고 연구자를 쳐다보고 웃으며 다시 눕는다. 철수는 누워 있을 때 눈을 오랫동안 쳐다보고 자주 눈맞춤을 한다. 혼자서 멜로디를 따라 노래를 하는데, '파란 마음 하얀 마음' '작은 별' 등을 부르고, 'ABCD'를 노래한다. 함께 노래의 소절을 따라 부르면 그 노래에 맞추어 응답한다. "오늘 무슨 노래 배웠는지 한번 불러 볼까?" 하고 물으면 멜로디를 허밍으로 응답하며 음악을 통한 의사소통을 한다. '내 모자 세모났네' 'ABCD' '아빠와 크레파스' '꼭꼭 숨어라' 등의 노래를 연구자와 서로 주고받으면서 부른다.

파란색 입체모형을 탬버린 안에 넣고 돌려 보며 재미있어 하고 트라이앵글을 두드리면서 방 안을 왔다 갔다 하는 동안 연구자도 손뼉을 치며 박자를 맞추어 주었다. 트라이앵글을 "세모."라고 말하면서 머리에 얹어 본다. "철수가 세모난 모자 썼네." 하고 말하였더니 '내 모자 세모났네'를 허밍한다. 노래를 부를 때는 정확한 리듬과 박자를 맞추고 눈을 직접 쳐다보지는 않지만 연구자가 함께 부르다가 멈추면 쳐다본다. 의자 위에서 뛰면서 '새 신' 노래를 허밍한다. '퐁당퐁당' 노래를 서로 소절을 바꾸어 가면서 함께 불렀다. '리자로 끝나는 말'를 한 번 부르자 즉시 멜로디를 따라 한다. 두세 번 따라 하고 처음 소절을 제대로 부른다. 받침이 없는 노래를 조금 더 쉽게 따라 한다. 옷에 그려진 송아지 그림을 보면서 "송아지 그림이 그려졌네." 하고 이야기하자 즉시 '송아지' 노래를 부른다. 혼자서 '우리 집에 왜 왔니' 노래를 하는데 신이 나서 흥얼거리며 윈기둥을 맞춘다.

일상생활에서 사용하는 단어가 노래와 연결되면 즉시 멜로디로 이어진다. 음악이 아동의 내면에도 즐거움을 주고 있으며 언어발달을 위해서도 큰 도움을 줄 수 있음을 알 수 있다. 성당에서 성령치유 미사가 있어 철수 가족과 함께 참석하여 하느님께 철수가 자폐적 껍질을 깨고 밖으로 나올 수 있도록 치유를 위한 기도를 드렸다.

### 41~45회

1998. 5. 19(화) 2:00~3:00

신발을 벗어 의자 위에 올라가 뛰기 시작한다. '새 신' 노래를 부르자 즉시 따라서 부른다. '뚝딱 뚝딱 깊은 산속에서……' 라는 노래를 배웠는지 혼자서 중얼거린다. 연구자가 따라 하자 곧 노래이어 부르기가 시작되었다. '토끼야' '퐁당퐁당' 노래를 부르며 책꽂이에서 책을 꺼내서 훑어보고 다시 그냥 둔다

작은 원과 고리 모양을 붙여 그리고 점을 찍는다. 청색으로 세 번 연속으로 원을 그리고 몬테소리 교구 중에서 4개의 각각 다른 꼭지 달린 원기둥을 가지고 논다. 두세 번 시행착오를 거친 뒤 모두 제자리에 넣을 줄 안다. 작은 모형이 큰 구멍 속에 빠지면 모두 뒤엎어 다시 맞추다가 다음에는 작은 모형을 손가락으로 잡고 구멍에 맞는지 확인을 한 뒤에 집어넣는다. 크기 순서는 오른쪽에서 왼쪽으로만 넣고 있다. 원기둥 모형 중에서 크기가 일정하고 높이만 다른 원기둥 맞추기를 좋아한다. 철수야 "세모뿔 어디 있니?" 하고 물으면 삼각형 모양의 세모뿔을 들고 온다. 세모, 네모, 동그라미를 구분할 줄 안다.

지금까지는 이 원기둥 모형을 한 번 맞추다가 잘 맞지 않으면 금세 다른 장난감으로 바꾸었는데 짜증 내지 않고 시행착오를 거듭하면서도 끝까지 맞춘다. 놀라운 인지과정의 변화이다. 잘 맞춘다고 칭찬과 격려를 아낌없이 보내 주었다.

노래를 흥얼거리면서 자동차가 들어 있는 상자를 위에 놓고 그 뒤에 누워서 숨는다. 숨박꼭질하는 모습으로 얼굴을 내밀었다 숨었다 하는 것은 말러(Mahler, 1975)의 분리-개별화 단계에서 초기 재접근의 모습이다. "안아 주세요."라는 말을 하며 안기고 등에 업힌다. 철수를 업고 흔들어 주고, 구부리는 장난을 하였더니 웃으며 즐거워하고 눈맞춤을 자주 한다. 단추 채우기 상자를 가지고 와서 벨트를 풀어 보다가 잘 되지 않으니까 들고 와서 손을 잡고 함께 풀어 주기를 원하는데 짜증 내지 않고 도움을 청하는 것도 새로운 단계로 발전한 모습이다.

화장실을 사용할 때 문을 닫는 것은 지난 1년 동안에 처음 보는 모습으로, 문을 닫는 것에 대한 두려움이 없어진 것이다. 화장실 다녀오다가 복도에서 과자를 먹으면서 걸어오는 학생과 마주치자 미처 주기도 전에 과자봉투를 빼앗는다. 학생이 "그래, 네가 먹어라." 하면서 건네 주어 그 장면이 잘 지나갔다. "감사합니다."라고 이야기하도록 한 뒤 방으로 들어와 맛있게 먹었다. "하나 줄래?" 하고 물었더니 하나 꺼내 준다. "두 개 줄래?" 하였더니 한 개를 준다. 하나를 더 달라고 하자 다시 한 개를 준다. 두 개라는 숫자를 알고 있는데 수량으로는 이해하지 못하고 있는 듯하다. '캐러멜콘과 땅콩' 이라고 쓰여 있는 글자를 손가락으로 한 글자씩 짚어 가며 발음은 정확하지 않지만 읽을 수 있다.

최근 몇 주 동안에 철수의 인지발달이 눈에 띄게 변화했음을 알 수 있다. 사용하는 단어 숫자와 발음 형태, 장난감 종류의 선택, 그림 그리기, 감정 조절하기 등에서 더욱 두드러진 차이를 알아볼 수 있다. 내면의 상처가 치유되면서 일어나는 변화의 모습을 보면서 감사한 마음과 기쁨이 솟는다.

### 46~49회

1998. 6. 30(화) 2:00~3:00

철수가 입고 있는 셔츠에 '어른들은 몰라요' 라는 말이 쓰여 있어 즉흥으로 그 노래를 하였더니 멜로디를 따라 흉내 낸다. "어른들은 몰라요. 철수를 몰라요."라고 노래를 부르자 웃으며 좋아한다. 계속하여 "선생님은 알아요. 철수를 알아요. 철수도 알아요. 선생님을 알아요." 라고 불렀더니 깔깔거리며 좋아하고 따라서 흉내를 낸다. 노랫말을 이해하고 좋아하는 것이 분명하다. 가능한 모든 말들을 리듬에 맞추려고 노력한다. '내 모자 세모났네' '퐁당퐁당' '학교 종' 등을 부른다. 혼자 소리를 내면서 귀를 막고 소리를 지른다. 자기 소리를 들으려고 하는 것일까?

덮개를 집어서 스스로 얼굴부터 이리저리 덮어쓰고 있다가 다시 일어나 방 안을 왔다 갔다 하는데 노크 소리가 나자 즉시 몸을 연구자에게 붙인다. 최근에 문을 노크하는 소리에 다시 보이는 반응이다. 자기 손으로 귀를 막고 소리를 내는 것과 노크 소리에 놀라는 반응이 서로 연관이 있으며 청각에 새로운 자극이 느껴지는 것 같다. 영어로 된 책을 꺼내 들고 오기에 읽어 주었더니 깔깔거리며 웃는데 영어의 리듬이 새로운 자극을 주는 것 같다.

엄마와 원기둥 모형 맞추기를 하면 원기둥을 어디에 어떻게 넣으라고 지도한다. 평소에 엄마는 아이에게 '무엇을 어떻게 해야 하는지'에 대하여 하나하나 교육을 시킨다. 놀이시간에도 아이는 자기 마음대로 할 수 없음을 알 수 있었다. 아마 철수는 연구실에서 보내는 한 시간이 마음대로 장난감을 가지고 놀 수 있는 유일한 시간일 것이다. 높은 곳에 오르거나, 물건을 던지는 일, 장난감을 부수는 일, 큰소리 지르기, 신체적 공격, 침을 뱉는 일 이외에는 놀이실에서 제한을 두지 않는다.

그림은 역시 청색을 잡고 시작하는데 원의 크기와 선의 강도가 많이 달라졌다. 지금까지는 주로 스케치북 가운데에만 그렸는데 오늘은 종이 가장자리에서부터 시작하여 한 장 가득 원을 두 번 그리고 다른 장에는 그 위에 색칠을 좀 하였는데 새로운 모습이다. 그리는 범위가 넓어졌다는 것은 이 아이의 내면세계도 넓어져 가고 있음을 보여 주는 것이라는 생각이 든다. 원을 크게 두세 번 그리고, 점을 찍기도 하고, 직선을 가로, 세로로 그려 네모를 만들기도 한다. 얼굴에 모기 물린 자국을 연구자가 만지면서 "철수, 얼굴이 가렵겠구나." 하자 "안

가려워."라고 너무 분명하게 표현을 하여 깜짝 놀랐다. 놀라운 반응이다.

철수의 인지발달 변화는 언어에서도 조금씩 나타나고 있음을 보여주는 것이다. 아직 언어를 통한 상호작용이 지속적이지 못하지만 단어가 서로 연결된다는 것은 큰 변화이다.

### 50~53회

1998. 7. 28(화) 9:00~10:00

철수가 연구자를 만나기 이전부터 2년 가까이 다니고 있는 복지회관에서 언어치료와 조기교육 시간을 연구자가 참관하는 날이다. 철수는 이미 조기교육실에 들어가 있었으며 유리창이 없어 문밖에서 선생님의 목소리를 들을 수밖에 없었다. 책을 보면서 계속 질문을 하는 소리가 들린다. "이것은 무엇일까?" 등. 철수는 간간이 맞추는 것도 있고 모르는 것도 있었다.

끝날 무렵 방에 숨어 있었으나 공부방을 나온 철수가 쏜살같이 그 방으로 뛰어오는 바람에 서로 마주치게 되었다. 연구자를 만난 철수는 활짝 웃으면서 신이 났다. 미끄럼틀을 몇 번 거꾸로 내려오더니 언어치료실에 갈 때는 펄쩍 뛰어 연구자에게 안겨서 올라갔다.

언어치료실은 관찰용 유리(one-way mirror)가 있어서 선생님과 아이의 관계를 자세히 볼 수 있었다. 선생님은 그림이 그려진 노트를 보면서 혼자서 보통 아이들에게 말하듯 빠른 속도로 이야기를 하고 내용과 단어를 물어보며 연습시킨다. 단어 연습 시간에 아이가 실수를 하자 그 순간 '찰싹' 손을 때린다. 관찰실에 있던 나는 깜짝 놀랐고 충격을 받았다. 철수는 움츠러 들었으나 짜증 내지는 않았다. 선생님의 손이 자기 가까이 오면 다시 움츠리는 모습을 볼 수 있었다. 특수교육을 받은 교사의 태도에서 개인의 성격을 조절하지 못하는 점이 안타까웠다.

엄마의 이야기로는 이런 일이 종종 있었다고 하였다. 의자에 30분 동안 꼿꼿이 앉아서 이야기를 듣고 단어 연습과 숫자 세기를 따라 하는 것을 보면서 조기교육과 언어치료가 별개의 것이 아닌데 그저 시간을 나누어 놓았다는 생각이 든다. 한편 정해진 시간 동안 제자리에 앉아 있는 연습도 이 아동에게는 필요할 것이라는 생각을 하였다.

### 복지회관 관찰

1998. 7. 28(화) 10:30~11:30

일 년 동안 책상 위에 있는 강아지 사진을 한 번도 관심 있게 쳐다보지 않았는데 오늘은 그 사진을 들고 자기 턱에 갖다 부딪치고 제자리에 둔다. "철수야, 선생님 강아지 사진이야." 하고 말하자 쳐다보고는 제자리에 둔다.

복지회관에서 연구실에 도착한 철수는 마치 구속에서 풀려난 아이처럼 의자에서 펄쩍펄쩍 뛰어 본다. 원기둥 모형판 4개를 모두 방향을 바꾸어 가면서 혼자 노래 부르며 즐겁게 집중해서 하고 있다. 혼자 중얼거리는 것은 언어발달에서 중요한 신호이다. 철수가 점점 나아지고 있음을 알 수 있다.

원기둥 모형 맞추기를 하면서 '가자 어디로' 라는 노래를 한참 동안 반복하며 부른다. 함께 이어 부르기도 하고 혼자서도 하는데 발음이 점점 분명해지고 있다. 혼자 중얼거리고, 노래를 흥얼거리는 시간이 늘어 가고 있다. '파란 마음 하얀 마음'을 부르면서 연구자가 따라 부르면 소절이어 부르기를 한다. '토끼야' '달' '우리 집 강아지' '곰 세 마리' 등의 노래를 잘한다. 받침이 있는 단어를 분명하게 말하지 못하지만 자세히 들으면 무슨 말인지 알 수 있다. 혼자서 '아빠 엄마 좋아'라는 노래를 분명하게 부르면서 논다.

스스로 그림 그리기를 하면서 신이 났다. 크게 원과 사각형을 그리고 손을 붙잡고 볼펜으로 글씨 쓰기를 하였다. '이철수'라고 이름을 쓰자 그 위에 자기 혼자 다시 써 본다. 볼펜을 사용하는 것도, 글씨 쓰기를 하는 것도 처음 시도하는 일이다.

## : 어린이집 관찰

1998. 7. 28(화) 2:30~3:30

올해 2월부터 다니기 시작한 어린이집에 도착하였더니 5~6세 어린이 20여 명이 옷을 모두 벗고 조그만 물통에서 물놀이를 하고 있었다. 철수도 옷을 벗고 물가에 앉아 있었으나 아이들하고 어울리지 않는다. 한 여자아이가 철수 얼굴에 물을 발라 주면서 같이 놀자고 하지만 반응이 없다. 10분 정도 지나자 한 사람씩 물통에서 나와 수건으로 몸을 닦고 팬티를 입는다. 다른 아이들은 옷을 입고 있는데 철수는 수돗가에서 물을 틀어 손으로 흘려 보내는 장난을 한다. 선생님이 불러도 반응이 없다. 몇 번을 되풀이하다가 돌아가서 팬티를 입는다. 위생 상태, 공중질서, 성교육 어느 것도 고려하지 않는 시간이라는 느낌이 들어 안타까웠다.

철수는 연구자를 알아보고 연구자에게로 온다. "철수야, 친구들하고 놀아야지." 하고 방으로 보내자 짜증을 내기 시작한다. 놀이시간, 독서, 음악시간에 아이들과 어울리지 못하고 친구들을 바라보면서 방관자 역할을 하고 있다. 물놀이 시간에 철수에게 말을 걸어온 여자애가 다시 철수 옆에서 함께 놀자고 이끌어도 웃음을 띨 뿐 어울리지 못한다. 이곳에서 생활한 지 6개월의 시간이 지났는데 율동시간에 손뼉치는 것, 몸을 움직이는 일을 하지 않는다. 생활하는 데 필요한 운동능력이 발달되어 있어 오르고 내리는 일은 잘하는데 주어진 리듬에 따라 몸을 움직이는 일은 하지 않는다.

파튼(Parten, 1943)의 놀이 형태에서 보면 지켜보는 방관자적 행동으로 2세 아동의 수준이다. 또래집단에서 상호작용을 하기에는 어려움이 있는 것 같다. 물놀이하는 시간에도 다른 어린이들이 노는 것을 바라보기만 하다가 아이들은 옷을 입는데 그제야 자기 혼자 수돗가에서 물장난을 하는 것도 같은 이유 때문이다. 간식은 우유와 보리스넥인데 다른 아이들보다 늦게까지 먹고 있다.

어린이집 선생님과의 상담에서 지난 6개월 동안 철수는 스스로 그룹에 끼지 않고, 주변 어떤 사물에도 관심이 없다고 하였다. 선생님과 새로운 어른(보조 선생님)이 오면 그의 관심을 끌기 위한 행동을 하며 친구들이 철수를 끌어들이려고 시도하다가 포기한다고 하였다. 철수가 연령이 낮은 그룹으로 가는 것이 바람직하다는 것에 의견일치를 보았으며, 물놀이 시간에 보고 느낀 점을 이야기하며 시정할 수 있는지 건의하였다.

엄마와 상담을 하여 철수가 3~4세 그룹에 참여하는 것이 도움이 될 것 같은데 어떤지 의논하였으나 한마디로 거절한다. 예전에 다른 어린이집에서 시도하였으나 효과가 없었다고 강하게 변명한다. 철수를 위한 모든 것은 자신이 가장 잘 결정하고 있다는 태도이며 자기 나이 또래들과 함께 지내야 한다는 강한 고정관념을 가지고 있다.

### : 54~59회

1998. 9. 7(월) 3:00~4:00

계속해서 혼자 중얼거리며 큰 소리를 내는데 그 소리는 연결되지 않지만 단어를 이야기하고 있는 것이 분명하다. '하지 마' '고모네 집' 등 일상생활에서 들어 온 말들을 중얼거리고 있다. 그러다 갑자기 "기름 넣어 주세요."라는 말을 아주 분명하게 한다. "철수야, 엄마하고 기름 넣는 데 갔었구나." 하고 말하자 "기름 넣어 주세요." 하고 다시 반복한다. 일상생활에서 들은 말을 반복하고 있다. 무엇을 달라고 요청할 때는 "엄마, 물 좀 주세요." "엄마, 초코파이 사 주세요."라고 정확하게 표현을 한다.

코스터를 가지고 노는데 구슬을 하나씩 밀어 갈 줄 안다. 전체에서 부분으로 분화하는 모습을 볼 수 있다. 북을 치면서 혼자 흥얼거리기는 오늘이 처음이다. 철수가 악기를 가지고 멜로디를 쳐 보려고 시도하고 있는 것이다. 손으로 박자를 맞추어 준다. 동물수레를 가지고 '칙칙폭폭' 노래를 하며 기차놀이를 혼자서 흥얼거리며 놀고 있는 것은 수레와 기차를 동일시하고 모방놀이 하는 능력이 있음을 말해 주는 것이다.

소파에 누워서 연구자를 끌어당기더니 얼굴을 두 손으로 붙잡고 자세히 쳐다보고는 손가락으로 연구자의 눈을 벌려서 들여다보며 얼굴을 쓰다듬고 탐색하는 모습이다. "눈, 코, 입." 하며 손가락으로 만지고, 얼굴을 맞대고 뽀뽀를 한다. 좁은 의자에 누워서 얼굴을 쳐다보며 눈, 코, 입, 귀, 머리 등을 말하면 자기의 얼굴과 연구자 얼굴에서도 이를 지적할 수 있다. 한쪽 팔로 연구자의 목을 감싸고 까꿍놀이를 잠시 해 보고 '윙크' 도 해 본다.

손을 만지고 팔목에 있는 시계를 자세히 들여다보고 "시계."라고 따라 하면서 내 무릎에 머리를 대고 누워 얼굴을 자세히 쳐다보며 눈맞춤을 오랫동안 많이 한다. 철수의 눈동자 초점이 달라졌음을 분명하게 알 수 있다. 소파에 누워 혼자 중얼거리다가 자기 생식기를 가리키면서 "고추."라고 여러 번 되풀이하여 말한다. 신체부위에 대하여 스스로 말하기는 처음이다. 배꼽을 가리키며 "배꼽."이라고 하였더니 따라서 한다.

철수가 자기 신체부위에 대하여 새로운 인식을 하기 시작하는 것은 신체적 자아감과 함께 성 정체감을 느끼고 있으며 말러(Mahler, 1975)의 재접근 단계를 거치면서 개별화 단계로 이어지고 있다는 생각이 든다.

"옛날 이야기 해 줄까?" 하고 물었더니 "응." 하고 대답을 한다. "옛날 옛날에 깊은 산속에서 할아버지와 할머니가 살았는데……."라는 이야기를 시작하자 소절을 말할 때마다 "응." 하고 응답을 한다. 마치 이야기를 열심히 듣는 것처럼……. 그러다 잠이 들었다.

연구실에서 잠이 든 것은 처음이다. 기운이 없고 피곤하여도 잠을 자는 일은 없었는데 오늘은 긴장이 많이 풀린 것 같다. 시간이 되어 엄마가 들어왔을 때도 계속 자고 있었다. 잠시 그냥 두자고 하였더니 형이 기다린다고 업고 나간다. 하루 종일 이곳저곳에 다니면서 피곤함과 긴장감이 풀린 사실을 엄마가 아는지 안타깝다.

엄마에게 일년 만에 다시 Social Atom을 그려 보게 하였는데, 첫 번째 그린 것과 많은 차이를 보였다. 엄마 자신의 내면세계에 변화가 있었음을 알 수 있다. 첫 번째 그림에서는 모든 인간관계가 철수를 위해 존재하는 것으로 그려졌었고, 철수가 자신 안에 들어와 있었으나 지금은 부분적으로 밖으로 나가 있다. 역삼각형으로 불안하게 놓여져 있고 인간관계는 가족 이외에는 그려져 있지 않다.

## 8개월간의 음악치료 해석

지난 8개월 동안 순수 능동적 음악치료를 중점적으로 실시하였으며 음악에 대한 아동의 능력과 태도 변화를 알 수 있었다. 노래 부르는 것을 무척 즐거워하며 노래와 연결된 언어가 주어지면 즉시 그에 맞는 노래를 부른다. 우울할 때에는 작은 소리로 혼자 부르기도 하지만 연구자와 함께 손뼉을 치며 노래 부르는 일을 즐거워한다. 노래를 부를 때에는 리듬과 박자, 음정이 정확하고 멜로디를 잘 기억하고 있으며 음성이 아름답다. 발음이 매우 분명하며 특히 자신만의 세계에서 혼자 부를 때는 더욱 분명하다.

어린이집과 학교, 성당에서 배우는 노래들을 모두 기억하고 있으며 연구자가 물어보면 즉시 응답한다. 손뼉을 치며 함께 노래를 부를 때는 눈맞춤을 많이 하고 연구자의 무릎 위에 앉아서 몸을 흔들며 노래를 부르는 것을 좋아한다. 악기를 사용하는 일은 많지 않았으나 그중에서 북과 실로폰, 탬버린을 주로 두드리고 준비된 악기들을 한두 번씩은 가지고 놀았다. 악기를 음악에 연결시키는 것이 아니라 장난감처럼 가지고 노는 경우가 많았다.

음악치료는 아동과의 눈맞춤을 증가시켰으며 노래를 부르는 과정에서 노랫말을 통하여 언어습득이 이루어지면서 인지발달에 도움을 주고 의사소통이 보다 쉽게 이루어질 수 있었다. 즐거움을 체험함으로써 정서순화가 이루어지고 상징적인 놀이성과 대인관계 증진에도 효과가 있음을 알 수 있다.

허드슨(Hudson, 1973), 피터(Peters, 1987), 앨빈(Alvin, 1986), 로빈스(Robbins & Robbins, 1991)의 이론에서 설명하였듯이 자폐성 장애 아동들이 음악활동을 통하여 언어화하는 것, 언어를 통한 상호작용, 주의력 집중, 눈맞춤 등이 증가하였다는 연구 결과를 입증해 주고 있다.

## 놀이치료 사례

### : 60~66회

1998. 11. 2(월) 3:00~4:00

놀이치료를 중점적으로 실시하기 위한 장난감으로 사람과 동물인형, 퍼즐, 블록, 자동차, 비행기 종류, 몬테소리 교구들, 코스터, 동물수레, 단어와 숫자카드, 공, 그림 동화책, 악기류, 소꿉놀이 주방기구, 거울 이외에 조개, 소라, 전복 껍질, 솔방울 등의 자연 장난감을 준비하였다.

손뼉을 치며 노래 부르기를 (새… 새…) 하자 웃으며 1절 끝날 때까지 하고는 그만둔다. 진흙을 보면서 가지고 놀기를 원하여 주었더니 그냥 손으로 주물러 보다가 일어선다. 손뼉치기를 할까 하고 물으면 웃으며 좋아한다. "얼굴 그려 볼까?" 하고 말하였더니, 원 안에 코, 입, 귀, 머리까지 모두 그렸다. 놀랍고 기뻐서 손뼉을 치며 칭찬해 주었다. 자기 손을 놓고 손가락 그리기를 한다. "왼손, 오른손." 하고 말하자 양쪽 손 모두를 그린다.

내담 아동의 인지발달에 변화가 생기고 있음을 알 수 있다. 얼굴 그림은 켈로그(Kellog, 1969)의 분류에 의하면 3세 아동의 수준이다.

연구자의 손을 만지다가 갑자기 손가락을 깨물었다. "아야." 하고 소리를 내자 웃으면서 쳐다본다. "철수야, 네 손 좀 보자." 하였더니 급히 손을 감춘다. 철수의 손을 잡고 손가락을 가볍게 깨물어 보았다. "철수야, 손가락 깨물면 아프지? 후 불어 줄게." 하자 손을 내민다. 장난감 블록이 들어 있는 상자를 들고 와서는 다 쏟아 붓고 하나 둘 만지고 놀다가 끝날 시간이 되어 주워 담기를 하는데 꾀를 부려서 금세 다른 장난감을 가져오려고 한다. 그리고는 "자자." 하며 손을 잡아당겨 옆에 함께 누웠다. 얼굴을 두 손으로 쓰다듬고 만지다가 손을 잡고 잠이 들었다. 연구실에서 두 번째(58회) 잠이 든다. 시간이 끝나 엄마가 들어올 때까지 잠을 잤다.

엄마 이야기로는 철수가 주말을 지내고 월요일에 소리를 더 많이 지른다고 하였다. 최근에는 집에서도 혼자 중얼거리고, TV 광고를 흉내 내기도 하고 엄마의 말을 이해하는 것이 많아졌다고 한다. 지난 1년 6개월 사이에 엄청나게 변화한 것을 보고 가족과 친구들이 놀랐다고 한다. 그동안 철수의 어휘 수 증가에 대하여 적어 보았다. 처음 만났을 때 겨우 세 단어 정도를 말할 수 있었는데 지금은 50여 개의 단어를 말하고 있다.

### 67~70회

1999. 1. 13(수) 2:00~3:00

새로 이사 온 연구실 방에 대하여 설명해 주고 철수가 가지고 놀던 장난감이 모두 있음을 보여 주었다. 엄마와 형도 함께 온 것을 계기로 세 사람의 공동 그림을 그려 보았다. 철수는 연두색으로 얼굴—눈, 코, 입, 귀—을 그리고 난화를 그렸다.

형은 자기 모습을 그리고 회색 상체와 검은색 바지를 그렸는데 손과 발이 없다. 형은 가족 이름을 '우리는 챔피언'이라고 쓰고 경찰이라는 단어를 써 놓는다. 엄마는 청록색으로 크리스마스트리를 만들고 회색 십자가와 주렁주렁 방울을 달아 놓았다. 세 사람의 그림에서 공통적인 것은 아무것도 없다(부록 4).

연구자가 철수에게 얼굴을 그려 보자고 하였더니 역시 연두색으로 동그라미를 그리고 동그란 눈, 코, 입, 귀, 머리까지 그렸는데 눈썹은 없다(부록 3: 얼굴).

갑자기 방귀 소리가 나서 "이게 무슨 소리지?" 하고 물었더니 "방귀 뀌었어요." 하고 말한다. "미안합니다." 하고 말하도록 연습한다. 자신의 신체적 반응에 대한 지각이 생기는 것은 신체적 자아감이 발달해 있다는 것이다.

연구자에게 매달려서 얼굴을 맞대고 흥얼거린다. 어린이집에서 배운 '펄펄 눈이 옵니다' '새 달력에 내 생일이 들어 있네' 라는 노래를 함께 부르고 손뼉 치기를 하며 박자 맞추기도 한 박자에서 두 박자로 넘어간다. 나팔을 들고 와서 불어 보라고 준다. 부는 방법을 알려 주었더니 한 번 시도해 보고는 그친다. 동물 모형 수레를 가지고 와서 모든 동물들을 모형에 따라 수레 안으로 집어넣는다. 코끼리를 집어넣으면서 '코끼리 아저씨' 노래를 하는 것은 동물 모습과 노래를 연결시킬 수 있는 능력이 발달하였음을 보여 주는 것이다. 장난감 기차에 그려진 얼굴을 보고 "얼굴."이라고 말한다. 의자에 누워서 숨바꼭질하는 것처럼 얼굴을 덮개로 가리고 까꿍놀이를 한다.

동화책, 그림책을 꺼내서 손가락으로 "탁 탁 탁"거리며 짚는데 속으로 혼자서 읽고 있는 것 같다. 단어를 물으면 정확하게 그림을 짚어낸다. 단어카드를 보면서 분명한 목소리로 읽기도 한다. 그러나 단어의 수는 증가하였으나 문장과 상황에 맞는 말을 주고받는 일은 잘 이루어지지 않는다.

엄마가 몇 주일째 약속 시간을 기억하지 못하고 있다. 심리 치료과정에서 나타나는 저항 현상인데 아동의 행동이 눈에 띄게 변화하기 시작하면서부터 엄마에게서 자주 보이는 현상이다. 1월부터 다시 특수교육원에 다니면서 그곳 아이들의 소리 지르는 것과 행동을 모방하는지 예전보다 행동이 거칠어졌다고 걱정한다. 아동이 힘들 것 같으니까 그곳은 쉬는 것이 어떠냐고 제안하였더니 받아들이지 못한다. 그곳에서 학습하는 것을 배워야 한다고 강조하여 대화가 되지 않음을 다시 느낀다. 1월부터 연구실에서 보는 철수의 모습은 예전보다 더 거칠어진 행동이 없다고 말해 주었다.

엄마가 3월부터 철수를 일반 초등학교와 새로운 특수 어린이집에도 보낸다고 하였다. 아직 초등학교에 갈 수 있는 상태가 아닌데 엄마의 욕심은 일년 늦어지는 것을 기다릴 수 없는 것 같다. 안타까운 일이다. 새로운 환경 두 곳에 적응해야 하는 것은 이 아이에게 커다란 스트레스이며 그것을 풀어 줄 수 있는 곳은 아마 연구실에서의 놀이치료 시간이 될 것이다.

엄마의 욕심을 보면 치료를 끝내고 싶지만 아동을 생각하면 이번 학기 동안 치료를 계속해야 할 것 같다. 초등학교 입학, 새로운 특수 어린이집 모두 새로운 환경에 적응해야 하므로 철수에게 이미 익숙해진 환경에서 이번 학기까지는 놀이치료를 계속할 필요가 있음을 설명하였다.

### 71~74회

1999. 2. 23(화) 2:00~3:00

'북치는 소년' 노래를 부르자 따라 하며 순간적으로 눈을 쳐다본다.

계속 멜로디를 흥얼거리며 숫자카드를 가지고 와서 1, 2, 3 하고 숫자를 헤아린다. 어린이집에서 무슨 노래를 배웠는지 묻자, '감자에 싹이 나서…….'를 부른다. 손뼉을 치며 함께 노래 부를 때 눈맞춤을 한다. 그러나 눈빛에는 허공을 보는 듯 공허한 느낌이 있다. 계속 노래를 부르면서 삼각모형을 가지고 와서 뚜껑을 돌려 보고, "세모."라고 발음한다. '꽃과 같이 고웁게…….'를 부른다. 응답하여 부르면 함께 맞추어 부른다.

남자인형을 가지고 오기에 "그 인형 철수 친구니?" 하고 묻자 대답이 없다. "그 인형 이름이 뭐야?"라고 묻자 "이철수." 하고 응답한다. 자신의 이름 단어를 기억하고 있는 것이다. 동물인형 기린과 사자를 먼저 집어 든다. "기린과 곰."이라고 말하면서 코끝에 대어 보고 확인하듯이 눈을 쳐다보고 손으로 만져 본다. 동물인형을 먼저 집어내기는 처음이다. 장난감 관심 대상이 조금 더 넓어지는 것이다. "다른 동물인형도 많이 있구나." 하였더니 공룡을 집어 온다. 방 안을 왔다 갔다 하면서 낄낄 웃고 있다.

처음으로 코스터를 연구자와 함께 돌리며 협동놀이를 할 수 있음을 보여 준다. 지금까지는 혼자서 돌리기를 하고 때로는 참여하는 것을 제지하거나 거절하기까지 하였었다.

뛰어와서 안기며 "좋아요." 한다. "무엇이 좋은데?" 하고 묻자 얼굴을 손으로 만지면서 웃는다. "선생님이 좋아?" 하고 묻자 웃는다. "선생님도 철수가 좋아." 하고 말하자 얼굴을 두 손으로 감싸고 코와 이마를 마주 대고 눈을 쳐다보며 웃고 좋아한다. 애정표현의 새로운 모습이다.

## 75~79회

1999. 3. 23(화) 1:00~2:50

초등학교 수업시간이 오전에 4시간인데 시간 중에 울어서 학교 수업에 지장이 있었다는 것이다. 입학한 지 한 달이 지나도 울고 있으며, 수업시간에 혼자 밖으로 나가서 운동장에서 노는 일이 있다고 엄마가 말한다.

염려했던 대로 정규적인 학교생활에 적응하는 데 어려움이 있음을 알 수 있는데 적응하는 시기여서 더 자주 나타나는 현상일 것이다. 공격성이 노출되어 큰소리 치기, 책 던지기, 거친 동작 등이 나타났다가 혼자 소리 내어 웃는데 학교생활에서의 부적응이 이러한 모습으로 나타나는 것 같다.

'가나다라마바사……'를 노래로 한다. 연구자도 그에 응답한다. 퓨펫 인형에 손을 넣고 끼어서 인형 얼굴을 쳐다본다. "그 인형 이름을 뭐라고 할까?" 응답이 없다. "미니라고 할까?" 하고 묻자 "미니." 하고 응답한다. 말을 따라 하고 단어가 쓰인 카드를 읽고 있으나 상황에 맞는 대화가 이루어지지 않는다.

새로운 모방행동을 한 가지 한다. 놀이실에서 연구자가 슬리퍼를 신고 있는 것을 보자 자기도 커다란 슬리퍼를 신고 다닌다. 동물수레를 한두 번 시행착오를 거치면서 맞추기를 한다. 지난주보다 쉽게 맞춘다. 원기둥 모형은 기둥을 뽑아서 앞뒤로 바닥에 넣었다가 순서대로 넣는다. 지금까지 항상 같은 것을 가지고 노는데 오늘은 시행착오를 많이 거친다. 나무 블록을 장에서 바닥으로 쏟아 내고 몇 개를 들고 가져온다. "우리 철로를 만들어 볼까?" 하고 물어도 반응이 없다. 모방놀이를 시도하지 않는다.

날씨가 화창하고 따뜻해서 학교 온실에서 꽃을 관찰하기로 하였다. 화단 가득 피어 있는 튤립을 보면서 색상과 촉감을 느끼도록 해 본다. 보라색, 빨간색, 하얀색, 노란색 튤립을 보며 다른 화단에 피어 있는 노란색 수선화와 동백꽃을 보았다. 자연 속에 있으니까 아주 좋아한다. 손가락으로 꽃대를 잡고 한 번 비틀어 돌린다. 다행히 꽃이 꺾이지는 않았다. 꽃에 대한 느낌의 표현이 두 살 정도의 어린아이가 꽃을 잡는 것 같다. 온실 안에 들어가서 화려하게 피어 있는 베고니아를 만져 보고 색상을 정확하게 말한다. "주홍색, 빨간색, 노란색, 하얀색 등……." 그리고 "튤립."이라고 말하여 조금 전에 보았던 것을 기억하고 있다.

철수 엄마가 약속시간을 잘못 기억하여 어제 오후에 왔었다. 무의식적인 저항의 모습을 다시 보인 것이다. 학교에서 계속 우는 일이 반복되고 오전 한 시간 정도 교실에 있다가 밖으로 나가서 혼자 놀아서 친구들이 데리고 오곤 한다는 것이다. 철수의 정신적 능력이 정규학습을 따라 갈 수 없는 데서 오는 부적응 상태인데, 엄마는 철수가 성인이 되어 사회에서 살아갈 걱정에 지금부터 시작해야 한다는 지나친 욕심을 버리지 못한다. 오히려 다른 아이들과 비교를 하면서 철수의 생활습관이 잘 길들여져 있다는 것을 자랑스럽게 이야기한다. 엄마에게 앞으로 남아 있는 치료 계획과 종료과정에 대하여 설명하였다.

### 4) 종결 단계

**80~85회**

1999. 4. 21(수) 1:30~2:10

녹색을 집어 1, 2, 3, 4를 쓰는데 5, 6, 7, 8, 9를 잘 쓰지 못하고 숫자판에서 연습을 하는데도 잘 되지 않는다. 이름 쓰기도 가운데 글자가 어려운지 잘 쓰지 못한다. 20여 장의 단어카드를 들고 와서 아는 글자는 큰 소리고 읽고 모르는 글자는 그냥 넘기고 있다. 그중에 자기 자신과 관계가 있는 것을 물어보면 대답한다. 글자 읽기는 잘하지만 현실과 연결은 되지 않는다. 글씨를 쓰는 과정에서 손을 쳐다보지 않는다. 눈과 손의 협응이 잘 이루어지지 않고 있음을 알 수 있다 (부록 3).

녹색으로 얼굴을 그리는데 눈, 코, 입, 머리는 있지만 얼굴과 귀는 없다. 엄마가 "귀는 어디 있어?" 하고 묻자 눈 옆에 그린다. 분수 도형을 맞추는데 순서대로 놓지 못하고 이미 놓여 있는 상태에서 움직이고 있다.

혼자 "라 라 라." 소리를 내면서 돌아다니다가 빈 상자를 들고 왔다 갔다 하면서 머리에 써 본다. 북, 트라이앵글, 상자 등을 머리에 얹으면서 모자라고 하는 것은 가상놀이로 볼 수 있는 부분이다. 바닥에 있는 거울에 자기 손과 얼굴을 번갈아 맞추어 본다. 윷놀이를 하려고 두세 번 시도하다가 그냥 두고 바닥에 누워서 큰 소리로 '달아 달아 밝은 달아' 노래를 부른다. 노래 부를 때와 하지 않아야 하는 일을 하려고 할 때는 연구자의 눈을 쳐다본다. 연구자와 손뼉을 치며 '머리, 어깨, 무릎, 발'을 조금 빠른 속도로 아주 잘한다. '퐁당퐁당' 노래도 손

뻑 치며 부를 때는 눈맞춤을 자주 오랫동안 하게 된다.

연구실에 피어 있는 꽃의 색상을 물어보자 몇 번 시행착오를 거치면서 대답한다. "장미꽃을 그려 볼까?" 하고 물었더니 연두색을 가지고 선을 그리는 것을 보면 장미꽃의 잎과 줄기, 꽃의 색상을 인식하는 것 같다. 20여 장의 카드에 쓰인 단어와 짧은 문장은 잘 읽는다. 그중에 자기 자신과 관계가 있는 것을 물어보면 대답한다.

장난감 전화기를 들고 와서 숫자판을 눌러 보고 들고 다니다가 제자리에 놓을 때에는 방법을 찾지 못하고 거꾸로 매달아 놓는다. 회전의자에 앉아서 상체를 눕혀 빙빙 돌리며 혼자 알 수 없는 멜로디의 노래를 한다. 소리 지르기, 깔깔거리고 웃기, 물장난, 높은 곳에 올라가는 일을 자주 하여 내려오도록 하면 "싫어." 하고 반항한다.

철수가 학교에서 울어 선생님께 엉덩이를 맞았고 학급 친구들까지도 함께 매를 맞은 날, 한 시간 내내 철수는 자기 세계 속에서 거의 혼자 놀이를 하였다. 연구자가 말로 자극을 주어도 반응이 없고 혼자서 '달 달 무슨 달'을 부르고 따라 해 보아도 혼자서 부른다. 학교에서 매를 맞은 것에 대한 화가 풀리지 않은 것 같다. 지난주에 학교에서 울어서 선생님이 벌을 주자 "너무 했어요."라는 반응을 보였다고 한다.

엄마가 2시간 수업참관을 하였는데 예전보다 우는 일이 줄어들었으며 읽기는 하는데 쓰는 것은 따라가지 못하고 수업시간에 돌아다닌다고 하였다. 한 가지 일에 집중하는 시간이 짧기 때문에 어쩔 수 없이 움직이게 되는 것이라고 설명하였다.

85회(1999. 6. 9)에 엄마가 처음으로 어디 가느냐고 묻자 "제주대학교."라고 대답하였으며 어느 선생님한테 가느냐고 하였더니 연구자의 이름을 말하였고 심리치료라는 말도 하였다고 한다.

말러(Mahler, 1975, 1997)의 대상항상성의 단계에 이른 것 같아 이제 놀이치료를 끝낼 때가 되었음을 알 수 있다. 엄마에게 8월 첫째 주 수요일에 가족 미술치료를 한 뒤 마무리할 것이라고 설명하였다. 그러자 미술전공 대학원생 중에 연구를 위해서 미술지도를 해 줄 수 있는 사람이 있을지 알아보아 주기를 원한다. 음악학원에서 피아노와 노래를 배우는 것도 좋을 것이라고 하였더니 학교와 특수교육원 시간 때문에 어렵다고 하였다. 엄마는 아동에게 필요한 것을 자신이 원하는 방법으로만 선택하려는 것 같아 안타깝다.

### 86~88회

1999. 7. 9(금) 2:10~3:00

약속시간보다 1시간 늦게 왔으며 학교에서 늦게 끝났다는 것이 엄마의 변명으로 치료의 종료 단계에서 다시 나타나는 저항 현상이다. 학교에서 많이 울었는지 철수는 눈이 젖어 있었다.

그림 그리기는 이제 글자 쓰기로 바뀌었는데 엄마가 부르는 단어를 쓸 수 있으나 눈과 손의 협응이 잘 이루어지지 않아 손으로 글씨를 쓰지만 눈은 다른 곳을 쳐다보고 있어 써 놓은 글씨는 낙서가 되어 버렸다. 놀이실에서 방 안을 한 바퀴 돌고 단어카드를 가지고 와서 소리내어 읽는다. 자신의 이름을 읽을 때는 이를 꽉 물고 잔뜩 화가 난 목소리로 읽는다. 학교에서 있었던 일들이 연상된 것 같다. 외마디 글자 '눈, 코, 입, 귀' 등을 읽고 얼굴에서 지적하는 일을 하는데 오늘은 자신의 얼굴과 연구자의 얼굴에서도 지적할 수 있었다.

갑자기 창문 턱 위에 올라가는 장난을 다시 하여 '놀이실에서 높은 곳에 올라가지 않는 약속'을 했으니까, 오늘은 놀이를 그만하자고 하였더니 방구석으로 가서 "싫어, 주세요."라는 말을 하며 헝겊 상자를 던진다. 화가 나면 물건을 던지는 일이 순간 나타났다. 던지는 것을 이용하여 놀이를 시도하였으나 놀이를 하지 않는다. 짜증이 나 있으며 책으로 자기 머리를 치면서 운다. 왜 그러는지 물어보아도 계속 짜증을 내고 장난감에 별 관심이 없다. 기린, 사자 등을 만져 보고는 장난감 피아노를 한 번 두드리고 카펫 위에 누워서 자기 몸을 돌돌 말아 그 안에서 소리를 낸다. 그러면서 연구자가 밖에 있는지 확인하고 다시 얼굴을 들이밀고 마치 까꿍놀이 하듯이 10분 이상을 그러고 나서 "물 주세요." 하며 물을 마시고 다시 카펫으로 몸을 말고 10여 분 있었다.

왜 자신을 그 안에 가두어 두고 싶어지는 것일까? 힘들어서 다시 태내로 되돌아가고 싶은 것일까? 아니면 누군가 자신을 포근하게 감싸 주기를 원하는 것일까?

연구실로 돌아와 엄마 상담을 하는데 최근에는 집에서도 장난을 잘 한다고 하였다. '미운 일곱 살'의 특성이 나타나는 것 같다. 엄마가 심부름을 시키면 그 돈으로 아이스크림을 사 먹고 온다며 웃는다. 놀이터에 형하고 함께 가면, 형이 야구하는 동안 철수는 혼자 놀고 있다고 하였다. 학교 급식하는 날은 식당에 있는 엄마를 보고 "엄마." 하고 아는 체하며 좋아하였다고 한다.

## 89회

1999. 8. 4(수) 11:20~12:30

오늘은 철수의 표현예술치료 마지막 시간이다. 약속시간보다 20분 늦게 왔으며 엄마는 늦은 이유를 설명하고, 아빠는 인사하면서 의자에 앉는다. 철수는 머리를 꾸벅거리고 의자로 가서 기대앉고 형 민수는 웃으며 인사한다. 아이들이 화장실 가는 동안 부모와 잠시 이야기를 나누었다. 지난 2년 6개월 동안 치료한 결과와 앞으로 철수의 성장에서 나타날 수 있는 일들에 대하여 이야기를 나누었다.

놀이실에 가자 철수는 자기 혼자만의 영역에 가족들이 들어와서인지 흥분해 있다. 가족이 함께 놀이를 해 보자고 하였으나 잘 이루어지지 않아 가족벽화(mural)를 그려 보기로 하였다. 민수가 먼저 그리고 철수도 그리는데 부모는 여전히 무엇을 그려라, 무슨 색을 쓰라는 등의 지시를 한다. 형이 함께 그리는 데서 오는 질투를 짜증으로 나타낸다. 철수는 초록색으로 글씨 쓰기를 하였으나 낙서가 되었고, 민수는 우주선, 엄마는 바다에서 수영하는 철수를 그렸는데 왼쪽 코너의 윗부분에 바다, 수영하는 사람, 튜브와 배를 보라색으로 그렸고 역시 왼쪽 방향으로 가고 있는 그림이다. 아빠는 밝은 오렌지 갈색으로 토끼 두 마리를 머리만 그리고 잎이 갈색인 나무를 2개, 기둥만 있는 것을 그렸다. 색칠도 엄마가 주로 하고, 아빠는 이야기로 보조를 하고 있다. 제목은 민수가 붙였다. “이상한 나라.”(부록 4)

민수가 자동차 놀이를 하자 철수는 계속 칭얼대고 혼자서 카펫에 몸을 말아 누워 있고 함께 놀이하자고 불러도 나오지 않는다. 잠시 후 나와서 자동차를 밀어 보고 발로 형의 엉덩이를 걷어차며 형이 함께 있는 것을 질투하여 공격적인 행동을 한다. 부모가 제지를 하지 않고 웃고 있어 연구자가 공격적인 행동을 하지 않는 것이라고 설명하였다. 윷놀이를 해 보자고 제안하였더니 모두 둘러앉았는데 철수는 계속 짜증 내고 자기 머리를 손으로 치며 울고 있다. 엄마가 화를 내며 때리고 아빠는 가만히 있다.

연구자가 윷을 철수에게 주면서 던지기를 유도하였다. 몇 번의 윷놀이가 끝나고 가족 즉흥연주를 하기로 하였다. 북, 소고, 탬버린, 리듬악기들을 가지고 철수, 형, 엄마가 '꿍따리 샤바라'를 몇 차례 신나게 연주하였다. 아빠는 멀리 앉아 관람하고 있었다. 연구자가 아빠도 함께할 것을 권유하여 흔들기 2개를 가지고 연주에 참여하였고, 철수와 형, 엄마는 악기를 바꾸어 가면서 온 가족이 신나게 다섯 차례의 즉흥연주를 하고 끝을 맺었다.

연구자는 철수를 안고 앉아서 손뼉을 치며 함께 노래를 불렀다. 철수가 아주 만족해하였으며 식구들도 즐거워하였다. 한 달 후에 다시 만나기로 하고 치료과정을 마무리지었다.

### 5) 후속 단계

#### 90~93회

1999. 9. 7(화)~12. 2(목) 2:15-3:15

한 달 만에 만나는 철수는 밝은 표정이지만 눈을 맞추지 않고 부산스러웠다. 엄마가 자동차 문을 잠그는 동안 혼자 건물 안으로 들어와서 3층으로 올라가는 바람에 한참 동안 찾으러 다녔다. "놀이실에 갈까?" 하고 묻자 "네."라고 응답한다. 놀이실에서 몬테소리 교구, 코스터를 맞추어 보고 동물인형과 사람인형을 손에 들고 한두 번 만져 본다.

오늘은 짜증 내는 횟수가 많고 어깨를 들썩거리면서 툴툴거리다가 카펫으로 몸을 말아서 누워 있다. 그 안에서 내는 소리는 만족스러운 소리이다. '비행기' 노래를 리듬으로 부르면서 장난감들을 만진다. 놀이실을 둘러보고 단어카드를 찾아서 읽는다. 책상으로 가지고 와서 읽어 보자고 하였더니 선뜻 들고 온다. 신체부위와 관련된 단어들을 질문하면 자신과 연구자를 지적하며 맞출 수 있다. 변화한 모습이다.

글자퍼즐은 맞추기를 하지 않고 쏟아 붓기만 한다. 플라스틱 병 뚜껑—파란색—을 가지고 "바퀴."라고 하면서 장난감 선반에 기대어 바닥에서 굴려 보고 턱에 부딪치기도 한다. 동그란 물체에 집착한 것, 양말을 벗어 발가락 사이를 만지고 입으로 가져가는 행동들은 사라졌다가 다시 나타나는 행동이다.

갑자기 창문으로 올라가 내려오도록 말을 하자 "싫어." 하고 강하게 반응을 보이다가 창문에서 내려와 파란색과 분홍색 크레파스로 글자를 쓰는데 낙서가 된다. 빨간색 불자동차를 가지고 '소방관 아저씨' 노래를 계속 반복하면서 사다리를 펴고 접는 일을 10여 분 동안 하였다. 사다리가 빠지면 순간적으로 눈을 쳐다보며 "도와주세요."라고 분명하게 말한다. 놀이시간이 끝났으니 정리하자고 하자, "싫어." 하면서 악기를 두드린다. 피아노, 리듬악기를 꺼내서 두드리며 연구자를 쳐다본다. 12월에 다시 오라고 말하며 함께 정리하였다. 놀이실에서 충분히 놀지 못하였는지 끝내고 싶어 하지 않은 것 같다.

연구실에 돌아와 엄마와 이야기하는 동안 철수는 의자 덮개를 '이불'이라고 하며 덮고 누워 있다. 엄마는 집에서나 다른 곳에 가서도 이불과 베개를 찾고 누워 있는 것을 좋아한다고 말하였다. 유아 시절로 다시 되돌아가고 싶어하는지도 모른다는 생각이 들었다. 책꽂이에서 『발달심리학』 『사랑의 성교육』 『The First Birth』 『Botany』라는 책을 꺼내서 만져 보고 한글 제목을 소리내어 읽고 누구 책이냐고 묻자 "철수 책."이라고 응답한다.

93회에서는 철수, 엄마와 함께 작은 케이크를 놓고 파티를 준비하였다. 촛불을 켜고 철수가 아는 생일축하 노래를 함께 부르며 표현예술치료 2년 6개월의 전 과정을 마무리하였다. 단어카드 읽기, 동물모형 수레, 버스, 불자동차 등 평소에 즐기던 장난감을 만져 본다. 엄마가 엄마 얼굴을 그려 보자고 하였더니 녹색으로 그리고 연구자와 자기 이름은 갈색으로 쓴다. 철수는 헤어지는 것을 알지 못하는 것 같다. 노란색 풍선을 주었더니 웃으며 걸어가는 뒷모습을 보면서 건강하게 친구들과 어울려 놀 수 있기를 기도하는데 눈시울이 뜨거워진다.

엄마 상담에서 학교에서 우는 일이 계속되어 매를 맞는다고 하였다. 지난 몇 년 동안 읽기와 쓰기 공부를 그렇게 많이 하였는데도 진전이 없고 요즘 짜증 내는 습관이 새로 생겼다며 걱정한다. 철수의 정신연령이 아직 학교생활에 적응하는 데 어려움이 있으며 시간이 더 필요하다고 말하였다.

학교 운동회 날은 운동장에서 혼자 달리기를 하고 그룹에 어울리지 못하였는데 예전에 다녔던 특수교육원 운동회 날은 그곳 아동들과 어울려 잘 놀았다고 하였다. 철수가 아직 초등학교에 적응할 수 있는 나이가 아닌 것을 보여 주는데도 엄마는 그 사실을 받아들이지 못하였는데 92회에 왔을 때는 조금 수용하는 태도를 보였으나 93회에서는 예전과 같은 고정된 사고의 모습을 보인다.

내년에 엄마가 다시 직장에 나가게 되었으므로 철수는 컴퓨터를 배우고 음악학원에 다니는 것도 좋을 것이라는 제안을 하였으나 엄마는 미술학원과 운동을 강조한다. 엄마는 후속 과정에서 마지막 마무리하는 날도 약속시간을 잊어버렸다고 다음날에 왔다.

## 1년 2개월간의 놀이치료 해석

지난 1년 2개월 동안 놀이치료를 중점적으로 실시한 과정을 요약하면 철수는 자유놀이 시간을 아주 좋아한다는 사실을 알았다. 놀이는 반복형태이고 단독놀이가 주를 이루며 사용하는 장난감이 다양하지만 만지기, 턱에 부딪치기, 맞추기, 단순한 모방 등이며 협동놀이도 한두 차례 나타났다. 동물모형 수레, 동물인형, 남자인형, 코스터, 다양한 모양의 도형, 자동차를 좋아하고 악기들 중에서 북, 실로폰, 탬버린, 트라이앵글을 좋아하였다.

표현예술치료를 실시한 2년 6개월의 전 과정을 통하여 아동의 놀이성은 많이 변화하였다. 초기에는 한두 가지 장난감을 집었다가 놓는 단순한 동작에서 이제는 모형을 맞추고, 형태를 파악하며, 모방을 하는 등 상징적인 놀이성이 나타나기 시작하였다.

놀이에서 신체적 접촉을 즐기고 이 과정에서 눈맞춤을 가장 많이 하였다. 눈맞춤과 함께 의사소통이 이루어지고 놀이를 통하여 사회적인 상호작용을 할 수 있는 가능성이 높다는 것을 알 수 있었다. 놀이를 하는 과정에서 반복적인 행동들이 많이 사라졌으며 코스터와 다양한 도형들, 단어와 숫자카드를 가지고 놀면서 인지발달도 증진되었음을 알 수 있다.

연구자와 함께 누워서 신체적 접촉을 좋아하는 것은 말러(Mahler, 1997)의 공생적 단계로 퇴행하는 모습이라고 할 수 있다. 철수는 공생적 단계로 퇴행한 후 분리-개별화 단계의 4과정—부화기, 연습기, 재접근, 개별화와 대상항상성—을 반복하였다. 이 과정을 거치면서 부분적인 개별화와 자신에 대한 원초적인 성 정체감을 획득하게 되었음을 알 수 있다.

소파에 누워 있을 때는 머리에서 발끝까지 파스텔 계의 파란색과 흰색으로 짜여진 덮개를 쓰고 누워 있는 것을 좋아하였다. 의자 위에는 2개의 덮개가 있었는데 다른 하나는 밤색과 흰색으로 짜여진 것이다. 덮개를 최초로 사용하기 시작한 것은 14회에서부터였으며 72회까지 거의 30여 차례를 사용하였고, 치료 마지막 회에서는 놀이실에 덮개가 없어서 카펫으로 온몸을 말아 누워 있었다.

철수가 즐겨 사용했던 이 덮개는 위니캇(Winnicott, 1996)이 설명한 이행기적 대상으로서의 중요한 의미를 지녔으며 철수의 내면세계를 덮어 줄 수 있는 심리적인 이불이 필요하였음을 알 수 있다(부록 4).

표현예술치료는 놀이, 미술, 음악이라는 세 가지 매체를 통합적으로 활용함으로써 자폐성 장애 아동의 행동변화에 분명한 시너지 효과를 줄 수 있었다.

지난 2년 6개월 동안 표현예술치료 93회를 철수와 함께했다. 철수는 놀이치료를 끝내는 것을 알지 못하는 듯하다. 아마도 다시 올 것이라고 생각하는지 가볍게 인사를 하며 떠난다. 마음이 서운하고 슬프기도 하다. 철수의 행동이 앞으로 더 많이 변화하여 친구들과 어울리고 즐거운 삶을 살아갈 수 있기를 바라는 마음 간절하다. 엄마도 내년에 직장에 다시 나가게 되면 아이에게서 조금은 더 여유를 가지고 거리를 두게 될 것이라고 기대하여 본다. 그동안 철수와 함께 놀이치료 시간을 도와준 엄마와 연구자를 자신의 내면세계로 초대하여 준 철수에게도 감사한다.

표현예술치료 과정을 통하여 연구자 자신도 내적인 치유와 인간적인 성장을 체험할 수 있는 시간이 되었음을 감사하고 있다. 그리고 오랜 시간 동안 아무런 문제없이 이 일을 끝까지 지속할 수 있도록 은총을 베풀어 주신 하느님께 깊이 감사를 드린다.

## 2. 표현예술치료 사례 결과

표현예술치료를 시작한 1997년 7월부터 1999년 12월까지 2년 6개월간의 현상학적 접근에 의한 질적 사례연구의 결과를 요약하면 다음과 같다. 사례연구의 결과를 해석하기 위하여 자폐성 장애 아동의 다섯 가지 행동적 특징인 첫째, 사회적 상호작용인 눈맞춤의 정도, 둘째, 언어발달과 의사소통의 가능성, 셋째, 상징적인 놀이성, 넷째, 반복적이며 상동적인 행동, 다섯째, 인지발달이 표현예술치료 과정을 통하여 긍정적으로 변화된 결과를 각각의 치료매체별로 종합하여 분석한 결과는 〈표 9-1〉에서 보는 것과 같다.

〈표 9-1〉에서 보면 사회적 상호작용에서 눈맞춤의 정도는 놀이치료를 통하여 가장 많이 나타났다. 놀이를 하는 과정에서 치료자와의 자연스러운 신체적 접촉이 아동으로 하여금 눈맞춤을 자주 할 수 있

〈표 9-1〉 표현예술치료 결과 기록

| 연구문제 / 치료방법 | 사회적 상호작용 -눈맞춤- | 언어 · 의사소통 | 상징적 놀이성 | 반복적 상동적 행동 | 인지 발달 | 지속 정도 | |
|---|---|---|---|---|---|---|---|
| | | | | | | 일시적 | 지속적 |
| 미술치료 '97. 7~'98. 2 | 15 | 14 | 36 | 60 | 16 | | · |
| 음악치료 '98. 3~10 | 14 | 23 | 42 | 24 | 32 | | · |
| 놀이치료 '98. 11~ '99. 12 | 24 | 26 | 63 | 27 | 44 | | · |

* 숫자는 치료 기간 중 각 특성이 나타난 횟수의 합.

도록 하였으며, 이는 언어 및 의사소통, 인지발달에도 영향이 있음을 알 수 있었다. 상징적인 놀이성도 상대적으로 많이 나타났으며 놀이치료를 통한 변화가 좀 더 지속성을 가지고 있음을 알 수 있었다.

브로디(Brody 저, 성영혜 · 장미경 공역, 1997)는 발달놀이치료에서 접촉을 중요한 요인으로 지적하고 있으며, 주세진 · 홍강의(1995), 구본권(1996)의 연구에서도 신체적인 접촉을 강조하고 하고 있는 것을 고려하면 이 연구에서도 동일한 결과가 나타났다고 할 수 있다. 구본권은 어머니와 형제들을 놀이에 참여시키는 것도 좋은 방법이라고 하였는데 이 사례에서도 가족이 표현예술치료에 함께 참여한 것이 도움을 줄 수 있었다. 놀이치료에서 다양한 장난감을 가지고 놀이성을 발휘할 수 있는 제3의 공간이 만들어졌으며, 그 안에서 철수가 가지고 있었을지도 모르는 내면의 상처가 치유되면서 성장할 수 있었기 때문일 것이다. 놀이치료를 통해 장난감을 가지고 놀이를 하는 동안 아동의 내적 치유가 이루어질 수 있다고 설명한 융(Jung, 1957), 클라인(Klein, 1960), 에릭슨(Erikson, 1965), 랑게벨트(Langeveld, 1964), 카프와 앨런(Kalff & Allen, 1966), 위니캇(Winnicott, 1971), 디아제(Dhaese, 1999)의 이론이 지지되고 있음을 보여 주고 있다.

언어발달과 의사소통, 상징적 놀이성, 인지발달에서는 놀이치료와 음악치료를 통하여 많은 변화가 나타났으며 변화상태가 좀 더 지속적으로 이루어지고 있음을 알 수 있다.

표현예술치료를 실시하기 이전에 아동이 말할 수 있는 단어는 세 마디로 '엄마' '아빠' '빠이 빠이'가 전부였다. 그러나 치료를 시작하고 나서 어휘 수가 급격히 증가하기 시작하였으며 2년 6개월의 치료가 끝난 지금은 무려 140여 개의 단어와 짧은 문장을 말할 수 있게 되었다. 아직 인칭 대명사의 사용이 가능하지 않으며 상황에 맞는 말들을 충분히 하지 못하지만 필요한 경우에는 짧은 문장을 사용한다. 예를 들면 '물 주세요.' '사 주세요.' '도와주세요.' 등 실생활에 연결된 말들은 할 수 있다(〈표 9-2〉 참조). 이는 음악치료에서 신체접촉을 많이 할 수 있었으며 노래 부르는 과정에서 노랫말을 통하여 단어 연습의 기회를 가질 수 있었던 결과라고 할 수 있다. 앨빈(Alvin, 1986)은 자폐성 장애 아동을 위한 음악치료에서 아동을 무릎에 앉혀서 몸을 흔들며 노래를 들려주는 것도 좋은 방법이라고 하였다. 또한 특수 악기와 친해질 수 있다고 하였는데, 철수는 악기 중에서 북, 실로폰, 탬버린에 더 자주 관심을 보였다. 음악치료가 자폐성 장애 아동에게 미치는 효과에 대한 노르도프와 로빈스(Nordoff & Robbins, 1977), 피터(Peters, 1987), 르코트(Lecourt, 1991)의 연구 결과에서도 음악활동을 통하여 언어화하는 것, 언어를 통한 상호작용, 주의집중, 환경에 대한 인식, 다른 사람들과 협동하는 적절한 사회적 행동 및 눈맞춤의 증가를 가져왔다고 발표하였다.

김군자(1983)의 선행 연구에서 6개월간의 음악치료 결과 신체, 운동 기능, 언어와 사회성에서 많은 향상을 볼 수 있었다고 하였으며, 신상철(1986), 김보경 · 문장원(1986), 허원(1996)의 연구에서도 비슷한 결과를 보여 주고 있어 선행 연구들이 이 연구의 결과를 지지하고 있다.

표현예술치료를 실시하기 이전에는 13곡의 노래를 멜로디로 허밍 또는 "라 라 라." 하고 불렀다. 치료가 시작되면서 어휘 수와 함께 노래 수도 증가하였으며 치료가 끝난 지금은 70여 곡을 모두 가사를 붙여서 부를 수 있게 되었다. 연구자가 제목이나 노래 가사 중의 단어를 말하면 즉시 노래로 이어지는 것은 기계적인 기억력이 발달하였음을 보여 주는 결과라고 할 수 있다(〈표 9-3〉 참조).

〈표 9-2〉와 〈표 9-3〉에서 보는 단어와 문장, 노래들은 내담 아동

〈표 9-2〉 표현예술치료 과정에서의 어휘 수 증가

| 치료 기간 | 어휘 수 | 계 |
|---|---|---|
| '97. 7 이전 | 엄마, 아빠, 빠이빠이 | 3 |
| '97. 7~'98. 6 | 형, 선생님, 제주어린이집, 제주대학교, 할머니, 할아버지, 이모, 이모부, 외삼촌, 외숙모, 고모, 커피숍, 쉬하고 싶어요, 응가하고 싶어요,<br>일 · 이 · 삼 …… 십, 하나 · 둘 · 셋 ……… 열, 눈, 코, 입, 귀, 머리, 이마, 손, 팔, 가슴, 배, 배꼽, 다리, 발, 텔레비전, 선풍기, 청소기, 밥통, 냄비, 동그라미, 세모, 네모, 사랑해요, 안녕하세요, 안녕히 주무세요, 안녕히 주무셨어요, 수건, 휴지, 걸레, 물, 비누, 차, 기차, 비행기, 배, 맛있게 먹겠습니다, 색상 이름, 꽃, 중얼거림, 미안해요, 잘못했어요. | 51 |
| '98. 7~12 | 밥 (더)주세요, 국 (더)주세요, 아파요, 병원, 약국, 이비인후과, 주사, 엉덩이, 고추, 안녕히 가세요(계세요), 다녀오세요, 사과, 배, 감, 밀감, 포도, 바나나, 수박, 호랑이, 사자, 개, 뱀, 원숭이, 토끼, 거북이, 고양이, 악어, 코끼리, 돼지, 옷, 양말, 신발, 운동화, 구두, 모자, 양파, 당근, 옷 입어요, 밥 먹어요, 신발 신어요, 엉금엉금, 깡충깡충, 중얼거림이 더 심해짐,<br>호빵맨, 썬가드, 하이마트, 주유소, 소방서, 119, 불 꺼요, 냄새 맡아요, 차에 기름 넣어요, 이름(이철수), 나이(일곱 살), 전화번호(사십육국에 구구구이), 집(정한 아파트 나동 오백일호), 아빠 이름, 엄마 이름, 형 이름, 형! 학교 잘 갔다 와, 빙빙 돌려 주세요, 안아 주세요, 업어 주세요, 성호경(성부와 성자와 성령의 이름으로 아멘), 식사 전 기도(주님……) | 65 |
| '99. 1~12 | 은혜로이 내려 주신 이 음식과 저희에게 강복하소, 우리 주 그리스도의 이름으로 비나이다. (아멘)<br>엄마, 사또밥 사 주세요, 기린, 곰,<br>(아이스크림, 요플레, 쿠크다스, 딸기우유, 물)<br>말 타고 싶어요, 탑랜드에 가고 싶어요,<br>수영하고 싶어요, 싫어, 밀지 마, 놀이터에 가고 싶어요, 엄마, 같이 잠자고 싶어요, 화장실에 가고 싶어요, 초코파이 먹고 싶어요, 아니, 중얼거림(원숭이할 때 원, 그네할 때 그, 로봇할 때 로, 학교할 때 학 ……), 잘못했습니다, 백 원, 천 원, 만 원, 도와주세요, 물 먹고 싶어요. | 24 |

〈표 9-3〉 표현예술치료 과정에서의 노래 수 증가

| 치료 기간 | 노 래 수 | | 계 |
|---|---|---|---|
| '97. 7 이전 | 생일축하 노래<br>산토끼<br>토끼야 토끼야<br>나비야<br>학교 종<br>울면 안 돼<br>앞으로 | 오리는 꽥꽥<br>거미가 줄을 타고<br>퐁당퐁당<br>크레파스<br>반짝반짝 작은 별<br>개굴개굴 개구리 | 13 |
| '97. 7~'98. 6 | 다람쥐<br>곰 세 마리<br>안녕 안녕 선생님<br>섬집아기<br>당신은 누구십니까<br>뚱뚱한 곰 한 마리<br>뚜딱뚜딱 깊은 산속에서<br>기찻길 옆 오막살이<br>구슬비<br>루돌프 사슴코<br>새 신 | 크리스마스캐럴<br>내 모자 세모났네<br>꼭꼭 숨어라<br>하느님의 어린양<br>샬롬샬롬 샬롬<br>산중호걸<br>잠자리 날아다닌다<br>우리 아기 불고 노는 하모니카는<br>성가<br>아버지, 우리 기도를 들어 주세요 | 21 |
| '98. 7~12 | 호빵맨<br>씬가드<br>가을은<br>ABCD<br>성가<br>주기도문<br>식사전 기도 | 잎새 뒤에 숨어 숨어 익은 산딸기<br>비비비리 빈대뽕 가나다라 마바사<br>자전거보다 더 빠른 것은<br>고추밭에 고추는 뾰족한 고추<br>칙칙폭폭 기차놀이<br>하늘에 계신 우리 아버지 | 13 |
| '99. 1~12 | 도레미송<br>여름<br>애국가<br>작별<br>퐁당퐁당<br>내 달력<br>무궁화<br>산타할아버지<br>가을이 왔어요<br>토끼야 토끼야<br>무엇이 무엇이 | 기찻길 옆 오막살이<br>떼굴떼굴 도토리<br>펄펄 눈이 옵니다<br>경찰관 아저씨<br>소방관 아저씨<br>까치까치 설날<br>아기공룡 둘리<br>사랑의 선물<br>진짜 사나이<br>1년은 사계절<br>잉잉잉 | 34 |

| 학교 종 | 꿍따리 샤바라 |
|---|---|
| 섬집아기 | 큰 북을 울려라 둥둥둥 |
| 이제 우리는 | 정글 숲을 지나서 가자 |
| 김치찌개 된장찌개 | 여우야 여우야 뭐하니 |
| 우리집에 왜 왔니 | 나리나리 개나리 |
| 안녕 | 중국집에 자장면 |

이 가정과 특수교육원, 복지회관, 일반 어린이집 그리고 최근 학교에서 배운 것들이 대부분이다. 앞 장의 연구방법에서 언급하였듯이 아동은 치료자를 만나기 이전에 만 2세가 되었을 때부터 특수교육원과 복지회관에서 3년 5개월 동안 언어치료, 조기교육, 그림지도, 노래 부르기 등을 배우고 있었다. 두뇌발달이 가장 빠른 시기이며 조기교육이나 특수교육 프로그램의 효과가 많이 나타날 수 있는 시기에 특수교육을 받았다. 그러나 표현예술치료를 시작하기 전에는 단 세 마디 단어밖에 말하지 못하였으며 13곡의 노래를 멜로디로 부를 수 있었지만 언어발달에는 도움을 주지 못하였음을 알 수 있다. 그러나 표현예술치료를 받으면서 이전 교육의 효과가 나타났을 수도 있었을 것이다. 치료자가 실시한 표현예술치료 과정에서는 단어나 노래를 한 번도 의도적으로 가르쳐 주지 않았으며 아동이 책을 읽거나 단어카드를 가지고 왔을 때 틀리는 것을 교정하여 주었고 노래를 부르는 것도 스스로 할 수 있도록 자극을 주는 것이 전부였다.

사회적 상호작용이 이루어지면서 언어발달이 좀 더 적극적인 진전을 보였으며 인지발달에도 영향을 미쳤음을 알 수 있다. 상징적인 놀이성도 놀이치료에서 자유롭게 놀이를 하고 음악치료에서 노래를 부르는 과정을 통하여 더 많이 나타날 수 있었을 것이다. 놀이에서 어떤 주제가 있거나 적절한 언어표현을 사용하는 것은 아니지만 아동이 치료 초기에 보이던 몇몇 장난감을 단순히 손으로 만져 보고, 들고 다니고, 턱으로 감지하는 행동에서 벗어나 점차 다양한 장난감에 관심을 보이면서 그것들을 가지고 놀이를 할 수 있게 된 것은 커다란 변화라고 할 수 있다. 표현예술치료 과정에서 아동이 보여 준 행동변화의 모습은 〈표 9-4〉에서 보는 바와 같다.

〈표 9-4〉 눈맞춤, 언어 · 의사소통, 상징적 놀이성, 인지발달에서의 행동변화

| 행동변화 \ 치료방법 | | 미술치료 '97. 7.~'98. 2 | 음악치료 '98. 3.~'98. 10 | 놀이치료 '98. 11.~'99. 12 |
|---|---|---|---|---|
| | | 치료횟수 번호 | | |
| 신체적 접촉 | 눈맞춤 | 5, 6, 14~19, 21, 24, | 31, 36~38, 43, 45, 50, 52, 56 | 60~63, 67~70, 72~74, 79~86, 90~ |
| | 누워 있기 | 2~5, 12, 13, 17, 24, 28, | 36, 43, 44, 54~59 | 60~63, |
| | 덮개 | 14~19, 21, 24 | 31, 36, 43~45, 50, 54~59 | 60~63, 67, 88~92 |
| 언어 발달 | 의사소통 | 2, 5~7, 14, 17, 19, 22, 24, 27, 28 | 31~36, 39, 41~44, 46, 47, 49, 53~58 | 60~89 (20번) |
| | 반항어 | 22, 24, 28 | 31, 33, 42, 54 | 62, 85, 90~92 |
| 상징적 놀이성 | 인형, 퓨펫 | 6, 7, 17~20 | 33, 34 | 60, 62, 71, 75 |
| | | 18, 26, 27, 30 | 31, 32, 38, 46, 48, 53 | 60~85 (17번) |
| | 동물인형, 수레 | 26 | 36, 39~49, 53~56 | 60~67, 70~74, 79, 82~92 |
| | 악기놀이 | 8, 26, 27, 30 | 41, 45, 58 | 60, 61, 67, 74, 91~92 |
| | 자동차 | 13~30 | 31~36, 43, 50, 51, 54~58 | 64, 69, 70, 73, 90 |
| | 코스터 | | | 65, 83, 89 |

|  |  |  |  |  |
|---|---|---|---|---|
| 상징적 놀이성 | 윷놀이 |  | 43 | 69, 82~84 |
|  | 숨바꼭질 | 2, 14~17 | 33~36, 39, 46, 49, 57 | 73, 77, 79, 84 |
|  | 모방행동 | 13, 19, 28 | 38, 44, 46, 47 | 64~68, 80, 81 |
| 인지 발달 | 그림, 숫자 단어카드, 책 | 12, | 34~39, 46, 49, 56, 57 | 60, 65, 69~73, 76, 79~88, 90~92 |
|  | 몬테소리 교구 | 12~18, 21~24, 30 | 34, 35, 39, 42~48, 50~56 | 61, 71~77, 80~83, 90 |

아동이 초기에 보여 주었던 반복적이며 상동적인 행동들은 표현예술치료 과정을 거치면서 많이 변화하였는데 그 결과는 〈표 9-5〉에서 보는 바와 같다.

〈표 9-5〉에서 보면 미술치료를 시작한 초기에는 반복적인 행동이 가장 많이 나타났으며 이것은 그림을 그리는 과정을 통하여 아동이 내면에 있는 분노나 공격성을 표출하는 현상으로 이해할 수 있다. 초기에 가장 많이 나타났던 손가락으로 휴지 말기, 장난감 자동차 바퀴 돌리기, 머리 흔들기 등은 미술치료를 하는 과정에서 사라졌다. 그 이외의 행동들 대부분은 미술치료를 끝내고 음악치료와 놀이치료를 하는 과정에서 많이 줄어들었다. 또한 초기에는 없었는데 글자를 읽기 시작하면서 손가락으로 톡톡거리며 책이나 글자를 짚는 행동이 나타났다. 이것은 글자를 손가락으로 짚어 가면서 읽는 동작이 정확하게 이루어지지 않아서 나타나는 것 같다.

아동이 보여 주는 공격적인 행동들은 그림 그린 종이를 찢어 버리거나(5회), 인형을 발로 밟고 던지기(7, 11회), 악기를 발로 밟아 망가뜨리기(27회), 장난감을 던지거나 입으로 깨물기(51, 54, 59, 61, 75회), 연구

〈표 9-5〉 반복적 · 상동적 행동변화

| 치료방법 / 행동변화 | 미술치료 '97. 7.~'98. 2 | 음악치료 '98. 3.~'98. 10 | 놀이치료 '98. 11.~'99. 12 |
|---|---|---|---|
| | 치료횟수 번호 | | |
| 손가락으로 휴지 말기, 바퀴 돌리기, 머리 흔들기 | 9, 12 | 32 | |
| 짜증, 머리를 치며 울기, 책상 두드리기 | 4, 9, 10, 24, 26 | 41, 45, 47, 53 | 88~90 |
| 소리 지르기 | 1~5, 14, 20, 26 | 50, 59 | 62, 75, 85, 90 |
| 턱으로 감지하기 | 3~8, 13~19, 21~24 | 32, 35, 55 | 70~73, 83, 91 |
| 손가락 입으로 가져가기 | 2~4, 9, 10, 17 | 32 | 81, 83, 91~92 |
| 손가락으로 톡톡거리며 책 읽기 | | | 69, 74, 80~86, 90, 91 |
| 공격적 행동 | 2~7, 11, 18, 22, 27 | 51, 54, 59 | 60, 61, 75 |
| 높은 곳에 올라가기 | 2~8, 15, 16, 26, 27, 30 | 32, 48, 49, 54, 55 | 86, 87, 90~92 |
| 의자에서 뛰기 | 15~20, 25, 26 | 43~50, 54, 58 | 60 |

자를 때리거나 손가락 깨물기(2, 5, 6, 60회) 등으로 나타났다. 이러한 현상은 클라인(Klein)이 설명한 전이현상으로서 아동이 누군가에게 가지고 있었던 분노의 표출이라고 할 수 있다. 의자에서 뛰는 행동은 흥분하거나 즐거울 때 주로 나타났다.

반복적인 행동들은 미술치료를 8개월간 지속하고 음악치료를 하는 과정에서부터 줄어들기 시작하였으며 놀이치료에서는 가장 많이 줄어들었음을 알 수 있다. 소리를 지르거나 손가락을 입으로 가져가는 것, 공격적인 행동이 크게 줄어든 것은 노래를 부르는 과정에서 내면의 상처가 치유되면서 감정을 좀 더 순화시켜 주는 데서 오는 결과라고 할 수 있다.

로빈스와 로빈스(Robbins & Robbins, 1991)는 음악치료를 음악을 듣거나 직접 악기를 연주하고 노래를 부르는 과정에서 아동과 치료자 사이의 상호작용을 통하여 내면의 상처가 치유되고 새로운 자기, 즉 기본적인 인간의 자연성인 '음악적 아이'에 도달하도록 하는 것이라고 하였다. 철수도 노래를 부르는 과정에서는 보통 아동과 같은 모습을 보이는데 이는 그의 내면에 있는 '음악적 아이'의 모습일 것이라고 생각한다.

일상적인 행동에서의 큰 변화는 화장실에 가려면 미리 옷을 내리고 화장실 문을 열고 있었는데 14회 이후에는 '쉬'라는 말과 함께 화장실에 가서야 옷을 벗고 문을 닫았으며, 44회부터는 "쉬 하고 싶어요." 라고 분명하게 의사표현을 하였다.

표현예술치료 과정을 통하여 내담 아동의 어머니가 보여 주는 무의식적인 저항(Freud, 1946; Robbins, 1980)은 치료자와 내담자 사이에서 흔히 나타날 수 있는 현상들이다. 이 연구과정에서는 이러한 현상이 아동이 아니라 보호자인 어머니에게서 아동의 상태가 많이 호전되고 있었던 치료시작 후 5개월부터 처음 나타나기 시작하였다. 즉, 약속시간에 늦게 오기, 약속 없이 나타나기, 약속시간에 나타나지 않기 등의 태도가 미술치료 과정에서 3번(19, 24, 29회), 음악치료에서 1번(34회), 놀이치료에서는 6번(67, 71, 76, 87, 88, 89회) 나타났다. 특히 가족 미술치료를 실시하였던 29회와 89회에서는 이해할 수 없는 이유로 시간약속을 지키지 않았다. 후속 과정 92회와 마지막 93회에서도 약속한 다음날에 와서 약속시간을 지키지 않는 이유를 물어보면 항상 자신이 변명할 이야기를 준비하고 있었으며 정신이 없다는 말로 대신하였다.

어머니의 저항행동을 분석해 보면 첫째, 무의식적인 저항으로 아동의 행동이 눈에 띄게 변화하는 것을 더 이상 원하지 않는 것이다. 이는 가장 흔히 나타나는 저항의 한 모습으로서 의식적으로는 변화하는 것을 원하면서도 무의식적으로는 변화하지 않고 현재 상태에 머물러 있는 것을 원하는 소망의 표현이라고 할 수 있다. 이는 지난 3년간 직장을 휴직하면서 철수를 위하여 거의 모든 시간과 정열을 쏟아 왔는데 철수의 행동이 변화하여 더 이상 어머니의 도움을 필요로 하지 않는 것을 원하지 않는 것으로 해석할 수 있다. 둘째, 어머니 자신이 가지고 있는 문제점으로서 스스로 심리치료를 받아야 할 부분이라고 생각되며 어머니 자신도 동의하는 부분이다. 셋째, 무보수 봉사로 실시하는 치료에 대한 책임감 없는 행동으로 분석된다. 이 점은 연구자(치료자)가 앞으로 무보수 봉사를 실시할 경우 고려해야 할 점이라고 여겨진다.

이 과정에서 치료자도 한 번 약속을 어기는 일이 있었는데(84회), 이는 어머니의 태도에 대한 불쾌감의 표출이었음을 알 수 있다. 보호자나 아동의 태도에 좀 더 객관적으로 대처할 수 있는 능력배양을 위한 치료자로서의 자기훈련의 필요성을 깊이 느낀다.

표현예술치료를 실시한 2년 6개월 동안 아동이 그린 그림을 분석한 결과는 〈표 9-6〉에서 보는 바와 같다.

〈표 9-6〉에서 보면 초기에 복잡하고 강렬한 스트로크에서 점차 경쾌하고 가벼워진 느낌으로 변화하였으며 선명하지는 않으나 어떤 형태를 갖추기 시작하였다. 철수의 그림은 켈로그(Kellog, 1967)의 그림성장에서 3세 정도의 수준으로서 김태련 · 박랑규(1992) 공저인 『E-CLAC』 검사에서 나타난 아동의 행동발달에서의 정신연령 수준과 거의 유사함을 알 수 있다. 정신연령 수준이 낮은 것은 철수의 지능이 자폐성 장애를 가지고 있는 아동들의 지능 정도에서 낮은 범주에 속하고 있는 것으로 해석된다.

〈표 9-6〉 표현예술치료 과정에서의 그림분석

| 구분 \ 기간 | 미술치료 '97. 7.~'98. 2 | | 음악치료 '98. 3.~'98. 10 | 놀이치료 '98. 11.~'99. 12 | 합계 |
|---|---|---|---|---|---|
| 스트로크 | 강한 끄적거림<br>무겁고 복잡함<br>조금씩 경쾌<br>가벼운 원, 세모,<br>네모로 변화 | | 가볍지만 복잡한<br>선/원<br>강한 네모<br>연결된 타원<br>점 찍기 | 가로선-약함<br>연결된 원<br>숫자/글자 쓰기<br>종이 전체에<br>그리기 | |
| 리듬과 조화 | 복잡하고 강열함 | | 복잡하고 가벼움 | 낙서의 느낌 | |
| 색 채 | 파란색 계열 | 21 | 20 | 13 | 54 |
| | 녹색 계열 | 16 | 11 | 15 | 42 |
| | 빨간색 계열 | 10 | 4 | 4 | 18 |
| | 보라색 계열 | 8 | 4 | | 12 |
| | 남보라색 | | 8 | 4 | 12 |
| | 오렌지색 계열 | 7 | 3 | 3 | 13 |
| | 밤색 계열 | 6 | 1 | 1 | 8 |
| | 노란색 | 1 | 2 | | 3 |
| | 검은색 | 4 | | | 4 |
| | 회색 | 1 | 1 | | 2 |
| | 흰색 | 1 | | 1 | 2 |
| 주제 주인공 | 손, 원, 세모, 네 | | 원, 네모, 점 | 숫자, 글자, 손, 얼굴 | |
| 전체 그림 | 70여 장,<br>22가지 색상 | | | | |

* 숫자는 치료과정에서 색상을 사용한 횟수의 합.

색채 사용에서 파란색, 녹색을 가장 많이 사용하여 자폐성 장애 아동들이 사용하는 색채에 관한 석미진(1996)의 선행 연구와 일치하고 있다. 아동이 그린 70여 장의 그림에서 보면 사용한 색상은 모두 22가지로서 파란색과 녹색이 절대적으로 많은 양을 차지하고 있다. 형태면에서 보면 원형을 가장 많이 그리는데 이는 김동연(1993)의 선행 연구에서 자폐성 장애 아동의 난화에서는 원형이 가장 많이 나타난다고 발표한 것과도 일치하였다.

글자를 쓰기 시작하면서 숫자 쓰기 ㄱ, ㄴ, ㄷ 등을 반복적으로 쓰는 것도 최재영(1994)과 사사키의 연구에서 숫자나 알파벳을 반복적으로 한 장 가득 채우는 것을 좋아한다는 보고와 일치하였다. 김재은(1998)과 김동연(1993)의 색채 심리분석에 따르면 연구 대상 아동이 즐겨 사용한 파란색, 녹색, 빨간색, 보라색, 오렌지색 등은 내면의 신경피로, 자신감의 결여, 자기 억제성, 억제된 불안감, 내향적, 애정과 정서적 행동결핍, 자기 중심성, 미성숙, 우울 등을 나타내는 것으로 설명하고 있다. 또한 환경적인 문제로서 부모의 교육방침이 불일치하고 요구수준이 높아 아동이 환경적응에 어려운 것으로 나타났다.

사례연구 결과에서 알 수 있듯이 내담 아동의 정신적인 능력이 지체되어 있음에도 어머니는 그 이상의 것을 기대하고 있다. 또한 아동에 대한 교육의 주도권을 어머니가 가지고 있어 아버지는 부인의 방법에 전적으로 동의하지 않더라도 가정의 화목을 위하여 묵인하고 있고 부인 역시 남편의 태도에 대하여 불만이 많지만 참고 지낸다. 가정이라는 환경 안에서 가족이 충분히 제 기능을 발휘하지 못하고 있는 역기능적 가족 현실을 보여 주고 있다(부록 1, 2, 3, 4 참조).

제10장

# 현상학적 해석

이 책에 수록된 사례는 현상학적 접근을 통한 질적 사례연구로서 자료의 해석에는 기존 자료수집의 연구방법에서 결과를 설명하는 것과는 달리 진행되었다. 질적 접근방법을 이용한 놀이 관찰 분석은 내담 아동과 치료자 사이의 상호작용에 초점을 맞추게 된다. 보그단과 비클렌(Bogdan & Biklen, 1992)은 질적 연구를 위한 다섯 가지 기준에 대하여 다음과 같이 설명하였다. 첫째, 연구는 도구로서 연구자의 활동이 있는 자연적 상황에서 일어난다. 둘째, 연구자는 숫자에 의존하는 대신에 단어로 자료를 기술한다. 셋째, 질적 접근의 초점은 결과보다는 과정에 있다. 넷째, 따라서 분석은 자연적으로 귀납적이다. 다섯째, 놀이 행동의 '의미'가 분석의 중요한 초점이다. 그러므로 관찰 자료의 질적 분석은 관찰, 주제를 분류 또는 찾기, 유형을 형성하기 위하여 재발생하는 주제를 연결하는 것이다(Dey, 1993; Weiner et al., 송영혜 외 공역, 2004).

치료 대상 아동을 이해하기 위하여 적용한 현상학적 이해와 해석에 대한 이론적 고찰을 요약하면 다음과 같다.

수란스키(Suransky, 1982)는 우리가 그동안 아동 자신에게만 시선을 고정한 채 아동 존재를 구성하고 있는 주위와의 통합적인 관계성, 즉 아동의 세계가 나름대로의 실존적이며 존재론적인 기반을 지니고 있다는 점을 소홀히 하여 왔다고 설명하면서 질적 연구의 해석은 아동의 '객관적 실체보다는 그가 맺고 있는 관계'에 비추어 아동의 존재를 이해한다고 하였다. 이해(understanding)란 인간 현상에 얽힌 의미의 풍부함과 다양함을 있는 그대로 최대한 받아들이고자 하는 인간의 진지하고 겸허한 자세와 관련되는 것이다. 그러므로 이해란 개개인이 속한 삶의 맥락에서 그가 경험하는 체험적 의미의 다양한 모습을 인지적 · 감정적으로 공감하는 일을 말한다. 이는 곧 연구자가 '그' 아동의 경험에 대하여 공감할 수 있도록 하고 아동이 느끼는 체험적 의미의 심층을 파악하도록 하는 것이다. 이것이 질적 연구에서 연구 대상에 관하여 장기간 개방적이며, 내부적인 관찰이나 면담을 하고, 연구 대상에 관련된 다양하고 일상적인 정보를 수집하고 이를 중요시하는 이유이기도 하다.

하이데거(Heidegger, 1971)에 의하면 '이해한다'는 것은 우리가 살아 활동하는 세계의 맥락 속에서 자신의 존재가 지닌 가능성과 직결된다고 하였다. 어떠한 사물 및 현상에 대하여 나름대로 의미화하며 해석하는 것은 각 개인의 존재가 바로 그 삶의 시점에서 지니고 있는 가능성을 드러내는 일이며, 그 시점에서 자신이 존재하는 하나의 양식(mode of being in the world)인 것이다. 연구 대상에 대하여 어떠한 측면을 어떻게 '잘' 이해하느냐 하는 통찰은 연구자의 유일한 삶의 시공간과 삶의 역사성 안에서 그 자신이 바로 그가 되는 것, 즉 존재가 지닌 이해의 제한된 지평에 달려 있다. 이것은 필연적인 주관성으로서 가다머(Gadamer, 1975)는 이를 일종의 개인적 편견을 수반할 수밖에 없는 것으로 이 편견은 해석과정의 결함이라기보다는 대상에 대한 이해를 가능하게 하는 동인이 된다고 긍정적인 견해를 보였다. 그는 '인간 실존의 역사성은 필연적인 편견을 수반하고 있는데' 이것은 우리의 지각력으로 하여금 어떠한 대상을 향하여 방향 지울 수 있도록 하며…… 세계에 대하여 우리의 태도와 시각을 지속적으로 열어가는 데 기초가 된다고 하였다.

이는 하이데거가 주장한 이해 현상의 '선 구조(fore-structure)', 가다머의 '전 이해(preunderstanding)' 와 '선 의미(fore-meaning)' 의 개념 속에서 보다 명확히 이해될 수 있다. 그러나 질적 아동 연구에서 연구자가 임의로 아동의 세계를 해석하고 결론지어도 된다는 것을 의미하는 것은 결코 아니다. 해석을 통한 참다운 '이해' 에 도달한다는 것은 연구 대상이 되는 아동과 연구자의 주관성이 지속적이며 직 · 간접적인 대화과정을 거쳐 서로 만나는 '간주관적(intersubjective)' 인 과정이다. 아동에 대한 이해의 결과는 아동의 의도를 순수하게 객관적으로 파악하는 것도 아니고, 연구자 자신이 임의로 해석하는 것도 아닌 아동의 표현과 연구자 사이에 형성되는 '간주관적 실재(intersubjective reality)' 인 것이다.

수란스키는 해석의 예술은 아동의 세계와 성인(연구자)의 세계가 지닌 각각의 제한적이고 주관적인 이해의 지평을 지속적으로 수정하고 넓혀 가면서 지평의 융합(fusion of horizons)을 이룸으로써 구성되는 해석적 간주관성의 예술이라고 하였다. 질적 연구는 경직된 이론 체계의 분석 틀로는 포착하기 힘든 아동의 생활세계의 다양하고 풍부한 의미들을 파악하고자 하는 작업이다. 아동의 현상을 이해하고 그 현상의 본질을 기술함에 있어 성인 연구자에게 익숙한 기존의 정신기제와 언어 관습이 지닌 한계성을 극복하고 이에 얽매이지 않는 언어를 통하여 의미화하는 작업인 것이다. 따라서 질적 아동 연구의 언어는 엄격한 동시에 자유로워야 한다(유혜령, 1997; Gadamer, 1975; Heidegger, 1971; Smith, 1996; Suransky, 1982).

랑게벨트(Langeveld, 1983)는 아동의 내적인 태도에까지 깊숙이 분석해 들어가 아동을 이해하려고 하는 경우에는 그 아동이 가장 자기다운 방법으로 자신을 표현할 수 있는 것이 있어야 한다고 설명하였다. 특히 표현된 것을 통하여 그 아동과 성인의 만남이 가능하도록 하는 대화의 수단이 필요하다. 또한 그가 표현한 것을 '그 자신의 인생에서 어떻게 상대하고 있는가?' 라는 그의 전체적인 인간으로서의 존재방식에 깊이 관계된 것으로 파악하는 것이 더욱 중요하다고 하였다. 아동을 대상으로 하는 교육과 치료에 있어서 중요한 것은 아동의 내면생활과 그의 숨겨진 바람에 대한 이해다(박선영 · 노명희, 1994).

이 책에서는 대상 아동이 2년 6개월간의 표현예술치료 과정에서 나타내는 현상과 그를 둘러싸고 있는 세계에 대하여 적응하려는 행동양식의 변화를 현상학적 해석방법을 적용하여 아동에 대한 이해의 관점에서 해석하였다. 또한 자폐아동을 위한 새로운 치료적 개입으로 10개월간의 동물보조 놀이치료 결과를 요약하여 첨부하였다.

제11장

# 연구 결론 및 요약

이 연구에서는 자폐성 장애를 가지고 있는 5년 5개월된 한 남자 아동을 대상으로 1997년 7월부터 1999년 12월까지 2년 6개월 동안 93회의 표현예술치료 과정을 통하여 아동의 행동변화에 도움을 주고자 하였다. 그리고 4.5세의 다른 남자 아동에게 2003년 7월부터 2004년 5월까지 10개월 동안 동물보조 놀이치료를 실시하였다. 아동이 자신의 자폐적인 껍질에서 밖으로 나와 그가 생활하고 있는 가정에서 가족들과 의사소통을 하고 또래들과 어울려 놀이를 하며 더 나아가 사회의 구성원으로 생활할 수 있도록 도움을 주려는 것이 이 연구의 목적이다.

자폐성 장애란 아동의 성장 과정에서 나타날 수 있는 발달장애의 한 범주에 속한다. 현대의학과 심리학의 발달에도 불구하고 자폐증의 분명한 원인과 그에 따른 적절한 치료법은 아직 발견하지 못하고 있다. 일부 정신과 의사, 아동교육학자, 특수 전문가들이 다양한 치료법과 교육을 통하여 아동의 행동변화에 긍정적인 결과를 보여 주고 있으나 이 치료 과정은 끊임없는 사랑과 노력, 인내심을 요구한다.

이 연구의 목적을 위하여 클라인(Klein, 1960), 위니캇(Winnicott, 1971), 말러(Mahler, 1975)의 대상관계이론(Object Relations Theory)에 초점을 두었다. 그 이유는 연구 대상 아동이 성장 과정 초기에 어머니와의 관계에 문제가 있었음을 알 수 있었기 때문이다. 자폐성 장애를 가지고 있는 아동의 다섯 가지 행동적 특징들을 연구문제로 정하고 표현예술치료라는 통합적인 치료방법을 적용하여 아동의 행동변화에 시너지 효과를 주고자 하였다. 표현예술치료에 놀이와 미술, 음악이라는 매개체를 각각 별개의 것으로 적용한 것이 아니라 하나의 매개체를 중심으로 활용하면서도 다른 매개체들을 병행하였으므로 행동변화에 좀 더 긍정적인 시너지 효과를 가져왔을 것이라고 생각한다. 아동이 자유롭게 놀이를 하고 그림을 그리고 노래를 부르고 악기를 연주하는 것은 이행기적 현상(transitional phenomena)으로서 그 안에서 사용되는 모든 재료들은 이행기적 대상(transitional object)의 의미를 가지고 있다.

치료방법은 놀이치료에서 액슬라인(Axline, 1969)의 아동중심 놀이치료, 브로디(Brody 저, 성영혜 · 장미경 공역, 1997)의 발달놀이치료, 디아제(Dhaese, 1999)의 표현적 놀이치료와 분석적 놀이치료 이론을 선택하였다. 미술치료는 나움버그(Naumberg, 1953), 로웬펠드(Lowenfeld, 1952), 켈로그(Kellog, 1951–1970), 로빈스(Robbins, 1980), 김재은(1981–1998)의 이론을 적용하였다. 음악치료는 노르도프와 로빈스(Nordoff & Robbins, 1977)의 순수 능동적 치료법을 선택하여 즉흥연주와 노래 부르기를 하였으며 그 과정에서 앨빈(Alvin, 1991)이 실시한 신체접촉을 병행하였다.

연구방법은 현상학적 접근에 의한 질적 사례연구로서 대상 아동이 2년 6개월간의 표현예술치료 과정을 거치는 동안에 나타나는 현상과 그를 둘러싸고 있는 세계에 대하여 적응하려는 행동변화의 과정을 기술하였다. 아동의 행동과 그의 세계를 이해하는 데 도움을 주기 위하여 현상학적 해석을 실시하였다. 표현예술치료 기간 동안 연구자는 아동의 일차적인 보호자 역할을 함으로써 아동으로 하여금 생의 초기에 부족하였을지도 모르는 어머니와의 애착관계 개선을 도모하였다.

측정도구는 아동기 자폐증 평정척도인 CARS와 이화-자폐아동 행동발달 평가도구인 E-CLAC를 이용하여 아동의 자폐 정도를 측정하였다. 검사는 연구자와 아동의 어머니에 의하여 이루어졌으며 어머니에게는 표현예술치료를 받기 이전과 이후의 변화를 기록하도록 하였다. 이 연구의 결과를 요약하면 다음과 같다.

첫째, CARS 검사 결과는 치료를 받기 이전에는 41점으로 중증 자폐 상태였으나 치료를 받은 이후에는 연구자가 33.5점, 어머니는 31점으로 경증-중간자폐로 나타났다. 어머니의 점수가 더 낮은 것은 아마 소망하는 부분이 포함되어서인 것 같다. E -CLAC 검사 결과 발달문항에서는 치료 이후에도 실제 연령보다 조금 늦게 발달하고 있으나 일상적인 일들은 아동 스스로 처리할 수 있는 것으로 나타났다. 그러나 이 부분에서는 아동이 자연적인 성장 과정에서 오는 결과도 감안해야 할 것이다. 언어와 표현활동, 지시나 모방 등의 행동 면에서는 지체를 보이고 있으나 조금씩 변화하고 있음을 알 수 있다. 병리문항에서는 일상적인 습관을 제외한 어른이나 다른 아이들과의 놀이와 집단적응, 대인관계 및 언어표현, 자발성, 집중적인 행동 면에서 심한 지체를 보이고 있는 것으로 나타났다. 비척도문항에서는 치료를 받기 이전과 이후에 가장 큰 차이를 보이고 있다. 특히 놀이형태에서 보면 이전에는 이상놀이가 더 많이 나타났으나 이후에는 정상놀이도 많이 나타났다. 또한 특수운동인 몸 흔들기나 이상한 손동작이 더 이상 나타나지 않았으며 감각습관에서도 치료 이전에 나타났던 현상들이 이후에는 사라졌다. 그러나 감정과 감각을 표현하는 방법에서는 일부 이상이 있는 것으로 나타났다. 두 가지 검사 결과를 종합하여 보면 표현예술치료는 아동으로 하여금 자폐 상태에서 조금씩 벗어날 수 있도록 많은 도움을 주었음을 알 수 있다. 표현예술치료의 결과를 연구문제와 관련시켜 보면 더 많은 변화를 알 수 있다.

둘째, 사회적 상호작용에서 눈맞춤은 놀이치료를 통하여 가장 많이 나타났으며 이는 놀이를 하는 과정에서 연구자와의 자연스러운 신체적 접촉으로 인하여 생기는 결과라고 할 수 있다. 눈맞춤과 신체적인 접촉은 아동으로 하여금 비언어적 의사소통과 인지발달에도 도움을 주었으며 변화 상태 역시 좀 더 지속적인 것을 알 수 있었다. 브로디(Brody, 1978)의 발달놀이치료 이론에서 신체적인 접촉을 강조하였는데 이 연구의 결과를 지지하고 있음을 알 수 있다.

셋째, 언어발달과 의사소통, 인지발달의 가능성에서는 놀이치료와 함께 음악치료를 통하여 많이 변화하였다. 표현예술치료를 실시하기 이전에 아동이 표현할 수 있는 말은 '엄마' '아빠' '빠이빠이' 세 단어가 전부였다. 그러나 치료가 시작되면서 어휘 수가 증가하기 시작하였으며 치료가 끝난 지금은 무려 140여 개의 단어와 짧은 문장을 말할 수 있게 되었다. 아직도 인칭 대명사의 사용이나 상황에 맞는 말들을 할 수는 없으나 어휘 수 자체는 증가하고 있으며 일상생활에서 필요한 말들은 짧은 문장으로 표현할 수 있게 되었다. 이것은 표현예술치료를 통하여 내면의 상처가 치유되고 특히 순수 능동적인 음악치료로서 즉흥 노래 부르기에서 노랫말을 통해 언어화할 수 있었으며 언어를 통한 상호작용이 이루어질 수 있었음을 말해 주는 것이다. 앨빈(Alvin, 1991)이 말하였듯이 아동을 무릎에 앉혀서 함께 몸을 흔들면서 노래를 부르는 것은 아주 좋은 효과를 주었음을 보여 주었다. 또한 악기를 가지고 놀이를 하는 과정에서도 눈맞춤과 주의집중이 가능하였다. 표현예술치료 과정에서 아동이 어떠한 음이나 소리를 내면 연구자는 반드시 그 소리에 피드백을 하였다. 노래를 부르고 악기를 연주한다는 것은 아동에게 즐거움을 주고 이 과정을 통하여 변화가 이루어질 수 있었을 것이라고 생각한다.

넷째, 상징적인 놀이성은 놀이치료에서 아동이 다양한 장난감을 가지고 자유롭게 놀이를 할 수 있는 제3의 공간이 이루어졌으며 그 안에서 내적인 치유가 이루어지면서 나타날 수 있었을 것이다. 자폐성 장애 아동을 대상으로 놀이치료를 할 경우에는 선행 연구에서처럼 신체적인 접촉을 자주 할 수 있는 기회를 만들어 주는 것이 바람직하다는 사실을 확인하였다. 음악치료에서도 놀이성이 많이 나타나 즉흥 노래 부르기와 악기를 가지고 놀이를 하는 것은 상징적인 놀이성을 개발하는 데 도움이 될 수 있음을 알았다.

디아제(Dhaese, 1986, 1999)가 표현적 놀이치료에서 설명하였듯이 아동이 자신을 자유롭게 표현할 수 있는 시간과 장소, 재료를 마련하여 주는 것은 놀이를 할 수 있도록 도와주는 것이며 이 과정을 통하여 치유가 이루어졌음을 알 수 있다.

다섯째, 반복적이며 상동적인 행동들은 표현예술치료 과정을 거치면서 가장 많이 변화하였다. 특히 미술치료 과정에서 손가락으로 휴지 말기, 장난감 자동차 바퀴 돌리기, 머리 흔들기 등의 반복적인 행동들이 사라졌다. 다른 상동적 행동들이 미술치료 과정에서 많이 나타났는데 이것은 치료 초기에 아동의 내면에 있는 분노나 공격성을 표출하는 것으로 이해할 수 있다. 인형이나 장난감을 던지고 연구자에게 신체적인 공격을 가하는 것은 클라인(Klein, 1960)이 설명한 전이(transference)현상으로서 아동이 어머니에게 가지고 있었던 분노를 표출하는 것으로 이해할 수 있었다. 공격적인 행동이 미술치료 과정에서 많이 나타나는 것을 보면 그림 그리는 과정을 통하여 내면의 상처를 치유할 수 있음을 알 수 있다. 의자에서 뛰는 행동은 아동이 즐거울 때나 흥분하였을 때 주로 나타났다.

자폐성 장애 아동을 위한 표현예술치료에서는 일정기간 미술치료를 먼저 실시하여 그림을 그리는 과정에서 아동의 내면에 잠재해 있을지도 모르는 공격성과 상처를 치유하도록 하는 것이 바람직하다는 사실을 알 수 있었다.

음악치료 과정에서 반복적이며 상동적인 행동들이 많이 사라진 것은 즉흥연주로 노래를 부르고 악기를 연주하는 것이 감정을 순화시켜 이러한 행동들을 치유할 수 있는 좋은 방법임을 나타낸다. 표현예술치료를 실시하기 이전에는 13곡의 노래를 멜로디 위주의 허밍과 “라라 라.” 하고 불렀으나 치료가 끝난 지금은 70여 곡을 모두 가사를 붙여서 부를 수 있게 되었다. 이 결과는 음악치료의 기존 이론과 선행연구들을 지지하고 있다.

여섯째, 인지발달은 놀이치료와 음악치료를 통하여 많이 이루어졌음을 알 수 있는데, 이는 아동이 다양한 장난감을 가지고 자유놀이를 하는 과정에서 나온 결과라고 할 수 있다. 표현예술치료는 통합적인 방법으로서 각각의 치료매체들을 한 가지씩 적용하는 것보다 통합적으로 적용함으로써 시너지 효과를 이룰 수 있었을 것이다.

일곱째, 표현예술치료 과정에서 놀이와 미술, 음악은 아동에게 이행기적 현상으로서 치료에 필요한 제3의 공간을 마련하여 주는 역할을 하였음을 알 수 있었다. 그 안에서 아동이 사용한 장난감들, 그림 그리기, 노래 부르기, 악기들은 이행기적 대상으로서 중요한 의미가 있었다. 연구자는 놀이치료 과정에서 액슬라인(Axline, 1969), 브로디(Brody, 1978)의 기본원칙을 지키도록 노력하였으며 아동에게 일차적인 보호자의 역할을 하였다.

치료과정에서 아동이 즐겨 사용하였던 파스텔계의 파란색과 흰색, 갈색과 흰색으로 짜여진 의자 덮개는 아동에게 이행기적 대상으로서의 중요한 의미를 지니고 있었다. 아동은 자신이 피곤하거나 화가 났을 때, 누워 있고 싶을 때, 혼자 있고 싶을 때에는 반드시 이 덮개를 이용하여 자신의 몸을 모두 덮고 있었다. 길이가 짧아서 발이 나오면 다리를 오므리고 그 안에 자신을 숨기고 잠시 누워 있다가 일어나면 활기를 되찾고 놀이를 하였다. 최초로 덮개를 사용하기 시작한 것은 14회부터이며 72회까지 30여 차례를 사용하였다. 분리-개별화가 이루어지면서 이 덮개를 사용하는 일이 점차 줄어들었으며 마지막 89회에서는 화가 났을 때 놀이실에 이 덮개가 없었으므로 바닥에 깔려 있는 카펫으로 자신의 몸을 모두 감싸고 누워서 잠깐 얼굴을 밖으로 내밀어서 연구자가 있는지 확인하고는 다시 들어가곤 하였다. 이 덮개는 '심리적인 이불' 로서의 의미를 지니고 있으며 아동은 심리적으로 자신을 감싸 줄 수 있는 것을 원하고 있음을 알 수 있었다.

여덟째, 표현예술치료를 실시한 2년 6개월 동안의 70여 장의 그림을 분석해 보면 초기의 복잡하고 강렬한 스트로크에서 점차 경쾌하고 가벼운 스트로크로 변화하였다. 형태가 없는 난화에서 원, 네모, 세모, 손, 얼굴 모습을 그리고 글자를 읽기 시작하면서 글자 쓰기를 하였다. 색상은 파란색과 녹색을 가장 많이 사용하였으며 보라색과 빨간색도 많이 사용하고 있다. 치료 과정에서 아동의 그림변화와 색상, 글자 쓰기는 자폐성 장애 아동을 위한 미술치료의 기존 이론 및 선행 연구 결과와 일치하고 있다(부록 1, 2, 3 참조).

가족화를 보면 아동이 아빠보다는 엄마와 함께 그림을 그릴 때 색상과 스트로크가 매우 강렬한 것을 알 수 있는데, 이는 엄마에 대한 아동의 부정적인 감정을 나타내는 것으로 해석할 수 있다. 형과 함께 그릴 때 색상은 청색 한 가지를 사용하였으나 스트로크가 강하며 놀이를 하는 과정을 보면 아동이 형에 대한 질투 감정을 표현하고 있음을 알 수 있었다. 엄마 그림의 특징은 색상과 스트로크가 매우 약하고 그림의 방향이 항상 왼쪽으로 향해 있다. 엄마 혼자서 그린 것뿐 아니라 14장의 가족구성원과의 그림(Dyad)과 2장의 가족벽화(Mural)에서도 왼쪽 방향으로 향해 있으며 벽화에서는 혼자서 수영하고 있는 사람과 119 구조대를 그렸다. 그림에서 엄마는 혼자서 철수를 위하여 애쓰고 있으며 누군가의 도움을 기다리고 있고 퇴행하고 싶어하는 것을 알 수 있다. 두 번의 가족벽화를 그리는 과정에서 가장 먼저 그림을 그리는 것은 철수이고 마지막까지 그리는 사람은 엄마이며 아빠는 마지못해 한두 번 그리고 형이 제목을 붙인다. 그림에서 가족 응집력이 매우 약하고 가정에서 희생양의 역할을 하고 있는 형이 그림을 정리해 주고 있음을 알 수 있었다(부록 4 참조).

아홉째, 치료과정에서 아동의 상태가 많이 호전되면서부터 어머니에게서 무의식적인 저항이 12차례 나타났다. 이는 치료과정에서 보통 치료자와 내담자 사이에서 볼 수 있는 저항 현상으로, 이 연구에서는 내담 아동의 어머니에게서 나타났다. 무의식적으로 아동이 더 이상 변화하는 것을 원하지 않거나 어머니 자신이 가지고 있는 문제와 아동의 문제가 혼합되어 나타난 것으로 보인다. 이 과정에서 연구자도 한 번 약속을 어기는 일이 있었는데 어머니의 태도에 대한 무의식적인 분노의 표현으로서, 이 점은 치료자로서 꾸준한 자기 연마를 통하여 더욱 성숙해져야 할 부분이라고 생각한다.

이 연구의 가치는 현상학적 접근에 의한 질적 사례연구로서 한 자폐성 장애 아동의 행동변화를 위하여 2년 6개월의 긴 시간 동안 표현예술치료라는 통합적인 매체를 활용한 점 그리고 아동에 대한 이해를 도모하기 위하여 수집된 자료를 현상학적으로 해석하였다는 데 있다. 이 연구의 결과를 기초로 하여 다음과 같은 제언을 하고자 한다.

첫째, 자폐성 장애를 가지고 있는 아동을 위한 치료방법과 매체는 하나의 단일적인 것을 사용하기보다는 다양한 매체를 통합적으로 적용하는 것이 효과를 더 높여 줄 수 있음을 알 수 있었다. 적용하는 과정이 조금 복잡하고 어려움이 있긴 하지만 통합적인 방법을 선택하면 효과를 높일 수 있기 때문에 권하고 싶다. 치료적 개입의 시작 연령은 가능한 한 빠를수록 좋고 치료 기간은 최소 일년 이상의 종단적 접근을 하는 것이 바람직하다.

둘째, 이 연구를 계기로 하여 자폐증에 대한 연구를 하는 학자와 이들을 치료하는 정신과 의사, 특수교육 및 치료전문가, 부모, 사회사업가, 자원봉사자들이 공동으로 참여하여 통합 치료서비스 프로그램을 개발하기 위하여 아이디어를 나누면서 함께 일할 수 있어야 할 것이다. 홍강의 등(1997)의 역학조사에서 밝혀진 바와 같이 한국의 자폐아 발생률은 세계 평균보다 거의 배에 가까운데 그 원인을 규명하여야 할 것이며, 이들을 위한 예방과 치료 및 교육 재활센터 설립에 정부와 지역사회가 공동으로 참여할 수 있는 기회가 마련되기를 바란다. 그리하여 자폐성 장애를 가지고 있는 아동들이 자신들의 능력을 개발할 수 있도록 도움을 주어 그들이 당당한 사회구성원으로서 더불어 살

수 있는 사회를 만들어야 할 것이다.

추후의 연구과제는 자폐성 장애 아동만이 아니라 치료와 도움을 필요로 하는 과잉행동장애, 정서장애, 학습장애, 학대와 방임 또는 다른 종류의 비극적이고 충격적인 경험으로 인하여 신체적, 정신적, 지적, 사회적, 영신적, 성적으로 상처를 받은 아동들을 대상으로 표현예술치료와 동물을 이용한 동물보조치료(Animal-Assisted Therapy), 원예치료를 병행하여 실시할 계획이다.

초판에서 계획하였던 동물보조치료의 사례 결과는 제3장에서 요약하였다.

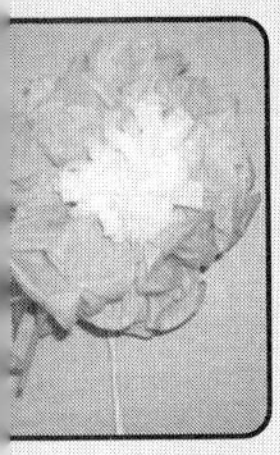

# 부록

## 01 미술치료 과정에서의 아동그림 변화

'97. 7. 12.

'97. 8. 2.

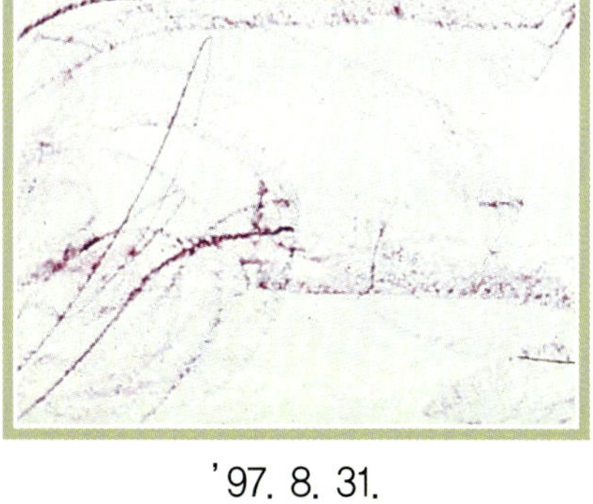
'97. 8. 31.

'97. 8. 31. 핑거페인팅

'97. 9. 7. 핑커페인팅

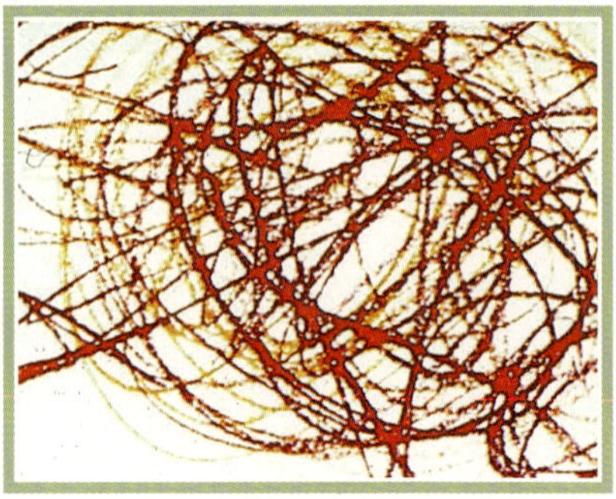

'97. 10. 6.

'97. 11. 26.

'97. 12. 2.

'98. 1. 20.

'98. 2. 2.

## 02 음악치료 과정에서의 아동그림 변화

'98. 3. 24. 벽에 그린 그림

'98. 3. 24.

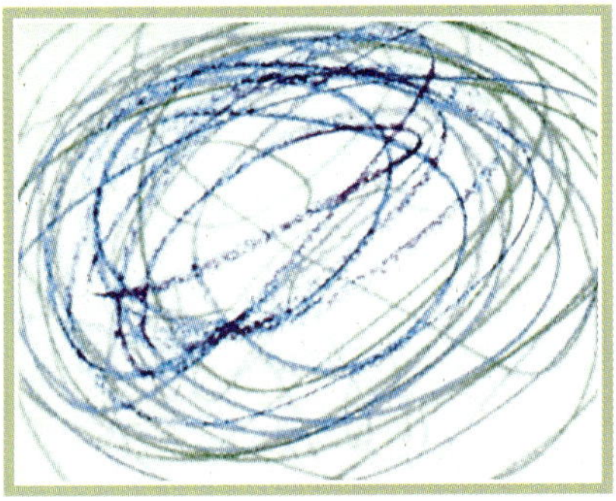

'98. 4. 1.

'98. 6. 30.

'98. 7. 7.

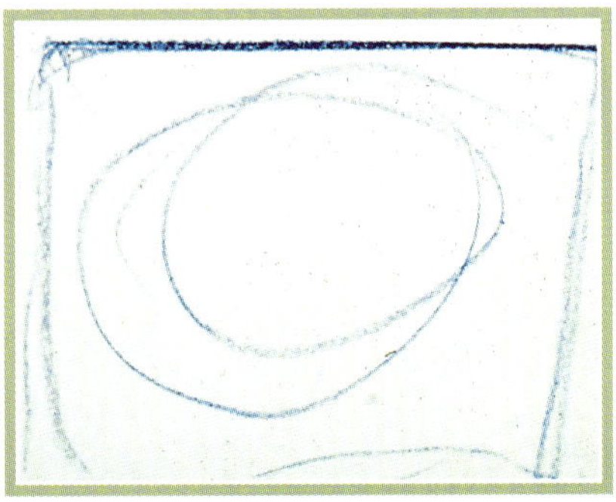

'98. 8. 10.

## 03

## 놀이치료 과정에서의 아동그림 변화

'98. 11. 16. 양 손가락 그림

'98. 11. 24.

'98. 11. 30. 얼굴

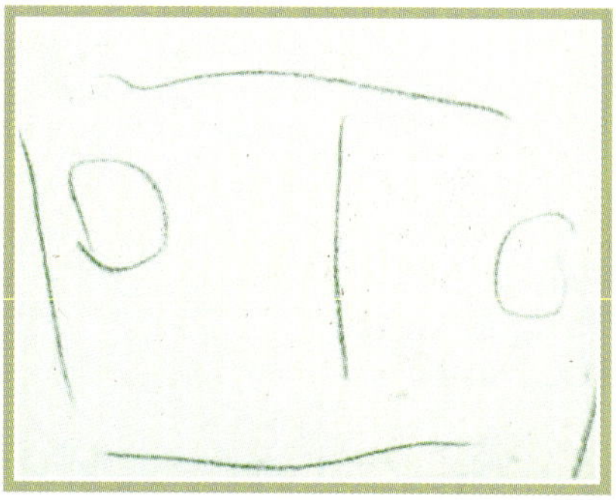

'98. 12. 7. 얼굴

'99. 2. 9. 점

'99. 7. 9. 글씨 쓰기

## 04
## 가족화

'97. 9. 13. 엄마와 철수

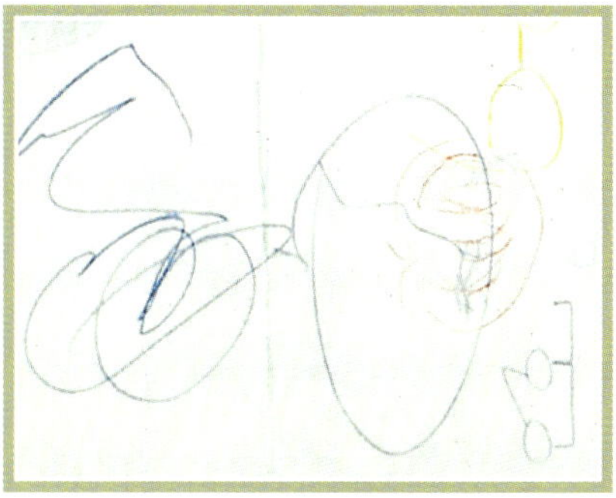

'97. 12. 29. 아빠와 철수

'98. 1. 20. 형과 철수

'98. 2. 15. 엄마와 철수

'98. 2. 15. 엄마와 형: 119 구조대

'98. 2. 15. 아빠와 형

## 엄마 그림

'97. 9. 13. 한가로운 농촌의 하루

'97. 10. 12. 산책

'97. 10. 20. 학교

'98. 1. 14. 크리스마스트리

## 가족벽화 -Mural-

'98. 2. 15.
가족 Mural I. 우리 동네 하늘 땅

'99. 8. 4.
가족 Mural II. 이상한 나라

## 이행기적 대상

덮개

# 참고문헌


강수균 · 이재욱(1998). 자폐성 정신지체아의 정보요구 행동의 일반화에 관한 연구. 한국언어치료학회, 17(2), 69-80.

강승아(1986). 자폐증아동과 정상아동의 그림표현 비교연구. 이화여자대학교 교육대학원. 미간행 석사학위논문.

강태진(1998). 창조활동으로 이끌어주는 유아 미술교육. 서울: 창지사.

구본권(1996). 자폐아동의 치료, 교육에 관한 고찰. 강남대학교 인문과학 논집, 2, 311-343.

국립특수교육원(1997). 장애학생을 위한 음악 치료. 경기도: 국립특수교육원.

권기덕 · 김동연 · 최외선(1993). 가족미술치료의 이론과 실제. 서울: 도서출판 특수교육.

김관일(1991). 정신지체아를 위한 조기 음악교육의 중요성. 특수교육연구, 18, 37-59.

김관일(1992). 뇌성마비 아를 위한 음악치료. 특수교육연구, 19, 25-43.

김군자 역(1992). 창조적 음악요법. 서울: 피플뱅크.

김군자(1983). 자폐아의 음악요법. 이화여자대학교 교육대학원. 미간행 석사학위논문.

김명순(1999). 말하는 인간, 언어학에의 초대. 진주: 경상대학교 출판부.

김보경 · 문장원(1986). 자폐아를 위한 음악치료. 대구대 재활과학연구, 7(1), 65-77.

김수진(1995). 음악이 정신질환치료에 미치는 영향에 관한 연구. 전남대학교 교육대학원 석사학위논문.

김순애 · 박미라 · 조인희 · 유희정(2007). 한국인 자폐 스펙트럼장애서 Tryptophan 2, 3 Dioxygenase (TDO2) 유전자 다형성-가족 기반 연구. 소아 청소년정신의학, 18(2), 123-129.

김승국 외 공저(1998). 행동장애와 심리치료. 서울: 교육과학사.
김양순(1998). 음악이 정서 장애 아동의 놀이성에 미치는 영향에 관한 이론적 고찰. 지역사회 발전 연구, 14, 343-360. 제주대학교.
김양순(1999). 자폐성 장애아동의 행동변화에 미치는 표현예술치료의 효과. 동국대학교 대학원 박사학위논문.
김양순(1999). 자폐성장애아동을 위한 치료 및 교육에 관한 이론적 고찰. 놀이치료연구, 제2권, 97-114.
김양순(2002). 발달장애 아동과 형제자매를 위한 부모-자녀 놀이치료사례. 제42차 한국놀이치료학회 학술발표, 4-27.
김양순 · 이정덕(2000). 자폐성 장애아동의 행동변화에 미치는 표현예술치료의 효과. 놀이치료연구, 제3권, 2호, 23-40.
김유숙(1996). 유치원 아동의 심리치료 과정을 통한 모래 상자 놀이의 치료적 의의. 사회과학 논총, 1, 291-305. 서울: 서울여자대학교.
김재은(1981). 아동의 심리요법. 서울: 배영사.
김재은(1998). 그림에 의한 아동의 심리진단. 서울: 교육과학사.
김정정(1992). 兒童繪畫의 理解. 서울: 창지사.
김정희 · 김현주 · 정인숙(1998). 아동발달 심리. 서울: 동문사.
김진숙(1996). 살아있는 심혼. 서울: 집문당.
김진숙(1996). 예술 심리치료의 이론과 실세. 서울: 중앙적성출판사.
김진숙(1997). 놀이 미술치료 참고 문헌집.
김진숙(1997). 표현예술치료 세미나 자료집 Ⅴ. 표현예술치료연구소.
김진숙(1998). 만다라를 통한 미술치료. 서울: 학지사.
김춘일 · 정대영(1994). 그림을 통한 장애아의 성격진단을 위한 탐색적 연구. 경기도: 국립특수교육원.
김태련 · 박랑규(1992). 이화-자폐아동 행동 발달 평가도구 실시요강. 서울: 도서출판 특수교육.
김태련 · 박랑규(1996). 아동기 자폐증 평정척도. 서울: 도서출판 특수교육.
김현순(1985). 자폐 아동 치료 교육의 이론적 모형. 이화여자대학교 한국문화연구소 논총, 46, 183-212.
말러 마가렛 S. · 프렛 파인 · 애니 버그만 공저, 이재훈 역(1997). 유아의 심리적 탄생-공생과 개별화-. 서울: 한국 심리치료 연구소.
무스타카스 클라크 저, 이혜성 역(1982). 인간적 성장. 서울: 이화여자대학교

출판부.
미누친 S. 저, 김동옥 역(1988). 가족과 가족치료. 서울: 법문사.
박경숙(1987). 자폐아 감각통합 기능 증진에 관한 연구. 이화여자대학교 대학원 박사학위논문.
박란주(1994). 방임된 아동의 놀이 치료 사례 연구. 성심여자대학교 대학원 석사학위논문.
박선영(1994). 음악치료의 구조와 치료의 실제에 대한 연구. 서울대학교 대학원 석사학위논문.
박실, 에디스 힐먼 저, 김태련 외 3인 공역(1998). 발달장애인을 위한 음악치료. 서울: 이화여자대학교 출판부.
박영식(1984). 플라톤 철학의 이해. 서울: 정음사.
박영애(1999). 상처받은 아동들을 위한 표현적 놀이치료. 제15차 학술 발표 및 사례연구회, 2-30. 한국놀이치료학회.
박종임(1996). 음악치료의 역할과 적용에 관한 이론적 연구. 연세대학교 교육대학원 석사학위논문.
베지버그스코트 저, 박은숙 역(1996). 마음의 치료. 서울: 김영사.
사단법인 한국카운슬러협회(1997). 상담과 지도, 32. 부산: 한국 카운슬러협회.
석미진(1996). 자폐아동의 그림에 의한 심리분석과 미술치료에 관한 사례연구. 한양대학교 교육대학원 석사학위논문.
설영환 역(1986). 융의 심리학 해설. 서울: 도서출판 선영사.
성영혜 외 9인(1997). 가족놀이치료. 서울: 상조사.
손기철 외 6인(1997). 원예치료. 서울: 도서출판 서원.
송영혜(1992). 정서 장애아의 놀이치료-비지시적 접근과 정신 분석적 접근의 놀이치료를 중심으로. 대구 재활과학연구, 10(10), 79-87.
송영혜(1993). 자폐아와 정신지체아의 비교 II-놀이활동을 중심으로-. 대구 재활과학연구, 11(1), 79-87.
송정아 · 최규현(1997). 가족치료 이론과 기법. 서울: 도서출판 하우.
신민섭 · 김융희(1998). 한국형 아동기 자폐증 평정 척도의 표준화 연구: 신뢰도, 타당도 및 진단 분할점 산출. 한국심리학회지, 17(1), 1-16.
신상철(1986). 음악요법의 역사와 전망. 임상예술, 2.
신오현 역(1992). 현상학적 심리학 강의. 후설의 현상학적 심리학 I. 서울: 민음사.

아알란 마놀슨 외 공저, 이화여자대학교 언어청각 임상센터 편역(1993). 언어장애 아동의 의사소통지도. 서울: 이화여자대학교 출판부.
앨빈 줄리아 저, 김권자 · 이철규 공역(1986). 자폐아를 위한 음악요법. 서울: 서울 서적.
에딘저 에드워드 F. 저, 김진숙 역(1996). 살아있는 심혼. 서울: 집문당.
에진에리스 저, 박경숙 역(1992). 학습부진아와 자폐아 치료. 서울: 샘터사.
와다 쉬우지 저, 박선영 · 노명희 공역(1997). 어린이의 인간학-어린이에 대한 새로운 이해와 교육의 방향-. 서울: 도서출판 아름다운 세상.
유미숙 외 2인(1999). 놀이치료-아동중심적 접근. 서울: 상조사.
유미숙(1997). 놀이치료 이론과 실제. 서울: 상조사.
유미숙(1998). 놀이치료과정에서 아동행동과 치료자 반응분석. 숙명여자대학교 대학원 박사학위논문.
유영아(1997). 혼자 서는 너 함께 가는 사랑 Ⅰ. 전주: 계문사.
유영아(1998). 혼자 서는 너 함께 가는 사랑 Ⅱ. 전주: 계문사.
유혜령(1997). 질적 아동연구를 위한 해석학의 방법론적 시사. 아동학회지, 18(2), 57-71.
윤점룡(1995). 정서, 행동장애 아동의 개요 및 평가. 정서 · 행동장애아 임상치료 교육기법과 적용, 1-12. 한국 정서 · 학습장애아 교육학회.
융 저, 설영환 역(1992). 무의식의 분석. 서울: 도서출판 선영사.
이근후 역(1992). 정신치료 어떻게 하는 것인가! 서울: 하나 의학사.
이상복 · 이상훈(1998). 정서 · 행동장애아 치료와 교육. 대구: 대구대학교 출판부.
이소우(1971). 정신과 환자의 치료적 활동에 관한 문헌적 고찰. 간호학회지, 제2권, 제1호.
이재욱 · 강수균(1998). 자폐자에 대한 원조 요구 행동의 형성과 일반화에 관한 연구-비디오 변별훈련의 효과의 검토-. 한국재활과학회, 21(2), 47-57.
이지은(1994). 작품분석에 의한 음악치료에의 활용. 숙명여자대학교 대학원 석사학위논문.
이춘재(1995). 발달장애. 한국 인간발달학회, 483-509. 서울: 중앙적성출판사.
이태영(1976). 유아원 그룹 속에서 이루어진 한 언어 장애아의 지도 사례, 17-27. 숙명여자대학교 아동연구소.

이화여자 대학교 언어청각 임상센터(1995). 놀이의 개념과 치료적 의미. 서울: 이화여자대학교 언어청각 임상센터.

이효범(1990). 심리철학의 근본문제. 서울: 소나무.

임숙빈(1997). 전반적 발달장애 아동을 위한 모-아 애착증진프로그램 효과. 서울대학교 대학원 박사학위논문.

임숙빈 · 주세진 · 홍강의(2006). 자폐장애 아동을 위한 애착증진치료 프로그램의 개발. 소아 청소년정신의학, 17(2), 79-90.

임숙빈 · 주세진 · 홍강의(2006). 자폐장애 아동을 위한 애착증진치료 프로그램의 효과. 소아 청소년정신의학, 17(2), 91-97.

임정빈(1995). 미술을 이용한 아동의 심리진단과 미술 치료의 역할. 고려대학교 교육대학원 석사학위논문.

장미경(1998). 아동중심 놀이치료 기법을 이용한 부모자녀 관계증진 훈련 프로그램의 효과. 숙명여자대학교 대학원 박사학위논문.

장보금(1990). 아동의 정신의학적 문제에 관한 고찰. 부산여대 가정관리학과 (11), 97-104.

장연집(1995). 정신건강 관리의 측면에서 본 아동기의 문제행동과 정신병리. 서울여자대학교 사회과학 논총, 1, 135-153.

전화연(1990). 현대 의학에서 사용되는 음악치료에 관한 이론적 연구. 숙명여자대학교 교육대학원 석사학위논문.

정대영(1992). 자폐인의 직업재활을 위한 지원고용 모형 고찰. 정서 · 학습장애 교육논총, 1. 65-82.

정민숙(1997). 창의적인 유아 미술 분석 연구(1세-5세아까지의 그리기 중심으로). 제주대학교 교육대학원 석사학위논문.

정희정(1992). 반응성 애착 장애아의 놀이치료 효과에 관한 연구. 숙명여자대학교 대학원 석사학위논문.

조수철 · 문신용(1986). 전반적인 발달장애아의 유전적 요인에 관한 연구. 정신의학, 2, 97-101.

조수철 · 신민섭(1989). 유아자폐증의 정신병리에 대한 객관적 평가. 신경정신의학, 28호, 6권, 1055-1064.

존스, 제임스 H. 외 2인 저, 김태련 외 3인 공역(1994). 아동치료 접근-이론과 실재-. 서울: 이화여자대학교출판부.

주딘 아론 루빈 저, 김진숙 역(2001). 미술심리치료 총론. 키파프레스.

주세진(2005). 자폐아동을 위한 사회인지능력 향상 프로그램 효과 연구. 서울대학교 대학원 박사학위논문.

주정일(1976). 놀이치료로 좋아졌어요. 서울: 샘터사.

주정일(1976). 유희치료 사례 I. 숙명여자대학교 아동연구소 아동복지과.

주정일(1979). 아동발달학. 서울: 교문사.

주정일(1997). 한국의 딥스, 영수이야기. 서울: 샘터사.

천근아 · 정철호(2005). 자폐 장애 및 기타 전반적 발달장애 : 신경발달학적 병리 소견. 소아 청소년정신의학, 16(2), 153-159.

최재영(1994). 자폐아동을 대상으로 한 미술 요법 사례연구. 서울대학교 대학원 석사학위논문.

페트로프스키, A. V. 저, 김정택 역(1993). 인간행동의 심리학. 서울: 사상사.

펠러즈니, 마리아 J. 저, 이화여자대학교 언어청각 임상센터 역(1993). 자폐증-부모와 전문가를 위한 지침서-. 서울: 이화여자대학교 출판부.

하경분(1993). Orff-Schylwerk 음악치료에 관한 고찰 및 임상사례. 부산대학교 교육대학원 석사학위논문.

하나 의학사(1994). 정신장애의 진단 및 통계 편람, 제4판(DSM-IV). 서울: 하나 의학사.

河合集雄 저, 심재경 역(1994). 모래상자 놀이치료법. 서울: 양영각.

허 원(1996). 음악치료를 통한 자폐아의 행동 수정에 관한 연구: 과잉 행동감소와 대인관계개선을 중심으로. 목포대학교 석사학위논문.

홍강의(1982). 유아 자폐증아와 아동기 전반적 발달장애자의 치료. 정신의학보, 제6권, 제9호, 215-224.

홍강의(1993). 자폐장애-자폐 장애의 본질과 개념 변천에 관한 고찰-. 소아, 청소년 정신의학, 4(1), 3-26.

홍강의 · 정보인 · 이상복(1997). 자폐아동의 조기발견과 치료적 개입-부모용 컴퓨터 학습 교재 개발과 실습화-. '97 보건 의료기술연구 개발사업 연차 실적 계획서.

황영희(1994). 놀이 치료사례-지나치게 자신의 세계에 몰입하여 자폐적으로 보였던 아동. 숙명여대 아동 연구문집, 8, 109-123.

후설, 에드먼드 저, 신오현 역(1992). 현상학적 심리학 강의. 서울: 민음사.

Ainsworth, M. (1979). *Patterns of attachment*. New York: Halsted Press.

Allan, F. J., & Brown, K, (1993). *Jungian Play Therapy in Elementary Schools*. Canada: Brooks/Cole.

Allen, F. (1934). Therapeutic work with children. *American Journal of Orthopsychiatry, 4*, 193–202.

Allen, F. (1942). *Psychotherapy with children*. New York: Norton.

Altshuler, I. M. (1940). Rational music therapy of mentally ill. In T. M. Finey (Ed.), *Volume of Proceeding, MTNA* (pp. 153–157). Pittsburgh: Aurther Rippl.

Assumpcao, F. B. Jr. (1998). Brief Report: A Case of Chromosome 22 Alteration Associated with Autistic Syndrome. *Journal Autism & Developmental Disorders, 28* (3), 253–256.

Astington, J. W. (1994). *The Child's Discovery of the Mind*. Great Britain: Harper Collins Pub.

Axline, V. (1964). *Dibs in Search of Self*. New. York.: Ballantine Books.

Axline, V. (1969). *Play Therapy*. New York: Ballantine Books.

Babbie, E. (1986). *The Practice of Social Research* (4th ed.). Cal: Wadsworth Pub. Co.

Bacon, A. L., Fein, D., Morris, R., Waterhouse, L., & Allen, D. (1998). The Responses of Autistic Children to the Distress of Others. *Journal Autism & Developmental Disorders, 29*(2), 117–127.

Bailey A., Luthert, P., Dean, A., Harding, B., Janota, I., Montgomery, M., Rutter, M., & Lantos, P. (1998). *A clinicopathological study of autism*. Brain. May; 121(pt5), 889–905.

Baldwin, A. L. (1967). *Theories of Child Development*. U.S.A.: John Willey & Sons, Inc.

Barish, E. (1997). *Doin' Texas With Your Pooch: Directory of dog–friendly lodging and outdoor adventure in Texas*. Scottsdale, AZ: Pet Friendly Publications.

Baron–Cohen, S. (1991). The development of a theory of mind in autism: deviance and delay? *Psychiatric Clinics of North America, 14*, 33–50.

Bartak, L., & Rutter, M. (1976). Differences between mentally retarded and normally intelligent autistic children. *Journal of Autism & Childhood*

*Schizophrenia*, 109–120.

Bauman, M. L., & Kemper T. L. (1985). Histoanatomic observation of the brain in early infantile autism. *Neurology, 35*, 866–874.

Bauman, M. L., & Kemper T. L. (1993). The condition of neuropathological studies to the understanding of autism. *Neurology Clinic, 11*, 175–187.

BBC News (1998). Experts Report on Vaccine Fears. Mar. 24. Tue. (http://news.bbc.co.uk)

Beevar, D. S., & Beevar, R. J. 공저, 정혜정 역 (1997). 가족치료: 체계론적 통합. 서울: 도서출판 하우.

Benjamin, C. L. (1985). *Mother knows best: The natural way to train your dog*. New York: Howell.

Berenzon, R. O. (1981). *Music Therapy In The Family Group*. Music Therapy Manual. U.S.A.: Charles C Thomas Pub.

Berger, C. L. (1994). Facilitated Communication: Part II A Positive validation study of multiple subjects. *The Catalyst, 10*, 8–10.

Bettelheim, B. (1967). *The empty fortress: infantile autism and the birth of self*. New York, NY: The Free Press.

Beyer. J., & Gammeltoff, L. (2000). *Autism & Play*. London: Jessica Kingsley Pub.

Bieberich, A. A., & Morgan, S. B. (2004). Self–regulation and affective expression during play in children with autism or down syndrome: A short–term longitudinal study. *Journal of Autism and Developmental Disorders, 34*(4), 439–448.

Biklen, D. (1993). *Communication unbound*. New York: Teacher' s College Press.

Billstedt, E., Gillberg, C., & Gillberg., C. (2005). Autism after adolescence: population–based 13–to 22–year follow–up study of 120 Individuals with autism diagnosed in childhood. *Journal of Autism and Developmental Disorders, 35*(3), 351–360.

Blte, S., Knecht, S., & Poustka, F. (2007). A Case–Control of Personality Style and Psychopathology in Parents of Subjects with Autism.

*Journal of Autism and Developmental Disorders, 37* (2), 243–250.

Boll, L. (1972). Effects of filial therapy on maternal perceptions of their mentally retarded children's social behavior. (Doctoral dissertation, University of Oklahoma.) *Abstracts International, 33*, 6661A.

Boszormeny–Nagy I., & Spark, G. M. (1973). Invisible Loyalties. *Reciprocity In Intergenerational Family Therapy*. New York: Harper & Row, Pub. Inc.

Bowlby, J. (1969). *Attachment and loss*. London: Hogarth Press & Institute of Psycho–Analysis.

Bratton, S. C., & Landreth, G. L. (1995). Filial therapy with single parents: Effects on parental acceptance, empathy, and stress. *International Journal of Play Therapy, 4*(1), 61–80.

Bratton, S. C., & Landreth, G. L. (2001). Filial Therapy Leaders Manual. Unpublished Documents.

Bratton, S. C., Ray, D., & Moffit K. (1998). Filail Family Play Therapy: An Intervention for Custodial Grandparents and their Grandchildren. *Educational Gerontology, 24*, 391–406.

Bromfield R. (1989). Psychodynamic Play Therapy With a High–Functioning Autistic Child. *Psychoanalytic Psychology, 6* (4), 439–453.

Bruscia, K. E. (1989). *Defining Music Therapy*. PA: Spring House Books.

Bruscia, K. E. (1991). *Case Studies in Music Therapy*. PA: Barcelona Pub.

Bryna, S. (1991). Play Diagnosis of Autism: The ETHOS Play Session. In C. E. Schaffer, K. Gitlin, A. Sandgrund (Eds.), *Play Diagnosis and Assessment* (pp. 331–374). New. York: John Willy & Sons.

Buitelaar, J. K. (2003). Why have drug treatments been so disappointing?. In G. Bock & J. Goode (Eds.), *Autism: Neural basis and treatment possibilities* (pp. 235–249). Chichester: John Wiley & Sons Ltd.

Burch, M. R. (1996). *Volunteering with your pet: How to get involved in animal–assisted therapy*. New York: Simon and Schuster Macmillan.

Burt, C. (1921). *Mental and Scholastic Test*. London: P.S. King & Son.

Campbell, P. S., & Scott–Kassner, C. (1995). *Music in Childhood: From Preschool through the Elementary Grades*. New York: Simon &

Schuster Macmillan.

Charlop-Christy, M. H., & Haymes, L. K. (1998). Using Objects of Obsession as Token Reinforcers for Children with Autism. *Journal Autism & Developmental Disorders, 28* (3), 117-188.

Chau, I., & Landreth, G. L. (1997). Filial Therapy with Chinese Parents: Effects on parental empathic interactions, Parental acceptance of child and parental stress. *International Journal of Play Therapy, 6*(2), 75-92.

Chess, S. (1971). Autism in Children with Congenital Rubella. *Journal of Autism and Childhood Schizophrenia, 1*(1), 33-48.

Clair, M. (2000). *Object Relations And Self Psychology An Introduction* (3rd ed.) Canada: Brooks/Cole

Clark, K. (1996). The effect of filial therapy on child conduct behavior problems and the quality of the parent-child relationship. Unpublished doctoral dissertation, California School of Professional Psychology, San Diego.

Claudia, K. (2005, February 28). When does autism start? *Newsweek, 145*, 40-49.

Cleverland, J., & Landreth, G. L. (1977). Children' s perceptions of filial therapy. *TCA Journal*, 19-30.

Clifford, S., Dissanayake, C., Bui, Q. M., Huggins, R., Taylor, A. K., & Loesch, D. Z. (2007). Autism Spectrum Phonotype in Males and Females with Fragile X Full Mutation Premutation. *Journal of Autism and Developmental Disorders, 37*(4), 738-747.

Colle, L., Baron-Cohen, S., & Hill, J. (2007). Do children with autism have a theory of mind? A non-verbal test of autism vs. Specific language impairment. *Journal of Autism and Developmental Disorders, 37*(4), 716-723.

Corbett, B. A., Shickman, K., & Ferrer, E. (2008). Brief Report: The effects of Tomatis sound therapy on language in children with autism. *Journal of Autism and Developmental Disorders, 38*(3), 562-566.

Corey G. (2001). *Case Approach To Counseling And Psychotherapy* (5th ed.). U.S.A.: Brooks/Cole.

Corey G. (2001). *The Art of Integrative Counseling*. Canada: Brooks/Cole.

Costas, M., & Landreth, G. L. (1999). Filial therapy with nonoffending parents of children who have been sexually abused. *International Journal of Play Therapy, 1*(8), 43–66.

Coudert, J. (1998). *The good shepherd: A special dog's gift of healing*. Kansas City: Andrews McMeel.

Cusack, O. (1988). *Pets and Mental Health*. New York: The Haworth press.

Dawson, G. (1998). Are there other disorders or disabilities associated with autism? *Journal of Autism & Developmental Disorder, Apr, 28*(2), 171–183.

Dawson, G., Hill, D., Spencer, A., Galpert, L., & Watson, L. (1990). Affective exchanges between young autistic children and their mothers. *Journal of Abnormal Child Psychology, 18*. 335–345.

Delta Society (1996). *Standards of practice for animal–assisted therapy*. Renton, WA: Author. Delta Society Pub.

Delta Society (1998). *Animals in institutions*. Renton, WA: Author.

Delta Society (2000) Interactions: Animals helping people · people helping animals. Animal–assisted Therapy a unique form of healing. Vol. 13. No. 1. Delta Society Pub.

Delta Society (2000). The pet partners team training course: pets helping people manual. Renton, WA: Author. Delta Society Pub.

Dickenson, M. (1958). Music as a Tool in Psychotherapy for children. *Journal of Abnormal Social Psychology, Vol. 56*.

Dinkmeyer, D., & Sperry, L. (2000). Counseling and Psychotherapy: An Integrated. *Individual Psychology Approach* (3rd ed.). U.S.A.: Prentice–Hall.

Dubey, D. R., & Kaufman, D. F. (1977). Teaching behavior management skills to parents: *The group approach*. Paper presented at the 85th Annual Convention of the American Psychological Association. San Francisco, August.

Duchan, J. F. (1998). Describing the Unusual Behavior of Children with

Autism. *Journal Communication Disorder, Mar, 31*(2), 93–110.

Durig, A. (1993). *The Microsociology of Autism.* Indiana Univ. Spring.

Dvorkin, J. (1991). Individual Music Therapy for an Adolescent with Borderline Personality Disorder: An Objective Relations Approach. In K. E. Bruscia (Ed.), *Case Study In Music Therapy* (pp. 251–268). PA: Barcelona Pub.

Dyches, T. T., Wilder, L. K., Sudweeks, R. R., Obiakor, F. E., & Algozzine, B. (2004). Multicultural issues in Autism. *Journal of Autism and Developmental Disorders, 34*(2), 211–222.

Edelson, S. B. (1998). Autism: Xenobiotic Influences. *Toxicol Ind Health, Jul, 14*(4), 553–563.

Eldevik, S., Eikeseth, S., Jahr, E., & Smith, T. (2006). Effects of low–intensity behavioral treatment for children with autism and mental retardation. *Journal of Autism and Developmental Disorders, 36*(2), 211–224.

England CNN (1997). Dogs help the Autistic come out of their shell. Oct. 30. (http://cnn.com)

England CNN (1998). Music Practice Increase Brain Size–Study. Apr. 22. (http://cnn.com)

Erikson, E. (1951). Sex differences in play configurations of preadolescents. *American Journal of Ortho Psychiatry, 21*, 667–692.

Erikson, E. (1979). Play and Cure. In C. Schaefer (Ed.), *The Therapeutic Use of Child's Play* (pp. 475–485). U.S.A.: Jason Aronson Inc.

Erikson, E. H. 저, 윤진 · 김인경 역(1988). 아동기와 사회. 서울: 중앙적성출판사.

Esman, A. (1983). Psychoanalitic play therapy. In C. E. Schfr & K. J. O'Connor (Eds.), *Handbook of play therapy* (pp. 21–64). New York: Wiley.

Faber, A., & Mazlish, E. (1990). *Liberated Parents Liberated Children: Your Guide To A Happier Family.* U.S.A: Avon Books, Inc.

Faber, A., & Mazlish, E. (1999). *How To Talk So Kids Will Listen & Listen So Kids Will Talk.* U.S.A: Avon Books, Inc.

Featherstone, H. (1980). A Difference in the Family. *Living with a Disabled*

*Child*. U.S.A.: Penguin Books.

Fine, A. (Ed.) (1999). *Handbook on animal-assisted therapy: Theoretical foundations and guidelines for practice*. San Diego: Academic.

Fordham, F. (1966). *An Introduction to Jung's Psychology*. U.S.A.: Penguin Books.

Freud, A. (1946). *The psychoanalytic treatment of children*. London: Imago.

Freud, A. (1979). The Role of Transference in the Analysis of Children. In C. Schaefer (Ed.), *The Therapeutic Use of Child's Play* (pp. 141-149). U.S.A.: Jason Aronson Inc.

Freud, S. (1959). Analysis of a phobia in a 5-year-old boy. In A. Strachey & J. Strachey (Eds.), *Collected Papers, Vol. 3*. New York: Basic Books.

Freud, S. (1966). *The complete introductory lectures in psychoanalysis* (1916/17 & 1933). New York: W. W. Norton.

Frith, U. (1989). *Autism-Explaining the Enigma*. Oxford: Basil Blackwell. Ltd.

Fuchs, N. R. (1957). Play therapy at home. *Merrill-Palmer Quarterly, 3*, 89-95.

Gadamer, H. G. (1975). *Truth and method*. New York: Crossroad.

Gadamer, H. G. (1979). The problem of historical consciousness. In. P. Rabinow & W. Sullivan (Eds.), *Interpretive social science: A reader* (pp. 103-160). Berkeley: University of California.

Gadamer, H. G. (1989). *Truth and method* (2nd Revised ed.). New York: Continuum.

Gallagher, J., & Weigerink, R. (1976). Educational strategies for the autistic child. *Journal of Autism & Childhood Schizophrenia, 6*, 1.

Gammonley, J., Howie, A., Kirwin, S., Zapf, S., Frye, J., Freeman, G., & Stuart-Russell, R. (2000). *Animal-assisted therapy applications I: Student guide*. Renton, WA: Delta Society.

Gardner, Howard (1987). *The Mind's New Science*. A History of Cognitive Revolution. New York: Basic Books, Inc., Pub.

Gegg, S. G., & Stief, E. (2001). Modifying Play Therapy for Autism, Asperger's & Down Syndrome Special Needs. 18th Annual

Association for Play Therapy. Portland. OR. Oct., 20.

Gerdtz, J., & Bregman, J. (1994). *Autism–Practical Guide for those Who help others continuum*. New York (R866).

Ghaziuddin, M., & Greden, J. (1998). Depression in Children with Autism/Pervasive Developmental Disorders: A Case–Control Family History Study. *Journal Autism & Developmental Disorders 28*(2), 111–115.

Gil, E. (1991). *The Healing Power of Play: Working with Abused Children*. New York: The Guilford Press.

Gilberg, C. (1990). Autism and pervasive developmental disorders. *Journal of Child Psychology, 31*, 99–119.

Gilberg, C. (1992). Autism and autistic–like conditions: subclasses among disorders of empathy. *Journal of Child Psychology, 33*, 813–842.

Gill, E. (1994). *Play in family therapy*. New York: Guilford Press.

Ginsberg, B. G. (1989). Training Parents as Therapeutic Agents with Foster/Adoptive Children Using The Filial Therapy. In. C. E. Schafer & J. M. Briesmeister (Eds.), *Handbook of Parent Training: Parents as co–Therapist for Childrens Problems* (pp. 442–478) U.S.A. John Wiley & Sons.

Ginsberg, B. G. (2002). The power of filial relationship enhancement Therapy as a intervention in Child Abuse and Neglect. *International Journal of Play Therapy, 10*(2), 65–78.

Glass, N. (1986). Parents as therapeutic agents: A study of the effects of filial therapy. Unpublished doctoral dissertation, University of North Texas. Denton TX.

Gleberzon, B. J., & Rosenberg–Gleberzon, A. L. (2001). on Autism: Its prevalence, diagnosis, causes, and treatment. *Topics in Clinical Chiropractic, 8*, 42–57.

Glover, G. J., & Landreth, G. L. (2000). Filial therapy with Native American. *International Journal of Play Therapy, 2*(9), 57–80.

Goldberg, E. (1998). *Autism and Immune Connection*. Michael J. Goldberg, M. D, F. A. A. P. AVALAR Medical Group, Inc. (http://web.syr.edu)

Goldenberg, I., & Goldenberg, H. (1991). *Family Therapy*. U.S.A.: Brunner/Mazel. Inc.

Goldstein, C. (1964). Music and creative arts therapy for an autistic child. *Journal of Music Therapy, Vol. 1*, No. 4, 135−138.

Gorman, C. (2002, November 18). Do vaccines cause autism? *Time*, 1−3.

Guerney, B. (1976). Filial Therapy as a treatment method for disturbed children. *Evaluation, 3*, 34−35.

Guerney, B. G. Jr. (1964). Filial Therapy: Description and rationale. *Journal of Consulting Psychology, 28*(4), 303−310.

Guerney, B. G. Jr., Guerney, L. F., & Stover, L. (1972). Facilitative therapist attitudes in training parents as psychotherapeutic agents. *The Family Coordinator, 21*(3), 275−278.

Guerney, B. G., Guerney, L. F., & Andronico, M. P. (1970). Filial therapy. In J. Hart & T. Tomlinson (Eds.), *New directions in client−centered therapy* (pp. 372−385). Boston: Houghton Mifflin.

Guerney, L. (1976). Filial therapy program. In D. H. L. Olson (Ed.), *Treating Relationship* (pp. 69−91). Lake Mills, Iowa: Graphic Publish.

Guerney, L. (1979). Play therapy with learning disabled children. *Journal of Clinical Child Psychology* (pp. 242−244).

Guerney, L. (1980). Filial therapy. In R. Herink (Ed.), *The psychotherapy handbook*. New York: The New American Library.

Guerney, L. (1983). Introduction to filial therapy: Training parents as therapists. In P. A. Keller & L. G. Ritt (Eds.), *Innovation in Clinical Practice: A Source Book, Vol. 2*. Sarasota, Fl: Professional Resource Exchange.

Guerney, L. (2000). Filial therapy into the 21st century. *International Journal of Play Therapy, 2*(9), 1−17.

Guerney, L., & Guerney, B. Jr. (1989). Child Relationship Enhancement: Family therapy and parents education. *Person−centered Review, 4*(3), 344−357.

Gurman, A. S., & Kniskern, D. P. (1981). Handbook of Family Therapy. New York: Brunner/Mazel. Inc.

Hamilton, N. G 저, 김진숙 · 김창대 · 이지연 공역 (2007). 대상관계 이론과 실제-자기와 타자-. 서울: 학지사.

Hanson, N. R. (1961). *Pattern of Discovery: An Inquiry into the Conceptual Foundations of Science*. Cambridge: University Press.

Harper, S. H. (2001) *Animal assisted therapy: Individual, Family, Group, Biofeedback and Eeg Biofeedback*. Northern Metro Counseling Association, Jan, 26.

Harris, Z. L., & Landreth, G. L. (1997). Filial therapy with incarcerated mothers: A five week model. *International Journal of Play Therapy, 6*(2), 53-73.

Harvey S. (1990). Dynamic Play Therapy: An Integrative Expressive Arts Approach To The Family Therapy of Young Children. *The Arts in Psychotherapy, Vol. 17*, 239-246.

Hayden, T. (1980). *One Child*. U.S.A.: Avon Books.

Hayden, T.(1981). *Somebody Else' s Kids*. U.S.A.: Avon Books.

Heidegger, M. (1971). *On the way to Language*. New York: Harper & Row.

Hewitt, L. E. (1998). A Social Interactions View of Autism and Its Clinical Management. *Journal Communication Disorder, Mar, 31*(2), 87-92.

Hobson, R. P. (1989). On sharing experiences. Development and *Psychopathology, I*. 197-203.

Hobson, R. P. (1993a). *Autism and the development of mind*. Hove, Sussex: Erlbaum.

Hobson, R. P. et al. (1998). Hello and Goodbye: A Study of Social Engagement in Autism. *Journal Autism & Developmental Disorders, 29*(2), 117-127.

Hobson, R. P., & Lee, A. (1989). Emotion-related and abstract concepts in autistic people: Evidence from the British Picture Vocabulary Scale. *Journal of Autism and Developmental Disorders, 19*, 601-623.

Hodge, L. D. (1998). *The Texas dog lover' s companion*: The inside scoop on where to take your dog. Petaluma, CA: Foghorn.

Hoffman, B. R., Jennings. G., & Landreth, G. L. (1996). Filial therapy perceptions of the process. *International Journal of Play Therapy, 1*(5),

45–58.

Hollender, F. M., & Juhrs, P. D. (1974). Orff–schulwerk, an effective treatment tool with autistic children. *Journal of Music Therapy, 11*(1), 1–12.

Horney, K. 저, 송용대 · 김현옥 공역(1991). 프로이드 정신분석의 새로운 이해. 서울: 중앙적성출판사.

Howlin, P., Mordant, R., Rutter, M., Berger, M., Herrov, L., & Yule, W. (1973). A Home–Based Approach To The Treatment of Autistic Children. *Journal of Autism & Childhood Schizophrenia, 3*, 308–337.

Hudson, W. C. (1973). Music: a Physiologic language. *Journal of Music Therapy, Vol. 10*, No. 4, 137–140.

Huizinga J. 저, 김윤수 역 (1993). 호모루덴스. 서울: 도서출판 까치.

Hurren J. (1994): The Therapeutic Use of Play, Recreation and Leisure for Children with Autism and Developmental Disorders. *Journal of Developmental Disabilities, 3*(1), 51–62.

Hutt, C., Hutt, S. J., Lee, D., & Ounsted, C. (1964). *Arousal and childhood autism. Nature, 204*, 908–909.

Hutt, C., Hutt, S. J., Lee, D., & Ounsted, C. (1965). A behavioral and electroencephalographic study of autistic children. *Journal of Psychiatric Research, 3*, 181–197.

Huxely, A. (1950). *Brave New World: A novel*. London: Chatto & Windus.

Irwin, E. G. (1975). Play, Fantasy, and Symbols: Drama with Emotionally Disturbed Children. *American Journal of Psychotherapy* (pp. 426–436).

Jang, M. (2000). Effects of filial therapy for Korean parents. *International Journal of Play Therapy, 2*(9), 21–38.

Jones, P. R. (1992). Play Therapy Training in a Residential School for Children with Emotional and Behavioral Problems. *British Journal of Projective Psychology, Vol. 37*, No. 2, 8–25.

Jung, C. G. (1928). *Contribution to analytical psychology*. New York: Harcourt Brace.

Jung, C. G. (1954). *The Practice of Psychotherapy* (Collected works: Volume

16). New York: Pantheon Books.

Jung, C. G. (1957). *The Undiscovered Self.* U. S. A.: Mentor Book.

Jung, C. G. (1959). *Concerning Rebirth* (Collected works: Volume 9, 1, 111–147). Pantheon Books.

Jung, C. G. (1960). *On The Nature of The Psyche.* U.S.A: Princeton/Bollingen.

Jung, C. G. (1961). *Memories, dreams, reflections.* New York: Random House.

Jung, C. G. (1971). *Psychological Types.* Princeton: Princeton University Press.

Jung, C. G. (1992). *Four Archetypes* (Nother/Rebirth/Spirit/Trickster). U.S.A.: Princeton/Bollingen

Kaduson, H. G., & Schaefer, C. E. 공저, 김광웅 · 유미숙 공역. (2003). 101가지 놀이치료 기법. 서울: 중앙적성출판사.

Kale, A. L., & Landreth, G. L. (1999). Filial therapy with parents of children experiencing learning difficulties. *International Journal of Play Therapy, 2*(8), 35–56.

Kalff, D. (1966). The archetype as a healing factor. *Psychology, 9*, 177–184.

Kalff, D. (1971). *Sandplay: Mirror of a child's psyche.* San Francisco, CA: C. G. Jung Institute.

Kalff, D. (1980). *Sandplay, a psychotherapeutic approach to the psyche.* Santa Monica, CA: Sigo Press.

Kanner, L. (1943). Autistic disturbances of affective contact. *Nervous Child, 12*, 217–250.

Kanner, L. (1944). Early infantile Autism. *Journal of Pediatrics, 25*, 211–217.

Kanner, L. (1971). Follow-up study of eleven autistic children originally report in 1943. *Journal of Autism and Childhood Schizophrenia, 1*, 119–145.

Kanner, L., & Eisenberg, L. (1956). Early infantile Autism 1943–1955. *American Journal of Orthopsychiatry, 26*, 55–65.

Kasari, C., Sigman, M., & Yirmiya, N. (1993). Focused and social attention of autistic children in interactions with familiar and unfamiliar adults: A comparison of autistic, mentally retarded, and normal children.

*Development and Psychopathology, 5*, 403–414.

Kassner K., & Gay J. (1995). *Music in Childhood: from preschool through the elementary grades*. U.S.A.: Simon & Schuster Macmillan.

Kauffman, J. (1977). *Characteristics of children's behavior disorders*. Columbus, OH: Charles E. Merrill.

Kaufman, B. N. (1981). The Miracle To Believe. *They Loved a Child Back to Life*. New York: Doubleday Com. Inc.

Kaufman, B. N. (1994). *Son–Rise: The Miracle Continues*. U.S.A.: H. J. Kramer Inc.

Keenan, M., et al. (2000). *Parents' Education as Autism Therapist*. London: Jessica Kingsley Pub.

Kellog, R. (1967). *The Psychology of Children's Art*. New York: Random House.

Kellog, R. (1970). *Analyzing Children's Art*. CA: Mayfield Pub. Co.

Kelly, C. R. (1988). Expressive Therapy Assessment. *The Arts in Psychotherapy, Vol. 36*, No. 15, 63–70.

Kemner C. et al. (1998). Abnormal Saccadic Eye Movements in Autistic Children. *Journal Autism & Developmental Disorders, 29*(1), 61–67.

Kenny, M. C., & Winick, C. B. (2000). An Integrative Approach To Play Therapy With An Autistic Girl. *International Journal of Play Therapy, 9*, 1, 11–33.

Kerlinger, F. N. (1986). *Foundations of Behavioral Research* (3rd ed.). U.S.A.: Holt, Rinehart & Winston.

Kirk, S. A., & Gallagher, J. J. (1986). *Educating Exceptional Children* (4th ed.). Boston: Houghton Mifflin Com.

Klaus, M. H., & Kennell, J. H. (1976). *Maternal–infant bonding: The impact of early separation or loss on family development*. St. Louis: C. V. Mosby.

Klein, M. (1955). *The Psychoanalytic Play Technique, Vol. 25* (pp. 223–237). London: Orthopsychiatry,

Klein, M. (1975). The importance of symbol formation in the development of the ego. In M. Klein (Ed.), *Love, Guilt, reparation and other works*

*1921-1945* (pp. 219-232). London: Hogarth.

Klein, M. (1979). The Psychoanalytic Play Technique. In C. Schaefer (Ed.), *The Therapeutic Use of Child's Play* (pp. 125-140). U.S.A.: Jason Aronson Inc.

Klein, M. (1982). *Dynamics of Process of Counseling with Children.* Garry L. Landreth (Ed.). Charles & Thomas Pub.

Koegel, R. L., & O'Dell, M. C. (1998). Increasing Speech Intelligibility in Children with Autism. *Journal Autism & Developmental Disorders,* 29(3), 241-251.

Kozloff, M. A. (1973). *Reaching the Autistic Child: A Parent Training Program.* Champaign, III. Research Press.

Kraft, A., & Landreth, G. 공저, 김양순 역(2001). 놀이치료의 동반자로서 부모-자녀의 놀이를 통해서 이해하는 길-. 서울: 학문사.

Kraft, A., & Landreth, G. L. (1997). *Parents as Therapeutic Partners: Listening to your child's play.* Northvale, NJ: Jason Aronson.

Kramer, E. (1958). *Art Therapy in a Children's Community.* Springfield, III.: Charles C Thomas.

Kramer, E. (1971). *Art as Therapy with Children.* New York: Schocken Press.

Kramer, L. (1996). What's Real in Children's Fantasy Play?: Fantasy Play Across the Transition to Becoming a Sibling. *Journal of Child Psychiatry, Vol. 37,* No. 3.

Krout, R. (1987). Evaluating software for music therapy applications. *Journal of Music Therapy, Vol. 24,* No. 4, 213-223.

Lainhart, J. E. (1990). Psychiatric problems in individuals with autism, their parents and siblings. *International Review of Psychiatry, 11,* 278-298.

Landergarten, H. B. (1987). Family Art Psychotherapy. *A Clinical Guide and Casebook.* New York: Brunner/Mazel. Inc.

Landman, M. 저, 진교훈 역(1977). 철학적 인간학. 서울: 경문사.

Landreth, G. L. (1991). *Play Therapy: The art of the relationship.* Muncie, IN: Accelerated Development.

Landreth, G. L. (1993). Child-centered play therapy. *Elementary School*

*Guidance & Counseling, 28*(1), 17–29.

Landreth, G. L. (2001). *Innovations in Play Therapy: Issues, Process, and Special Populations.* U.S.A.: Brunner–Routledge.

Landreth, G. L., & Norton, D. (1992). Filial therapy: An intervention for parents of children with chronically illness. *International Journal of Play Therapy, 1.* 31–42.

Landreth, G. L., Homeyer, L. E., Glover, S., Daniel S. (1996). *Play Therapy Interventions with Children's Problems.* U.S.A.: Jason Aronson Inc.

Landreth, G., & Button S. (1999). Play Therapy. *Eric Digest.* EDO–CG–99–1.

Landreth, G., L. & Bratton, S. (2006) *Child Parent Relationship Therapy (CPRT)–A 10– Session Filial Therapy Model–.* New York: Routledge.

Langeveld, M. J. (1983). The secret place in the life of the child. *Phenomenology+Pedagogy, 1*(2), 181–194.

Leboyer, F. (1976). *Birth Without Violence.* New. York.: Alfred A. Knopf.

Lecourt, E. (1991). Off–Beat Music Therapy: A Psychoanalytic Approach to Autism. In K. E. Bruscia (Ed.), *Case Study In Music Therapy* (pp. 75–98). PA: Barcelona Pub.

Leslie, A. M. (1987). Pretense and representation: The origin of "theory of mind." *Psychological Review, 94*, 412–426.

Leslie, A. M., & Frith, U. (1998), Autistic children's understanding of seeing, knowing and believing. *British Journal of Developmental Psychology, 6*, 315–324.

Levinson, B. M., & Mallon, G. P. (1997). *Pet–Oriented Child Psychotherapy* (2nd ed.). U.S.A.: Charles C. Thomas Publisher.

Leyfer, O. T., Folstein, S. E., Bacalman, S., Davis, N. O., Dinh, E., Morgan, J. Tager–Flusberg, H., & Lainhart, J. E. (2006). Comorbid Psychiatric Disorders in Children with Autism: Interview Development and Rates of Disorders. *Journal of Autism and Developmental Disorders, 36*(7), 849–861.

Lobaugh, A. F., & Landreth, G. L. (1998). Filial therapy with incarcerated fathers: effects on parental acceptance of child, parental stress, and child adjustment. *Journal of Counseling & Development, 76*, 157-165.

Lorenz, K. (1965). *Evolution and modification of behavior.* London: University of Chicago Press.

Los Angeles Times (1991). Docters report success in treatment of Autism, Nov. 15. (http://www.thriveonline.com/health/Library/ CAD)

Lovaas, O. I. (1977). *The Autistic Child Language Development through Behavior Modification.* New York: Irvington.

Lovaas, O. I. (1987). Behavioral treatment and normal educational and intellectual functioning in young autistic children. *Journal of Consultant Clinic Psychology, 55*, 3-9.

Lowenfeld, V. (1952). *The Nature of Creative Activity* (2nd ed.). London: Routledge & Macmillan.

Lowenfeld, V. (1953). *Creative and Mental Growth.* New York: WmC. Brown Co.

Lowery, E. F. (1985). Autistic Aloofness Reconsidered. *Bulletin of the Menninger Clinic, Vol. 49*(2), 135-150.

Madeleine, N. J. (1997). Fertile Minds. Time, February, 28-36.

Mahler, M. S. (1952). On child psychosis and schizophrenia: autistic and symbiotic infantile psychoses. *Psychoanalytic Study of the Child. 7*, 286-305.

Mahler, M. S., Pine, F., & Bergman, A. (1975). *The Psychological birth of the human infant: Symbiosis and individuation.* New York: Basic Books.

Maier, H. W. (1965). *Three Theories of Child Development.* Contributions of Erik H. Erikson, Jean Piaget, & Robert R. Sears. Revised Ed. New York: Harper & Row.

Marie-Jose, D. (1986). *Counteracting the effects of media and technology through art and play therapy.* International mental Health Conference at the University of British Columbia.

Marie-Jose, D. (1999). *Expressive play therapy methods to help abused and neglected child.* The Center for Play Therapy Summer Institute

Workshops. University of North Texas.

McCracken, G. (1988). *The Long Interview. Qualitative Research Methods, Vol. 13.* U.S.A.: Sage Pub., Inc.

Mead, G. H. (1934). *Mind, Self, and Society-From the Standpoint Behaviorist.* Charles W. Morris (Ed.). Chicago: University of Chicago.

Merriam, S. B. 저, 허미화 역(1997). 질적 사례연구법. 서울: 양서원.

Michael, C. st. (2000). *Object Relations and self psychology-An Introduction* (3rd ed.). Canada: Brooks/Cole.

Minsky, M. (1985), *The Society of Mind.* New York: Simon & Schuster Inc.

Mitchell, P. (1997). *Introduction to Theory of Mind, Children, Autism and Apes.* Great Britan: JW Arrowsmith Ltd, Bristol.

Moustakas, C. (1959). *Psychotherapy with children: The living relationship.* New York: Happer & Row.

Moustakas, C. E. (1953). *Children in play therapy.* New York: Ballentine Books.

Naumberg, M. (1953). *Psychoanalytic Art: Its Function in Psychotherapy.* New York: Grune & Stratton.

Naumberg, M. (1966). *Dynamically Oriented Art Therapy: Its Principles and Practice.* New York: Grune & Stratton.

Naumberg, M. (1970). *An Introduction to Art Therapy.* New York: Columbia University Press.

Neill. A. S. 저, 박창현 역 (1983). *Summerhill.* 서울: 거암.

Ney, P., Palvesky, A., & Markeley, J. (1971). Relative Effectiveness of Operant Conditioning and Play Therapy in Childhood Schizophrenia. *Journal of Autism & Childhood Schizophrenia, 1*(3), 337-349.s

Nicolich, L. M. (1977). Beyond sensorimotor intelligence: Assessment of symbolic maturity though analysis of pretend play. *Merrill-Palmer Quarterly, 23,* 89-99.

Nordoff, P., & Robbins, C. (1977). Creative Music Therapy. *Individualized Treatment for the Handicapped Child.* U.S.A.: The John Day Com.

O' Connor, K. J. 저, 송영혜 · 윤지현 공역. (2003). 놀이치료 입문. 서울: 시그

마프레스.

O' Connor, K. J., & Braverman, L. M. (1997). *Play Therapy: Theory and Practice–A comparative Presentation*. Canada: John Wiley & Sons.

Oaklander, V. (1988). Window to Our Children. *The Gestalt Journal*. U.S.A.

Ornitz, E. M., & Ritvo, E. R. (1976). Medical assessment. In E. R. Ritvo (Ed.), *Autism: Diagnosis, current research and management*. New York: Halsted.

Ornitz,. E. M. (1974). The modulation of sensory input and motor output in autistic children. *Journal of Autism & Childhood Schizophrenia, 4*, 197–215.

Ornitz,. E. M. (1985). Neurophysiology of infantile autism. *Journal of American Academy of Child Psychiatry, 24*, 215–262.

Ozonoff S, et al. (1998). Effectiveness of A Home Program Intervention for Young Children with Autism. *Journal Autism & Developmental Disorders, 28*(1), 25–32.

Parten, M. B. (1932). Social participation among preschool children. *Journal of Abnormal Social Psychology, 27*, 243–269.

Peirce, C. S. (1940). *The Philosophy of Peirce–Selected Writings*. Justus Buchler (Ed.). New York: Harcourt, Brace & Com.

Perry, P. J., Alexander, B., & Ellingrod, V. L. (1996–1997). Pediatric Psychopharmacology: Autism. *Clinical Psychopharmacology Seminar* (pp. 1–12). http://www.vh.org/Providers/Conference/CPS)

Peters, J. S. (1987). Music Therapy. *An Introduction*. U.S.A.: Charles C. Thomas Pub.

Piaget, J. (1962). *Play, dreams, and imitation in childhood*. New York: Norton.

Pilowsky, T., Yirmiya, N., Shulman, C., & Dover, R. (1998). The Autism Diagnostic Interview–Revised and the Childhood Autism Rating Scale: Differences Between Diagnostic Systems and Comparison Between Genders. *Journal Autism & Developmental Disorders, 28* 2), 143–151.

Piven, J., & Folstein, S. (1994). The genetics of autism. In M. L. Bauman &

T. L. Kemper (Eds.), *The neurobiology of autism* (pp. 18–44). Baltimore: The John Hopkins University Press.

Pratarotti, A. R. (1970). *Group Play Therapy with Autistic Children: Re Vista De Psycologia Normal E Patlugica, 16*(3–4), 305–312.

Provonost, W. (1961). The speech behavior and language comprehension of autistic children. *Journal of Chronic Disease, Vol. 13.*

Reid, W. H., & Wise, M. G. (1995). *DSM–IV Training Guide*. New York: Brunner/Mazel Pub.

Rennie, R., & Landreth, G. L. (2000). Effects of filial therapy on parent and child behaviors. *International Journal of Play Therapy, 2*(9), 19–37.

Resch, R. C., Pizzuti, S., & Woods, A. (1988). The Later Creation of a Transitional Object. *Psychoanalytic Psychology, 5*(4), 369–387.

Robbins, A. et al. (1980). *Expressive therapy A creative arts approach to depthoriented therapy*. New York: Human Sciences Press.

Robbins, A., & Sibley, L. B. (1976). *Creative art therapy*. New York: Brunner/Mazel.

Robbins, C. M., & Robbins, C. (1991). Self–Communication In Creative Music Therapy. In K. E. Bruscia (Ed.), *Case Study In Music Therapy* (pp. 57–72). PA: Barcelona Pub.

Robbins, I. (1995). *The Waltham Book of Human–Animal Interaction: Benefits and Responsibilities of Pet Ownership*. Great Britan: Pergamon.

Rosenhan, D. L., & Seligman, M. E. (1984). *Abnormal Psychology*. U.S.A.: W. W. Norton & Com. Inc.

Rutherford, M. D., & Rogers, S. J. (2003). Cognitive underpinnings of pretend play in autism. *Journal of Autism and Developmental Disorders, 33*(3), 289–302.

Rutherford, M. D., Young, G. S., Hepburn, S., & Rogers, S. J. (2007). A Longitudinal study of pretend play in autism. *Journal of Autism and Developmental Disorders, 37* (6), 1024–1039.

Rutter, M. (1967). Psychotic disorder in early childhood. *British Journal of Psychiatry Special Publication, 2* (pp. 133–158). Ashford Kent:

Headley Bros/RMPA.

Rutter, M. (1970). Autistic Children: infancy to adulthood. *Seminars in Psychiatry, 2*, 435–450.

Rutter, M. (1978). Diagnosis and definition. In M. Rutter & E. Schopler (Eds.), *Autism: A reappraisal of concepts and treatment*. New York: Plenum.

Rutter, M. (1983). Cognitive deficits in the pathogenesis of autism. *Journal of Child Psychology and Psychiatry, 24*, 513–531.

Rutter, M. (1984). Infantile autism and other pervasive developmental disorders. In M. Rutter & L. Hersov (Eds.), *Child and Adolescent Psychiatry: Modern Approaches, Vol 2*. Oxford, U.K.: Blackwell.

Rutter, M. (1985). The treatment of autistic children. *Journal of Child Psychology and Psychiatry, 25*, 193–214.

Rutter, M. (2005). Autism Research: Lessons form the past and prospects for the future. *Journal of Autism and Developmental Disorders, 35*(2), 241–257.

Rutter, M., Greenfeld, D., & Lockyer, L. (1967). A five to fifteen year follow-up study of infantile psychosis I: Description of sample. *British Journal of Psychiatry, 113*, 1169–1182.

Sacks, O. (1990). *Awakenings*. New York: Haper Collins Pub.

Scanlon, Kathleen (1993). Art Therapy with Autistic Children. *Pratt Institute Creative Arts Therapy Review, 14*, 34–43.

Schaefer, C. (Ed.) (1979). *The Therapeutic Use of Child's Play*. U.S.A.: Jason Aronson Inc.

Schaefer, C., Gitlin, K., & Sandgrund, A. (Eds.) (1991). *Play Diagnosis and Assessment*. New York: John Willy & Sons.

Schopler, E., & Bristol, M. M. (1980). *Autistic children in public school* (ERIC Exceptional Children Education Report, Division TEACCH). Chapel Hill, NC: University of North Carolina.

Schopler, E., & Reichler, R. J. (1971). Developmental Therapy by Parents with Their Own Autistic Child. *Infantile Autism: Concepts, Characteristics, and Treatment*. M. Rutter (Ed.). London: Churchill and Livingston.

Schopler, E., Reichler, R. J., & Renner, B. R. (1988). *The Childhood Autism Rating Scale* (CARS). Los Angels: western Psychological Service.

Schumann, J. D. (1994). The cerebellum, in autism: clinical and anatomic perspective. In M. L. Bauman, & T. L. Kemper (Eds.), *The neurobiology of autism* (pp. 195–226). Baltimore: The John Hopkins University Press.

Seltzer, M. M., Abbeduto, L., Krauss, M. w., Greenberg, J., & Swe, A. (2004). Comparison groups in autism family research: Down syndrome, fragile X syndrome, and schizophrenia. *Journal of Autism and Developmental Disorders, 34*(1), 41–48.

Shapiro, T., Frosch, E., & Arnold, S. (1987). Communication interaction between mothers and their autistic children. Application of a new instrument and changes after treatment. *Journal of the American Academy of Child and Adolescent Psychiatry, 26*, 485–490.

Sheinkopf, S. J. et al. (1998). Home–Based Behavioral Treatment of Young Children with Autism. *Journal Autism & Developmental Disorder*, 28(1), 15–23.

Shinohara, R. (1997). The Autistic Child. *Anchorage Daily News*. Sept. 28. (http://www.adn.com)

Shirley, B., & Bobbie, W. (1992). The Art Process In Therapy. *TCA Journal*, Fall, 3–8.

Shore, H. M., & Shapiro, L. (1996). *Child Therapy Today, Volume III*. Pennsylvania: King of Prussia.

Sigel, B. (1991). Play Diagnosis of Autism: The ETOHS Play Session. In C. Schafer, K. Gitlin, A. Sandground (Eds.), *Play Diagnosis and Assessment* (pp. 331–365). John Wiley & Sons

Simonsen, D. (1997). Facilitating Communication: Opening the Doors of *Communication For the Non–Verbal* (pp. 1–14). (http://www.erols.com)

Singer, J. L. (1973). *The Child's World of Make–Believe*. U.S.A.: Academic Press, Inc.

Smith, D. J. (1996). Identity, self and other in the conduct of pedagogical action: A West/East inquiry. In T. Carson & D. Sumara (Eds.), *Action research as a living practice*. New York: Peter Lang.

Smith, T., Scahil, L., Dawson, G., Guthrie, D., Lord, C., Odom, S., Rogers, S., & Wagner, A. (2007). Designing Research Studies on Psychosocial Interventions in Autism. *Journal of Autism and Developmental Disorders, 37*(2), 354–366.

Snow, M. S., Buckley, M. R., & Williams, S. C. (1999). Case Study Using Adlerian Play Therapy. *The Journal of Individual Psychology, Vol. 55*, No., 3, 328–340.

Snyder, B. A. (1997). Expressive Art Therapy Techniques: Healing The Soul Therapy Creativity. *Humanistic Education and Development, Vol. 36*, 74–82.

Sollier, P. (1996). M. F. C. C. *The Tomatis Method and Autism. Director.* The Mozart Center in Lafayette, CA.

Steinhardt, L. (1995). Longterm Creative Therapy with Borderline Psychotic Boy. *America journal of Art Therapy, Vol. 34*, 43–49.

Steinhausen, H. C., & Reitzle, M. (1996). The Validity of Mixed Disorders of Conduct and Emotions in Children and Adolescents: A Research Note. *Journal. of Child Psychiatry, Vol. 37*, No. 3, 339–343.

Suransky, V. 저, 윤종희 · 이재연 공역(1992). 아동기의 실종. 서울: 교보문고.

Swick, K. J. (1989). Parental Efficacy and Social Competence in Young Children. *Review of Research* (pp. 25–26). University of Alabama.

Tew, K., Landreth, G. L., Joiner, K. D., & Solt, M. D. (2002) Filial Therapy with Parents of Chronically Ill Children. *International Journal of Play Therapy, 10*(2), 79–99.

The Monks of New Skete (1991). *How to be your dog' s best friend.* Boston: Little, Brown.

The Monks of New Skete (1991). *The art of raising a puppy.* Boston: Little, Brown.

Thomas R. M. D. et al. (1987). *Pre–and Peri–Natal Psychology: An Introduction.* New York: Human Sciences Press, Inc.

Thompson, B. M., & Andrews, S. R. (2000). An historical commentary on the physiological effects of music: Tomatis, Mozart and neuropsychology. *Integrative Physiological and Behavioral Science, 35*(3), 174–188.

Thorp, D. M., Stahmer, A. C., & Laua S. (1995). Effects of Sociodramatic Play Training on Children with Autism. *Journal of Autism and Developmental Disorders, Vol. 25*, No. 3, 265–282.

Ulman, E., & Dachinger, P. (Eds.) (1975). *Art Therapy in Theory and Practice*. New York: Science Books.

Van Fleet, R. (1992). Using filial therapy to strengthen families with chronically ill children. In L. VandeCreek, S, Knapp & T. Jackson (Eds.), *Innovations in clinical practice: A source book, Vol. 11*, 87–97. Sarasota, FL: Professional Resource Press.

Van Fleet, R. (1994). *Filial Therapy: Strengthening parent–child relationships through play*. Sarasota, FL: Professional Resource Exchange.

Van Fleet, R. (1998). A parent' s guide to filial therapy. In L. VandeCreek, S. Knapp, & T. Jackson (Eds.), *Innovations in clinical practice: A source book, Vol. 16*, 457–463. Sarasota, FL: Professional Resource Press.

Venkatesan, S. (1999). Expressive Art Therapy for Childhood Fears–A Case Study–Ind. *Jouranl Clinical Psychol, 16*, 90–92.

Viola, A. 저, 성영혜 역(1999). 발달놀이치료. 서울: 상조사.

Volkmar, F. R. (1989). Autism and Pervasive Developmental Disorders. *Child and Adolescent Psychiatry* (pp. 499–507). M. Lewis (Ed.). William & Wilkens.

Volkmar, F. R. (1998). Recently Diagnosed with Autism, Autism or Not. *Journal Autism & Developmental Disorder, June, 29*(3), 269–270.

Voyat, G. (1982). Symbolic Play In the treatment of Autism in Children. New York Univ. *Quarterly. Vol. 13*, No. 4, 11–15.

Wadeson, H. (1980). *Art Psychotherapy*. New York: Wiley.

Wallis, C. (2006, May 15). New insights into the hidden world of Autism: Inside the Autistic mind. *Time*, 42–48.

Wallis, C. (2006, May, 15). A tale of two schools. *Time*, 48–51.

Wallis, C. (2006, October, 30). Blame it on Teletubbies. *Time*, 65.

Watson, L. R. (1998). Following the Child' s Lead: Mothers' Interactions with Children with Autism. *Journal Autism & Developmental Disorder*, 28(1), 51–59.

Weiner, K. G., Sandgrund, A., & Schafer, C. 공저, 송영혜 외 공역 (2004). 놀이 진단 및 평가[Play Diagnosis and Assessment–2nd ed.). 서울: 시그마프레스

Williams, M., & May, T. (1996). *Introduction to the Philosophy of Social Research*. England: Biddles Ltd, Guilford & King' s Lynn.

Winnicott, D. W. (1986). *Home is Where We Start From*. New. York: W. W. Nortan & Company.

Winnicott, D. W. (1996). *Playing and Reality*. Great Britan: A Tavistock/Routeledge Pub.

Winnicott, D. W. 저, 이재훈 역(1998). 그림 놀이를 통한 어린이의 심리치료. 서울: 한국심리치료연구소.

Wordsworth, B. J. 저, 성옥련 · 김수정 · 이지연 공역(1998). 피아제의 인지적 · 정의적 발달. 서울: 중앙적성출판사.

Wright, J. (1993). Humanistic/Object Relations Counseling: A Personal Integration. *TCA Journal*, Spring, 39–52.

Yalom, I. D. 저, 최혜린 · 장성숙 역(1993). 집단정신치료의 이론과 실재. 서울: 하나 의학사.

Yuen, T. (1997). Filial therapy with Chinese immigrant parents. Unpublished doctoral dissertation, University of North Texas. Denton TX.

## 영화 · 비디오

Grazer, B. (Producer), Konner, L. (Writer), & Becker, H. (Director) (1998). Mercury Rising [Motion picture]. United States: Universal Picture.

Kaufman, B. N., & Kaufman, S. L. (Executive Producer) (1972, May 14). A Miracle of Love: Son–Rise Program. [Videotape]. Massachusetts.

McCutcheon, P. (Executive Producer) (2005, June, 6). I Want My Little Boy Back [Television broadcast]. BBC.

Parker, D. (Producer/Writer), & Tass, N. (Director) (1998). Amy [Motion picture]. Australia: A Nadia Tass/David Parker Picture.

Pieters, J. (Producer), Bass, R. (Writer), & Levins, B. (Director) (1988). Rain Man [Motion picture]. United States: Fox Picture.

Pollock, D. (Producer), & Lessac, M. (Writer/Director) (1993). House Of Cards [Motion picture]. United States: Penta Picture.

Robinson, J. G. (Producer), Goldsman, A. (Writer), & Beresford, B. (Director) (1994). Silent Fall [Motion picture]. United States: Warner Brothers Picture.

Roddenberry, G. (Producer), Livingston, H. (Writer), & Wise, R. (Director) (1979). Star Trek [Motion picture]. United States: The Motion Picture.

# 동물보조치료 참고문헌


김양순 역(2006). 동물보조 치료와 상담. Cynthia K. Chandler 저. 서울: 학지사

김양순(2003. 11). 치료견의 한국 내 적용 가능분야-한국에서 AAA/AAT 활용 영역과 가능성-. '03 1st HAB 국제 심포지엄. 대한 수의사회, 57-65.

김양순(2005). 자폐성 장애 아동을 위한 동물보조 놀이치료 사례연구. 한국 상담학회, 6권, 2호, 485-497.

신남식(2003). 치료견의 한국 내 적용 가능분야-한국에서 AAA/AAT 활용 영역과 가능성-. '03 1st HAB 국제 심포지엄. 대한 수의사회, 3-15.

하나 의학사(1994). 정신장애의 진단 및 통계 편람, 제4판(DSM-IV). 서울: 하나의학사

홍강의 · 정보인 · 이상복(1997). 자폐아동의 조기발견과 치료적 개입-부모용 컴퓨터 학습교재 개발과 실습화-. '97보건의료기술연구 개발사업 연차 실적계획서.

American Psychiatric Association (2000). *Diagnostic and Statistical Manual of Mental Disorder* (4th ed.-TR). Washington, DC: American Psychiatric Association.

Barol, B. (2002, May, 13). Listen, Spot. *Time*, 14.

Bruch, M. (2003). *Wanted! Animal Volunteers*. New York: Howell.

Bryant, B. (1986). The relevance of family and neighborhood animals to social-emotional development in middles childhood. Paper presentation at the Delta society International Conference, Boston, MA.

Caramick, B. J. (2003). *Grieving the Death of a Pet*. U.S.A.: Augsburg Books.

Chandler, K. C. (2003). 미국에서의 HAB 역사와 현황-Animal Assisted

Therapy in the United States of America–. ' 03 1st HAB 국제 심포지엄. 대한 수의사회, 17–25.

Chandler, K. C. (2005). *Animal Assisted Therapy in Counseling*. New York: Routledge.

Condoret, A. (1997). For a biology of childhood behaviour: The child' s relationships with household pets and domestic animals. *Bulletin of the French Veterinary Academy, 50*, 481–490.

Coudert, J. (1998). *The Good Shepherd: A special dogs gift of healing*. Kansas City: Andrews McMeel.

Crawford, J. J., & Pomarinke, K. A. (2003). Therapy Pets. *The Animal–Human Healing Partnership*. U.S.A.: Prometheus Book.

Delta Society (1999). *Animals and Children*. Renton, WA: Delta Society.

Delta Society (2000). Pet Partners Team Training Course Manual. *Program for animal–assisted activities and therapy*. Renton, WA: Delta Society.

Fine, A. (Ed.) (1999). *Handbook on animal–assisted therapy: Theoretical foundation and guidelines for practice*. San Diego: Academic Press.

Heimlich, K. (2001). Animal–assisted therapy and the severely disabled child: A quantitative study. *Journal of Rehabilitation, 67*, 4, 48–54.

Hiledegard, G. M. (1998). Child Therapy and Animals. In C. E. Schaefer (Ed.), *Innovative Interventions in Child and Adolescent Therapy* (pp. 400–418). New York: John Wiley & Sons.

Hooker, S. D., Freeman, L. H., & Stewart, P. (2002). Pet therapy research: A historical review. *Holistic Nursing Practice, 16*, 17–23.

Kogan, L. R., Granger, B. P., Heimer, K. A., & Young, K. J. (1999). The Human–Animal Team Approach for Children with Emotional Disorders: Two Case Studies. *Child & Youth Care Forum, 28*(2), 105–121. Human Sciences Press Inc.

Levinson, B. M. (1972). *Pets in human development*. Springfield, IL: Charles C. Thomas.

Levinson, B. M., & Gerald P. Mallon (1997). *Pet–Oriented Child Psychotherapy* (2nd ed.). Charles C. Thomas Pub.

Mallon, G. P. (1992). Utilization of animals as therapeutic adjuncts with children and youth: a review of the literature. *Child and Youth Care Forum, 21*(1), 53–67.

Martin, F., & Farnum, J. (2002). Animal–assisted therapy for children with pervasive developmental disorders. *Western Journal of Nursing Research, 24*, 657–670.

McCulloch, M. (1983). Animal–facilitated therapy: Overview and future direction In A. Katcher & A. Beck (Eds.), *New perspectives on our lives with companion animals* (pp. 410–426). Philadelphia: University of Pennsylvania Press.

O'Connor, K. J., & Braverman, L. M. (1997). *Play Therapy–Theory and Practice: A Comparative Presentation*. New York: John Wiley & Sons, Inc.

Odendal, J. S. J. (2000). Animal assisted therapy–magic or medicine? *Journal of Psychosomatic Research, 49*(4), 275–280.

Okoniewski, L. (1984). A comparison of human–human and human–animal relationships. In R. Anderson (Ed.), *The pet connection* (pp. 256–260). Minneapolis: University of Minnesota.

Polt, J., & Hale, C. (1985). Using pets as "therapists" for children with developmental disabilities. *Teaching Exceptional Children*, Spring, 218–222.

Rea, J. L. (2002). Special Therapy Dogs Learn How to Heal. The Register–Guard, 1.

Redefer, L. A., & Goodman, J. F. (1989). Brief report: Pet–facilitated therapy with autistic children. *Journal of Autism and Developmental Disorders, 19*, 461–467.

Reichert, E. (1998). Individual counseling for sexually abused children: A role for animals and storytelling. *Child and Adolescent Social Work Journal, 15*(3), 177–185.

Rutter, M. (1985). Infantile autism and other pervasive developmental disorders. In M. Rutter & L. Hersov (Eds.), *Child and adolescent psychiatry: Modern approach* (pp. 545–566). London: Blackwell.

Soares, C. (1985). The companion animal in the context of the family system. In M. Sussman (Ed.), *Pets and the family: Marriage and Family Review, Vol. 8*(3/4), 49–62.

Teal, L. (2002). Pet Partners help with the healing process. *Interactions, 19*(4), 3–5.

# 찾아보기

## 인명

## 내용

## 저자 소개

### 김 양 순

제주대학교 농가정학과 졸업
숙명여자대학교 대학원 가정관리학과 졸업(가정학 석사)
미국 Georgia 대학교 대학원 가정학과 졸업(교육학 석사)
미국 Georgia 대학교 대학원 가정학과 연구교수
동국대학교 대학원 가정학과 졸업(가정학 박사)
미국 North Texas 대학교 놀이치료센터 연구교수

**현재**
제주대학교 가정관리학과 교수(1975년~)
한국놀이치료학회 부회장
한국상담학회 초월 영성분과학회 부회장
한국상담학회 이사
한국아동학대방지위원회 위원
미국 공인 놀이치료 전문가/슈퍼바이저(RPT-S)
동물보조치료 전문가: 미국 공인 동물보조치료 파트너(Pet-Partner)
한국 놀이치료 교육 전문가(KPT-S)
한국 아동학회 아동발달 전문가
한국 상담학회 1급 가족/교정 전문 상담자
한국 상담학회 수련 감독자(KC-S)

**저 · 역서 및 논문**
놀이치료의 동반자로서 부모-자녀의 놀이를 통해서 이해하는 길(역, 학문사, 2001)
동물보조 치료와 상담(역, 학지사, 2006)
한국전통 생활문화(공저, 제주대학교 출판부, 2006)
일상 생활과 문화(공저, 도서출판 신우, 2007)
부모-자녀 관계치료(역, 학지사, 2008)
"자폐성 장애 아동의 행동변화에 미치는 표현예술치료의 효과" (박사논문, 1999)
"부모-자녀관계 증진을 위한 부모-자녀 놀이치료 사례연구: 발달장애 아동과 형제자매를 중심으로" (2002)
"자폐성 장애 아동을 위한 동물보조 놀이치료 사례" (2005) 외 다수 논문

2판
**자폐아동을 위한 표현예술치료**

2003년 8월 5일 1판 1쇄 발행
2008년 10월 20일 2판 1쇄 발행

지은이 • 김양순
펴낸이 • 김진환
펴낸곳 • (주) 학지사
121-837 서울시 마포구 서교동 352-29 마인드월드빌딩 5층
대표전화 • (02)330-5114 팩스 (02)324-2345
등록 • 1992년 2월 19일 제2-1329호
홈페이지 www.hakjisa.co.kr

ISBN 978-89-5891-903-2 93180
가격 13,000원